민족정체성

문화

소통

민족정체성, 문화, 소통

초판 인쇄 2017년 2월 23일
초판 발행 2017년 2월 28일

지 은 이 정경택 외
펴 낸 이 박찬익
편 집 장 권이준
책임편집 조은혜
펴 낸 곳 ㈜ **박이정**
주　　소 서울시 동대문구 천호대로 16가길 4
전　　화 02) 922-1192~3
팩　　스 02) 928-4683
홈페이지 www.pjbook.com
이 메 일 pijbook@naver.com

등　　록 2014년 8월 22일 제305-2014-000028호

ISBN 979-11-5848-288-6 (93060)

* 책값은 뒤표지에 있습니다.

2016年 慶尙大學校 國際地域研究院
해외지역연구센터 國際學術大會

민족정체성
문화
소통

유라시아의 문화교류

疏通

culture

communication

文化

民族正體性

national identity

정경택 외

(주)박이정

경상대학교 국제지역연구원 해외지역연구센터는 2009년 경상대학교 인문대학 30주년 기념사업으로 개최한 경상대학교-대만 불광대학 자매결연기념 국제학술토론회에서 발표한 논문을 중심으로 발간한 총서 〈인간·문화·서사〉 이래 2015년 11월 해외지역연구센터가 개최한 대만과 중국 그리고 경상대학교의 학자들이 발표한 논문을 중심으로 〈인문학의 전통과 현대〉라는 총서를 발간했습니다.

2016년 10월에도 대만과 중국, 그리고 경상대학교의 학자들이 유라시아의 문화교류라는 주제로 학술대회를 개최하였습니다.

유라시아는 유럽과 아시아를 아우르는 세계최대 면적에 가장 많은 인구가 거주하는 지역으로 가장 오랜 문명과 문화를 보전해온 지역으로 전 인류의 발전에 가장 많은 기여를 하고 영향을 준 곳입니다.

이 학술대회에서는 다양한 학문분야를 배경으로 각자 나름의 시각에서 세계의 중심으로 평가받기 시작하고 있는 유라시아의 정체를 파악하려 했습니다.

이 총서의 구성은 1부와 2부로 구성하였습니다. 제 1부에는 경상대학교 인문대학의 국어국문학과 장만호 교수, 독어독문학과 김겸섭 교수, 러시아학과 정경택 교수, 사학과 이원근 교수, 강길중 교수, 영어영문학과 주혁규 교수가 발표한 다양한 주제의 논문이 실려 있습니다. 제 2부에는 대만의 불광대학의 이기상(李紀祥)교수, 대만국립예술대학의 채병형(蔡秉衡)교수, 중국의 사회과학원의 오예(吳銳)교수, 공자연구원의 이취(李翠)교수, 그리고 역사, 문화, 예술을 주제로 한 논문이 실려 있습니다.

끝으로 학술대회 개최와 성공은 이상경 총장님과 강길중 부총장님, 석종환 인문대학 학장님과 부학장님, 그리고 국제지역연구원 해외지역연구센터 모든 연구원들의 많은 도움과 지원이 있었기에 가능했습니다. 또한 러시아학과 조교, 중국 청도대학에서 유학 온 사학과 대학원생 장예의 도움도 매우 컸습니다.

바쁘신 와중에도 한글과 중문으로 된 이 총서의 출판을 흔쾌히 허락해 주신 도서출판 박이정 관계자 분들께도 감사를 표합니다.

2017년 2월 28일
경상대학교 국제지역연구원 해외지역연구센터 정경택

목차

2부

1부

인문학의 흐름과
전망

경상대학교 사학과 교수 이원근*

1. 실용주의와 인문학의 지평선

1.1. 현대문화의 실용주의와 인문학

아마 인문학의 두 중심 축은 실용주의일 것이다. 이런 인문학적 실용주의는 프리드리히 니이체(1844-1900)로부터 세상에 모습을 드러내기 시작했다.

니이체는 산문시 『차라투스트라는 이렇게 말했다』(1883-1885)에서 아르투어 쇼펜하우어의 19세기 우주 비관론 영향을 도이취란트 국가의 자기도취 분위기와 천박한 유대인 배척운동을 천박하다고 비관하며 경고했다. 니체의 사상은 다양한 분야에 파급되었다. 특히 니체의 사상은 나치주의자들까지 원용했다. 아마 니체가 생존했더라면 나치주의자의 사상원용을 혐오하고 거부

---

* 　이원근, 경상대학교 사학과 교수, 해외지역연구센터.

했을 것이다. 니체는 1844년 출생하여 고전학을 연구했다. 니체는 10년동안 바젤대학에서 야콥 부르크하르트의 동료교수로서 재직하다가 건강 악화로 1879년 이직했다. 니체는 1889년 정신질환으로 자기 누이의 보호를 받으며 침묵으로 지내다 1900년 사망했다.

니체는 우주 비관론자였다. 니체는 음악가 바그너의 친구였다. 니체는 바그너의 음악과 오페라를 미래의 음악이라고 불렀다. 니체는 생활의 독립성을 추구했다. 니체는 예언가와 비평가 입장에서 조국 도이취란트를 바라보고 의기양하고 자기만족에 도취한 천박한 도이취란트에 경고했다. 1870년-1871년 프랑스전쟁의 승리는 커다란 위험을 드러냈다. 니체는 특히 유대인 배척운동을 증오하며 반유대주의자를 어리석고 시기심이 강한 사람이라고 지칭했다. 니체는 1889년 1월 야콥 부르크하르트에게 보낸 편지에서 "빌헬름 비스마르크를 비롯한 반유대주의자를 없애버려야 한다"고 지적했다. 니체는 무정부주의자로서 제국주의를 추구하는 도이치란트 뿐만 아니라 현대대중정치를 이끌어 가는 정치제도와 이념을 혐오했다. 실제로 니체는 눈감고 아웅하는 것과 다를 바 없이 대중을 생각하지 않는 도이취란트의 대중정치와 특히 군국주의가 대중사회에 해를 끼치고 있다고 판단하여 거부했다. 여기서 니체는 현대문명 비평가요 예언자로 등장했다. 니체는 현대세계가 노예 수중에 있다는 의지를 표방했다. 니체는 현대세계가 유대교와 함께 그리스트교가 고전시대 그리스세계와 로마세계에서 생활의 순리를 이어갔던 건전한 자연사상[자연법과 자연철학]에서 발원한 건전한 고전시대 이교도 신앙을 파괴하고 거대한 노예 도덕으로 표준체계를 구축했다고 판단했다.

니체는 현대인이 건전한 고전시대 이교도 신앙을 누르고 유대교와 그리스트교가 승리하여 노예 도덕의 표준체계을 구축함에 따라서 성난 인간이 문명으로 보편주의를 추구하려고 하는 사랑과 같은 위선에 가득 찬 도덕관념에 세뇌되어 인간의 근본속성인 "권력을 지향하려는 의지의 충동"이 손상되어 있다는 것이다. 니체는 따라서 인간이 해방되어야 한다는 취지에서 인간 스스로 노예 도덕의 위선을 극복하고 진실한 인간이 되어야 한다는 것이다. 즉 니체는 신의 존재가 죽었기 때문에 험난한 세상에서 인간은 자력으로 인간으로서 길을 개척해야 한다는 것이다. "*인간은 인간의 가치를 실천하는 인간이 되어야 한다*(Du sollst der werden, der du bist)." 이런 니체 사상의 광신자는 기발한 언어 메시지를 활용하여 다양한 언어논리를 찾아내어 언어의 옷을 입혔다. 특히 이런 니체 사상에 "함마를 가지고 철학하는 초인"이 올 것이다"라고 언급하여 전쟁의 옷을 입히기도 했다. 물론 이런 니체 사상의 해석은 현대 물질문명을 경멸하고 평화를 싫어하는 숭배자의 언어였다. 이런 점에서 니체는 잔인한 전쟁예언자로 등장하기도 했다.

　한편 니체는 『도덕 계보』(1887년)에서 현대문명을 문화 연구자의 시각으로 비판하고 심리학과 문화를 결합했다. 이런 니체 사상은 유럽 대륙에서 전통철학과 충돌했고, 아메리카로 이동하면서 실용주의와 결합하여 아메리카의 실용주의를 정착케 했을 가능성도 있다. 잉글란드 철학자[경험론자]는 20세기 예언자를 비판하지 않고 오히려 19세기 형이상학자를 비판했다. 버트란드 럿셀과 무어는 신헤겔학파인 그린과 브러드리의 제자로서 게르만주의 역사학을 골격으로 하는 전문지식사에서 탈피하려고 시도했다. 럿셀과 무어는 "절대"를 그리스트교 잔재와 철학이 창백하게 타협한 관념론의 증거로 제시하며 잉글란드 관념론에 대하여 불신의 불을 집히기 시작했다. 무어는 우주의 존재를 예리하게 입증한 반면 럿셀은 수학이 논리학에서 발원했다는 것을 입증했다. 한편 이 두 철학자는 철학과 정치학의 관계를 가지고 관념론의 허구를 입증하며 절대에 저항했다.

　미국에서 절대 신봉자에 대한 저항은 잉글란드에서와 다르게 발전했다. 피어스는 1878년 『월간 대중 과학』에다 '우리의 생각을 명확하게 만드는 방법'이라는 논문에서 실용주의 기반을 제시했다. 피어스의 요지는 특정한 사물에 대한 서술이 타당한가 아니면 허위인가를 확정하는 것은 행동 결과에 달려 있다고 지적하여 철학과 생활이 동일해야 한다는 것이었다. 피어스의 이런 실용주의 사상은 윌리엄 제임스의 왕성한 활동으로 대중사회에 뿌리내리기 시작했다. 1872년 하바드대 교수였던 제임스는 예리한 분석력으로 일원론으로부터 우주의 다양성과 개방성, 인간의 선택자유, 인간 정열의 우열 등을 내세워 이원론에 접근했다. 피어스의 신념은 "절대 신봉자는 지옥에 떨어져라"였다. 피어스는 1890년 『심리학 원리』, 1907년 『실용주의』를 구체화하여 제시했다. 낡은 사고방식을 대체한 새로운 명칭이라는 부제까지 붙였다. 제임스와 같은 교수로서 듀이는 실용주의를 워낙 다양하게 해석하기 때문에 실용주의를 도구주의라고 지적했다.

1.2. 심리학과 인문학

심리학이라는 표현은 잉그란드의 철학자 데이비드 하트리가 18세기 중엽 최초로 사용했다. 새로운 학문은 철학자의 직관과 전문가의 체험이 통찰력과 결합하여 출현했다. 19세기 초엽까지도 영혼과 논리의 결합을 이론으로 일반화하는 것을 반대했다. 그러나 심리학은 체험에 기반을 두고 발전하기 시작했다. 헤르바르트, 페히너, 분트는 함께 라이프치히에다 1879년 심리 실험실을 열었다. 이런 심리학 개척자는 인간의 속성을 이론으로 일반화하고 인간 심리를 자극과 반응으로 측정하려고 시도했다. "인간의 두뇌는 생명체가 담즙을 분비하는 것처럼 사고를 분비한다"고 자연론자 보크트는 지적하며 생리학과 심리학의 재료를 언급했다. 프로이트는 이런 심리학을 과학 영역에 등장시킨 인물이었다.

프로이트는 1856년 스스로 해도에도 없는 바다를 탐험하는 모험가라고 생각했다. 프로이트는 새로운 세계, 체험 세계, 잠재의식 세계, 기억력 세계를 발견하여 숨겨진 차원을 발견했다. 프로이트의 공적으로 심리학, 교육학, 사회 과학소설, 교육 감각 등은 완벽하게 과학영역이긴 하지만 인문학 영역에 진입했다. 이런 숨겨진 차원의 발견자 프로이트는 1856년 모라비안에 출생했다. 프로이트는 4세에 가족과 함께 비엔나로 이주했다. 프로이트는 나치가 1938년 비엔나를 침공할 때까지 비엔나를 사랑하여 비엔나에 남아 있었다. 1939년 나치 침공 이후 프로이트는 런던으로 가서 자유인으로 죽었다. 프로이트는 자서전과 같은 에세이에서 다음과 같이 기술했다. "나의 부모님은 유태인이었다. 나는 유태인으로 남아 있었다."여기서 프로이트는 유대인 문화가 우월함을 언급했다. 프로이트는 후기 저작물에서 유대교를 일종의 환상처럼 묘사하고 종교를 신경증과 유사하게 파악하여 무신론자였음을 반증했다. 프로이트에게 유대인의 명예는 전문 지식의 체험을 위축케 했다.

프로이트는 내과의사 과정을 훈련받았다. 프로이트는 생리학과 해부학 전문의였다. 1880년 초엽 프로이트는 자기 관심 분야인 신경질환에 접근하여 논문을 발표하기 시작했다. 1885년 프로이트는 샤르코의 히스테리연구 성과를 직접 확인하기 위하여 파리로 갔다. 프로이트는 체면 상태를 실험한 샤르코의 히스테리 징후 연구에 깊은 감명을 받고 비엔나로 돌아와 선배 내과의사 브로이어(J. Breuer)와 공동으로 히스테리 징후 연구에 착수했다. 프로이트와 공동 연구에서 브로이어는 히스테리 때문에 고통 당하는 사람을 체면상태에 빠지게 하여 그가 자유롭게 말하게 하면 히스테리 징후 환자는 히스테리의 신경질환을 치유할 수 있다는 것을 발견했다. 1895년 프로이트와 브로이어는 공동으로 『히스테리 연구』를 간행했다. 이후 이 두 연구자는 히스테리 원인을 연구하기 시작하면서 각자의 길을 가기 시작했다. 1890년대 중반 프로이트는 히스테리 원인이 성의 억압이라는 것을 확신했다. 여기서 프로이트는 다른 사람이 밝히기를 꺼리는 성의 체험 영역에 초점을 맞추었다. 특히 프로이트는 정신상태 해석을 브로이어 관심영역인 생리학에서 심리학 영역으로 전환했다. 프로이트는 카타르시스을 활용했던 브로이어의 히스테리 치료 방식을 심리분석 방식으로 발전시켰다. 1896년 프로이트는 야망과 자기 확신을 겸비한 40세 중년 과학자로서 영웅 생애를 맞이했다.

1897년 프로이트는 여성 히스테리환자가 어릴 적에 유혹 당했다는 이야기를 받아 들였다. 프로이트는 여성히스테리 증세를 신경질환의 유혹이론으로 발전시켰으나 당시에는 지지 받기 어렵다는 것을 확인했다. 물론 이 여성환자 이야기는 가공했던 것임은 틀림없다. 프로이트의 이런 가공된 이야기는 정신작용의 환상임이 틀림없다. 1896년 10월 프로이트의 아버지는 사망했다. 프로이트는 자기의 아버지 사망을 생애에서 "가장 쓰라린 사건", "가장 마음에 사무치는 쓰라린 상실 사건"이라고 기록했다. 프로이트는 아버지 사망 사건을 계기로 세밀한 자기 성찰에 몰입했다. 1895년 7월초부터 프로이트는 자신의 꿈을 분석하기 시작했다. 1897년 여름 프로이트는 자신의 꿈에 대한 분석을 가지고 "숨겨진 차원의 세계"를 분석하기 시작했다. 프로이트의 전기작가인 존스는 프로이트의 꿈에 대한 해석을 두고 꿈의 해석이 거의 기적에 가까운 업적이었다는 점을 상상하기조차 어렵다고 지적했다.

1899년 프로이트는『꿈의 해석』을 출간했다.『꿈의 해석』출현은 새로운 차원의 인문학운동 출발점이었다. 프로이트는 자기 꿈이지만 개인의 꿈을 과학영역에 편입시키며 현대세계의 심리분석이론을 제시했다. 1904년 프로이트는 한마디 말의 실수를 포함한 각양각색의 행동 원인을 잠재의식에 접목한『일상생활의 정신병리학』을 발표했다. 1905년 '3가지 성 이론'을 발표했다. 이 논문에서 프로이트는 변태성욕자가 정상 사람과 다르다는 것을 부정하고 어린 아이도 성을 느끼고 성에 대한 욕구를 갖고 있다는 것을 발표했다. 물론 프로이트의 연구 성과는 정신병 치료에 적용되며 이론과 임상 프로그램으로 보조를 맞추어 갔다. 프로이트는 이론과 임상 논문을 가지고 다양한 사례의 질병 내력을 발표했다. 1910년 프로이트는『레오나르도 다 빈치』를 가지고 심리학 전기를 기술하려고 시도했고, 1913년『토템과 타부』에서 토템과 타부를 문화차원에 끌어올렸다. 프로이트의 문장은 간결하고 명쾌했다. 그런데도 프로이트의 영향은 미미했다. 심지어 『꿈의 해석』 초판본조차도 무려 8년 동안 겨우 600권 밖에 팔리지 않았다. 프로이트의 심리 분석에 대한 진가를 알고 세계에서 프로이트를 높이 평가한 것은 1차대전 이후였다.

프로이트의 인문학 운동은 인간이 대화를 쉽게하고 새로운 비평에 대비할 목적으로 소규모 학문동아리 조직에서 출발했다. 프로이트의 학문동아리는 작은 숫자였으나 뛰어난 사람으로 구성되었다. 프로이트의 학문동아리는 심리분석 학회지를 창간하고 주제전문가 집담회를 개최하며 학문동아리 영역을 확장해 나갔다. 프로이트의 제자 중에서도 작스, 존스, 페렌치 등은 프로이트의 이론을 충실하게 이어갔다. 그러나 1911년과 1913년 사이에 아드러, 융은 프로이트의 학문동아리를 탈퇴하여 새로운 심리학파를 창설했다. 아드러와 융이 프로이트의 학문동아리를 탈퇴한 요인은 프로이트가 성을 강조한 것이었다.

프로이트는 세상의 모든 사건이 성 때문에 일어난다고 주장했다는 비판을 가장 싫어했다. 프로이트는 자신의 심리분석체계에서 성을 주요한 요소로 선택했을 뿐이다. 이런 프로이트의 학문체계는 과학의 지식에서 특이한 창안이었다. 물론 프로이트의 세계에는 우연한 사건이 있을 수 없었다. 펜을 떨어뜨리거나, 꿈을 꾸거나, 신경질을 내거나, 성의 충동을 느끼는 것과 같은 모든 것은 우연한 것이 아니었다. 이런 일을 당장 우연하게 느끼더라도 이런 일은 마치 빙산이 떠있는 모습처럼 대개 무의식 세계에 침잠해 있다가 무의식이 의식으로 나오는 경우라는 것이다. 특히 잠잘 때의 꿈도 이런 일 중의 하나라는 것이다. 신체가 휴식상태에 있으면 의식세계에서 평상시에 관심을 가질 수 없던 욕구 일부를 풀어주면서 다양한 욕구에 관심을 가지게 해준다는 것이다. 그렇다고 의식세계가 정지상태가 아니라는 것이다. 따라서 꿈은 억압되어 있던 욕망의 표현으로서 잠재의식을 반영하게 된다는 것이다 그러나 꿈은 잘못되어 있는 욕구를 반영하고 있다. 이런 욕구 단서를 실수나 신경질 증세라고 프로이트는 지적했다. 프로이트는 욕구를 억제한다고 해서 욕구가 소멸하지 않으며 소멸되지 않는 욕구 배출구를 실수나 신경질증세라고 지적했다. 따라서 억압은 좋지 않다는 것이다. 프로이트는 이렇게 교모하게 욕구가 실수나 신경질 증세로서 배출구를 찾는다는 것이다. 이런 점에서 흔히 프로이트를 성 개혁가로 인식했다. 그러나 어느 정도의 억압을 피할 수 없다는 것이다.

어린 아이의 성에 대한 심리상태의 발달과정을 엄마의 젖을 빨면서 라고 프로이트는 지칭했다. 오에디푸스 컴프렉스는 사춘기 소년이 자기의 어머니에 대하여 성 욕구를 느껴 자기 어머니를 소유하고 있는 아버지를 죽이고자 하는 충동을 받게되는 것을 지칭했다. 인간의 신경질 증세는 유년기의 오에디푸스 컴프렉스 과정을 올바르게 극복하지 못했기 때문에 생기게 된다는 것이다. 프로이트의 이런 연구자료 대부분은 직접 임상에서 관찰하여 획득했다. 과학자. 내과의사, 생리학자, 프로이트는 병을 앓고 있는 사람과 건강한 사람의 심리상태가 조금의 차이가 있을 뿐이라고 믿었다. 프로이트는 본능-자아-초자아의 정신해부학을 인문학으로 발전시켰다.

1.3. 우주, 중력의 발견, 인문학

아인쉬타인의 상대성이론, $E=mc^2$은 1945년 8월 9일 14시 무렵 히로시마와 나가사끼 하늘을 수놓은 조그만한 낙하산이 땅에 닿으면서 일본열도를 커다란 충격으로 몰아넣었다. 특히 당시 조선 친일파에게는 청천벽력과 다를 바 없었다. 일본 제국이 그렇게도 영구하리라고 믿고 양민 수탈을 일삼고 있던 친일파 일본제국주의자의 앞잡이에 돌이킬 수 없는 충격을 안겨줬던 것도 아인쉬타인의 상대성 이론이 낳은 성과물이었다. 아인쉬타인은 상대성 이론과 양자론의 대중화를 시도하며 하이젠베르그가 창안했던 '원리의 불확정한 속성'이 전자를 포함한 지식에 국한되지 않고, 무한히 불확정한 속성을 지니고 있다는 이론을 비판했다. 전문화 대가는 전문 과학자와 아마추어 과학수요자 사이에 가교를 가설할 수 없을 정도로 거리를 두고 있었다. 현대과학에서 우주는 불안정한 것이라기 보다 오히려 인식 불가능한 것이었다.

물론 과학전문가는 새로운 이론이 불안정하다는 것을 발견했지만 새로운 이론이 불안정하다는 것을 발견했다는 것 자체를 두고 보면 유쾌하지는 못했다. 19세기 초엽까지 완전하다고 느끼던 원자론은 원자를 견고한 틀을 지닌 구조물처럼 묘사했다. 1860년대와 1870년대에 이르러 패러데이와 맥스웰의 연구성과는 자기, 전기, 빛의 상호작용을 확고하게 증명했다. 패러데이와 맥스웰의 이런 연구성과에 힘입어 화학과 물리학은 긴밀한 관계를 갖게 되었다. 멘데레에프의 원소 주기표는 자연질서를 통합체계로 파악하는데 필요한 증거를 제시했다. 19세기 과학에서 이룩한 이런 진보는 순수과학을 발전시키는데 찬란하고 유익한 업적이었다. 파스테르, 코흐, 에어리히와 같은 연구자가 화학을 약학에 활용할 수 있다는 것을 확증했다.

19세기 과학 진보는 1887년 미켈슨 모레이가 빛의 속도 실험에 착수함으로써 출발했다. 미켈슨 모레이는 빛의 속도 실험에서 빛의 속도가 빛의 발원지 속도와 같다는 것을 확증했다. 이어서 1895년 도이취란트에서 뢴트겐은 X-ray를 발견했다. 프랑스에서 베퀴레르는 우랴늄이라는 방사선 원소를 발견했다. 이어서 피에르와 마리 퀴리는 두 가지 새로운 원소 프로토늄과 라디움을 발견했다. 19세기 말엽 이런 과학 진보에서 자연계 원소이론은 저절로 붕괴했다. 1897년 켐브리지대학의 톰슨과 그 조교 루터포드는 전자를 발견했다. 톰슨은 자연계에서 가장 작은 원소를 발견했는데 그 작은 원소가 분간할 수 없을 정도라고 믿고 있던 원자를 구성하고 있다는 것을 발견했다. 즉 원자는 더 작은 원소로 조합된 합성단위라는 것을 발견하여 루터포드는 1902년 방사선이론을 개척했다. 우주의 구조 역시 과거세대가 상상했던 것보다 복잡하고 불안정했다.

20세기 시작과 함께 천재 이론가의 새로운 발견은 이어졌다. 도이취란트의 막스 프랑크(1858-1947, 1918년 노벨물리학상 수상)는 1900년 12월 14일 도이취란트 물리학회 발표장에서 "방사 에너지는 뛰엄뛰엄 떨어진 에너지 값의 덩어리상태로 존재하여 그 양이 일정하지 않다"고 가정하면 된다고 보고하고 이 방사에너지 덩어리를 광양자라 지칭했다. 이렇게 [막스 프랑크의] 정수[광양자]는 탄생했다. 그로부터 5년후 1905년 아인쉬타인(1829-1955, 1921년 노벨물리학상 수상)은 막스 프랑크의 불안정한 에너지 양광자 정수를 보편이론으로 발전시켰다. 아인쉬타인은 방사에너지에 양자가 있듯이 빛에도 양자가 있다는 것을 증명하여 양자이론으로 발전시켰다. 여기서 아인쉬타인의 상대성이론 $E=MC^2$은 탄생했다. 아인쉬타인의 상대성이론은 인간이 우주를 새로운 방식으로 인식하도록 요구했다. 아인쉬타인의 이런 상대성이론은 1915년과 1916년 사이에 대중사회에 뚜렷하게 일반화했다.

뉴톤(1643-1727)은 시간과 공간을 서로 독립된 관계로 설정했다. 뉴톤의 이런 시간과 공간 개념이 일상생활의 체험에서는 타당했으나, 세계를 설명하기에는 보편특질일 수 없었다. 뉴톤이 시간과 공간을 독립개념으로 설정하여 구성한 인력이론으로는 시간과 공간의 연속체임을 설명할 수 없었다. 즉 시간과 공간은 4차원의 연속체로서 시간과 공간 모두가 관찰자와 관련되어 있다는 것이다. 아인쉬타인은 뉴톤 이후 증명하지 못했던 시간과 공간을 멋지게 통합하여 뉴턴 이후 고전물리학의 한계를 극복했다. 아인쉬타인은 시간과 공간에다 중력을 첨가하여 중력까지도 시간과, 공간의 한 가지 요소로 파악했다. 아인쉬타인의 우주는 수학에서 발원했다. 아인쉬타인은 1919년 상대성이론을 완전하게 증명했다.

막스 프랑크는 빛이 입자라는 것과 빛의 입자가 충돌하여 전자를 만들어낸다는 점에 근거하여 빛도 에너지를 갖고 있다는 것을 발견했다. 아인쉬타인은 서로 충돌하며 전자를 만들어내는 둥근 당구공 같은 빛의 입자를 "양광자"라고 지칭했다. 여기서 20세기를 확 바꿔놓은 "양자이론"은 출발했다. 1960년대 이후 양자이론은 인식 불가능한 우주 발견자 아인쉬타인의 자연과학에 빌원한 과학 실용주의를 꽃피우며 C. G. S의 단위를 세분화하며 전자산업의 핵심인 반도체산업을 출현케 하며 21세기 IT산업, NT산업, BT산업, ST산업, CT산업, ET산업 등을 창출하여 디지털세계 문을 열며 실용주의 인문학의꽃을 피우기 시작했다.

1.4. 사회과학의 전문화로서 사회학 출현과 인문학

사회과학 분야도 현저하게 진보했다. 물론 사회과학은 자연과학의 추리보다 명확한 사례를 제시했다. 역사가는 커다란 논쟁에 휘말렸다. 도이취란트의 역사학자 빈델반트는 동료와 함께 역사학을 과학 범주에 끌어올리려고 시도했다. 역사학이 사건을 구체화하려는 목표를 설정하려고 시도했다면 자연과학은 일반법칙을 세우려고 시도했다. 반면 역사가는 자연과학의 법칙과 같은 일반원리를 찾아내려고 온갖 노력을 경주했다. 1902년 잉글란드의 고대사가 뷰리(J. B. Bury)는 케임브리지대학에서 행한 교수취임 강연에서 다음과 같이 강조했다. "역사는 과학이다. 그 이상도 이하도 아니다." 명확한 역사가 필요하다는 요구에 부응하려는 기대의 결과로서 여러 분야 역사학자가 협동하여 저술하는 일종의 역사가 등장했다. 역사 편집자는 여러 전문분야의 분담 작업이 전문 지식을 확실하게 만들고 전문 지식의 양을 증가하기를 기대했다. 케임브리지 대학의 액톤은 1902/1912년 사이에 『케임브리지 현대사』를 출간했다. 뷰리는 『케임브리지 중세사』를 편집해 달라는 책임을 맡았다. 한편 프랑스에서는 라비쎄가 루이 14세시대 전문가로서 프랑스사 편집을 위임 받았다.

이런 역사학 성과는 체험을 탐구하는 것보다 명확한 이론을 추구했다. 역사학의 이런 시도에도 불구하고 사회과학 중심은 사회학자에게로 넘어갔다. 1904년 막스 베버는 역사에 침잠해 있는 풍부한 일반 생활 원리를 찾아내려는 요구를 부인하고 사회과학이 명백한 개념을 확보했을 때에야 비로소 진보할 수 있다고 주장했다. 사회학의 속성은 특정한 객관성에 근거하여 사회구성원의 행동과 제도를 분석하고 주요한 의례관습 범주를 비교하여 이념형을 제시하려고 시도했다. 사회학의 이런 시도는 계몽주의시대 몽테스키외로부터 출발했다. 꽁트는 1830년대 처음으로 사회학 명칭을 사용했으나 무엇을 사회학이라고 지칭하는지를 제시하지 않았다. 1860년대에 이르러 잉글란드의 철학자 스펜서는 진화 원리, 즉 생존을 위한 투쟁, 이어지는 사회분화에서 발원하는 경제학과 사회학을 포함하여 인식 가능한 모든 주제에 관한 책을 편찬하여 사회 다원주의 지지자를 옹호하고 몇 가지 사회사상을 제시했다.

그러나 스펜사가 사회학 발전에 공헌했다고 보기는 어렵다. 특히 막스 베버는 『공동사회와 이익사회』(1887년)를 저작하여 사회학을 출발케 했다. 이 책에서 퇴니스는 유기체 같은 인간동아리의 공동사회와 물질과 연관된 관계로 조직된 이익사회로 사회가 구성되어 있다고 지적했다. 퇴니스의 이 두 가지 용어는 당대세계와 중세세계의 조화를 추구하려는 게르만주의자나 무엇이건 발원지를 밝히려던 원시사회에 향수를 갖고 있던 반동주의자의 선전문구를 이루었다. 그러나 퇴니스의 공동사회와 이익사회는 서로 다른 두 가지 사회 조직을 대조하여 묘사하여 이 두 가지 사회조직을 결합하여 사회주의 질서를 추구했다는 점도 간과할 수 없다.

도이취란트에서 사회학이 발전하고 있을 즈음 프랑스에서도 사회학이 발전하고 있다고 생각했다. 뒤르켕은 1900년 다음과 같이 언급했다."사회학은 본래 프랑스의 과학이다".뒤르켕은 사회학이 과학임이 틀림없다고 확신했다. 뒤르켕의 마지막 주저인 『종교생활의 기본형태, 1912년』에서 "사회에서 일어나는 사건에 관한 한 우리는 원시인과 같은 정신을 갖고 있다"고 비판하고,

동료 사회과학자들에게 "자연과학의 실증방식을 활용해야 한다"고 강조했다. 뒤르켕은『종교생활의 기본형태』에서 자연과학의 실증방식을 도입했다.『종교생활의 기본형태』에서는 사회에서 종교의 기능에 대한 일반 이론을 제시하기 위하여 오스트렐리아 토착민에 대한 인종학 차원의 보고서를 제시했다. 1897년에 출판한『자살론』에서 뒤르켕은 사회의 소외와 결속을 주제로 이론을 제시했다. 뒤르켕은 사회 무질서가 사회 분위기를 가라앉히며 소외자를 발생케 하여 미묘하게 종교를 지속헤 준다는 것이다. 뒤르켕은 사회에서 일어나는 사건을 과민할 정도로 중시하여 사건에다 심리학이론을 도입했다. 그러나 뒤르켕은 특히 인간을 사회를 이루어 살아가는 동물이라고 지칭했다. 뒤르켕은 인간이 다양한 방식으로 살아가게 하고 인간으로서 가치를 부여하는 것을 "사회"라고 파악했다. 뒤르켕은 이런 방식으로 사회를 창조한 신의 존재까지 비판했다. 뒤르켕은 개인과 사회의 지속기능을 깊이 있게 분석했다. 뒤르껭은 여러 가지 연구성과물에서 다양한 사회연구 가능성을 제시했다. 뒤르켕이 이런 연구 성과를 쌓는 동안 도이취란트에서는 막스 베버가 등장했다.

막스 베버는 뒤르켕을 능가했다. 막스 베버는 1863년에 출생했다. 막스 베버는 1889년 변호사 자격을 획득했다. 막스 베버는 2년후 베를린대학 교수직에 취임했다. 막스 베버는 그러니까 26세에 변호사, 28세에 베를린대학 교수직에 부임했던 셈이다. 막스 베버는 학문에 뜻을 두면서부터 사회문제에 관심을 갖고 로마 법률과 도이취란트 동부지방의 농촌노동자계급 문제를 서로 관련지워 분석했다. 그러나 1890년대 후반부터 1920년 사망하기까지 막스 베버는 사회학 체계를 제시했다. 막스 베버는 정신병으로 발작을 일르켜 비참하게 읽지도 쓰지도 못하고 여러 해를 보냈으나 탁월한 사회과학 방법론을 제시하는 논문과 법률 사회학, 종교 사회학에 관한 논문을 남겨 놓았다. 막스 베버는 이미 비판 받고 있는 저작물이지만『프로테스탄트의 윤리와 자본주의 정신』을 1904년과 1905년 사이에 출판했다. 베버는『프로테스탄트의 윤리와 자본주의 정신』에서 도이취란트 북부지방의 프로테스탄트에게서 자본주의 윤리를 껠벵주의자 사이에 확산되어 있던 세속인의 금욕주의 자세를 가지고 설명하려고 시도했다.

막스 베버의 걸작은『경제와 사회』였다. 막스 베버는『경제와 사회』에서 사회조직, 법률체계, 통치형태, 종교 역할, 도시 위치 등을 연구하여 이론화했으나 완성하지 못하고 사망했다. 막스 베버의『경제와 사회』는 미완성이었지만 인간의 총체 지식을 모아둔 걸작이었다. 막스 베버의 연구 업적은 헤아릴 수도 없으나 다양한 논문이나 저작물에서 베버는 사회학의 객관성을 제시하려고 시도했다. 우리나라에도 서양관료제 발달사의 특정한 장을『지배의 사회학』으로 [일본어 중역, 한길사에서] 번역했다. 여기서 막스베버는 "카리스마형의 통치자"로부터 대중정치의 통치권을 인식하게 된다고 지적했다. 카리스마형의 통치자로부터 대중정치의 통치권을 인식하게 된다고 지적했다. 베버의 이 지적은 사망한 이후 [한국과 같은] 국가에서 개발 독재를 정당화하는 이론을 제공하는 결과도 나타났다. 특히 이런 개발독재이론은 21세기 현재까지도 중국, 러시아, 인도네시아, 등의 아시아국가와 러시아를 비롯한 구소비에트연방에서 독립한 국가와 서남아시아의 아랍 국가의 개발 독재를 옹호하는 이론으로 널리 수용되고 있다. 21세기 현재 북한까지 개발독재 이론을 수용한다고 생각하면 막스 베버는 도이취란트 사람이 아니라 아시아 사람이라는 생각도 갖게 하고 있다. 막스 베버가 "카리스마형의 통치자"로부터 대중정치의 통치권을 인식하게 된다고 지적한 이면을 살펴보면 베버시대에 천박하게 허풍을 덜어대는 유대종족 배척문제를 비롯한 도이취란트제국의 대중정치상황과 대세를 직시한 비판인 것이다.

베버는 도이취란트제국의 정치상황과 대세를 근심어린 시각으로 바라보며 경제공황을 극복하기 위하여 뉴딜정책으로 대세를 모아가던 미국의 대중정치를 대중정치 모델로 제시하며 카리스마형의 통치자로부터 대중정치의 통치권을 인식하게 된다고 지적했다. 특히 『경제와 사회』에서 이념형이론 사례는 다양한 사회과학뿐만 아니라 인문학과 예술학이론영역에까지 객관성에 접근할 수 있는 논거를 제시했다. 실제로 막스베버는 사회과학을 공상과 이론의 영역에서 실용 영역으로 이동하며 다양한 사회에 대하여 표준을 제시하는 인문학을 창안했다.

막스 베버와 같은 시각에서 유럽세계를 바라봤던 사회과학자는 이탈리아에서도 나타났다. 이탈리아의 정치학자 모스카는 『지배계급』에서 특정한 국가의 정체가 무엇이든 정치권력이 특정한 엘리트조직에 집중한다고 분석했다. 한편 도이취란트의 사회학자 미헬스는 모든 인간조직에서 소수독재를 피할수 없다고 분석했다. 특히 미헬스는 『정당론』에서 철통같은 소수 독재자의 법칙을 면밀하게 분석하여 제시했다. 미헬스는 아무리 완벽한 대중정치 조직이라도 시간이 흐르면 소수 독재자의 통치도구가 되기 마련이라는 것이다. 한편 잉글란드에서는 사회학자, 정치학자, 심리학자인 왈라스(는 『인간 속성으로서 정치, 1908년』과 『위대한 사회, 1914년』에서 정치로서 실현하는 몇가지 행동을 분석하여 정치 심리학을 발전시켰다. 이런 사회학자의 결론이무엇이든 사회학자가 추구했던 대상은 정치가의 고민거리와 사색거리를 분석하는 전문가 차원을 사회생활과 심리작용의 실체 차원으로 끌어내어 대중세계에 접목하는 것이었다. 이런 전문가는 이미 오래 전에 제1차 세계대전의 동요조짐을 예고했다.

2. 사실주의 문학과 인문학

2.1. 대중의 적으로 등장한 예술가, 연극, 문학의 사실주의와 인문학

19세기 초엽부터 펜과 붓을 든 예술가와 대중의 관계는 긴장관계로 발전하기 시작했다. 예술가는 세상에서 승인 받지 않은 입법자 역할을 담당했다. 예술가는 대중의 경멸을 다시 경멸로서 응수했다. 예술가는 개인동아리를 형성했다. 예술가는 행복한 소수동아리를 위해 일하며 미래를 기약했다. 예술가는 자긍심을 키우며 그 자긍심을 유지키 위해 천박한 부로조아의 모습을 그리며 비판했다. 물론 예술가는 자유분방하게 생활하면서도 스스로의 생활을 유지해 갔다. 예술가는 가난의 고통을 감내했다.

19세기 후반부터 예술가와 대중의 관계는 더욱 험악해갔고 이 무렵 전위예술은 발원했다. 전위예술이 발원했다고 모두 불행한 것은 아니었다. 유럽세계에서 글자해독자 대중의 숫자도 증가하여 글자해독자 대중은 안정하게 생활하는 소수동아리로 남아 있었다. 1750년대 잉그란드의 웨일즈에서는 기혼자 51% 가량이 자기의 이름을 쓰고 글자를 해독했다. 19세기 초엽에 이르러서는 기혼자 54% 가량이 글자를 읽을 수 있었다. 특히 산업혁명의 영향과 함께 보통교육이념도 정당성을 확보하게 되었다.1850년대 잉그란드와 웨일즈에서 글자해독자는 성인 65%를 넘었다. 그러나 러시아를 제외한 유럽세계 전체 인구를 두고 보면 성인 대중 과반수는 문맹자였다. 당시 러시아에서는 문맹자가 성인의 90%를 넘엇다. 산업혁명과 함께 글자해독자 숫자는 서서히 증가했다. 1850년과 1900년 사이에 이르러 글자해독자는 현저하게 증가했다. 물론 글자해독자의 수준은 낮았지만 단순한 팜프렛이나 엉성한 신문정도를 읽을 수 있었다. 잉그란드의 비평가 아노르드(M. Arnold)는 빅토리아왕조시대의 잉그란드사회를 야만과 그 보다 약간 위의 부류인 속물사회로 분류했다.

사회에서 어떻게 지위를 유지하고 있든 정치에서는 야만인을 특별한 대상으로 인식하여 어떻게든 폭동을 일으키지 않고 투표에 참가케 했다. 그래드스톤은 가장 통부한 정치가 기질을 갖춘 인물이었다. 그래드스톤은 유명한 선거운동에서 이런 유권자의 비위를 맞추며, 1879년 말 과거의 선거운동방식을 버리고 여행용 가방을 들고 순회유세에 나섰다. 그래드스톤의 순회유세 방식을 도입한 선거운동방식은 기발했고 1880년 선거에서 대단한 효과를 거두었다. 특히 새로운 지배자사회 선전매체로서 대중신문도 대중의 손을 들기 시작했다.

물론 이런 정치와 사회의 변화보다는 기술의 변화가 선행했다. 런던 타임지는 1814년과 1850년에 주조기계를 만들었다. 다시 1890년 주조 활자기를 만들어 내면서 비로소 현대의 신문은 확고하게 기술기반을 갖게 되었고 주조 활자기는 10년 만에 신문세계를 휩쓸게 되었다.1900년경 신문가격은 현저하게 떨어졌고 새로운 사진기술이 일반화하면서 전 세계 사건을 수집하는 통신사 등장과 함께 신문의 모습을 바꾸어 놓았다. 새로운 인쇄기술이 거액의 자본을 요구하면서 도이취란트의 울쉬타인과 모쎄 잉그란드의 함스워드와 같은 신문 왕조는 탄생했다.

이런 발행자 왕조의 신문은 짧은 문장과 활기찬 문체로 범죄, 스포츠, 만필, 등을 싣는 전문지 모습에다 어린아이나 여성의 기호에 맞게 만화, 소설, 문예면에다 기사해설을 첨가하며 조간과 석간으로 쏟아냈다. 이런 신문은 천박한 대중기호를 조작했다기보다 대중문화의 천박함을 명확하게 드러냈다. 1896년 런던에서 발행하는 함스워드가문의 데일리 메일은 1901년 프앙스-도이취란트 전쟁을 보도하여 100만부가 팔렸고 이후 70만부로 고정되었다. 이런 신문은 뉴스 보도에 그치지 않고 오히려 뉴스를 만들어내기도 했다. 특히 신문 편집자와 발행자 역학을 중요하게 평가하지 않았으나 미국의 신문왕 허스트는 1898년 미국과 스페인 전쟁을 추진하는 과정에 그 이상의 역할을 담당했다.

전위 예술가는 발행자나 편집자의 정치견해에 근거하여 천박한 대중의 승리를 혐오하며 가렴주구의 마음으로 바라보았다. 그럼에도 어떤 경우에도 대중문화를 무시하지 못했으나 대중을 적으로 등장시킨 예술가의 연극에 참가하면서 대중은 예술가의 작품을 사들이며 비평가로 등장했다. 예술가를 후원하던 부로조아 [개인]의 쇠퇴와 함께 일반 대중은 다양한 기호를 중재하며 예술가를 후원하는 부로조아의 역할을 대행하며 모든 전위예술가의 동의에서 나타났듯이 대중의 기호 때문에 예술 자체를 천박하게 만들었다.

한마디로 대중은 아름다운 색채와 행복한 결말을 깃들인 예술을 희망하여 노력이 필요없는 예술, 불편한 문제를 일르키지 않고 소박하고 충격 없는 예술을 원했다. 프랑스 예술가협회는 인상파의 사롱 출입을 거부했다. 프랑스 예술가협회 회원으로서 존경받던 비평가 오르프는 르노와르의 누드를 후원하며 "르노와르가 여자의 몸을 초록색이나 자주색으로 완전히 썩어 문드러진 고기 덩어리의 송장이 아니라는 것을 표현하려 했다"고 지적했다.

일부 극작가는 예술에 대하여 급격한 변화를 꾀하려 하다가 대중의 반대에 부딪쳐 새로운 길을 개척하지 않을 수 없었다. 한마디로 이 시대의 대중은 감상의 길을 선택하여 모험의 길을 가고자 했다. 잉그란드의 도서관은 애정이나 사랑의 행각을 낭만으로 그린 소설을 사들여 대출함으로써 오히려 대중의 감상과 모험심을 조장하는 경우도 있었다. 이 시대의 베스트셀러 작가는 현대 문화사에서 박물관의 골동품에 불과하지만 코레르리(M. Corelli)나 그린 이었다. 낭만주의 여명 속에서 고전시대 로마를 담은 시엔키에비츠의 작품 『Quo vadis』는 성공을 거두어 다양한 국가언어로 번역되었다. 시에키에비츠의 소설은 1896년 포란드에서, 1897년 미국에서, 1898년 잉그란드에서 출판되어 대중소설로서 대단한 부수가 팔렸다. 이어서 도이취란트의 작가 마이는 원시시대의 모험 이야기로 불멸의 맥을 형성했다. 마이는 초인을 영웅으로 묘사했다. 강한 힘을 지닌 영웅 초인은 쿠르디스탄에서 Wild West에 이르기까지 사나운 적을 만나 정복하여 사랑 받는 도이취란트인을 모험담의 주인공으로 등장시키고 있다.

이런 대중 소설류와 다르게 새로운 장르의 탐정소설이 등장하여 19세기말엽의 베스트셀러와 대등한 위치를 차지했다. 잉그란드의 소설가 코르린스는 유명한 소설『월장석』(1868)을 발표하여 장편 탐정소설영역을 개척했다. 코르린스의 친구 디킨즈는『에드윈 드루드의 신비』를 완성하지 못하고 작고했으나 코르린스는 디킨즈의 작품을 완성하려고 시도했다. 코난 도일 경의 창작물인 상상력의 탐정 셜록 홈즈를 발표하여 국경없는 대중소설로 등장했다. 도일 경의 첫 번째 셜록 홈즈 이야기는『진홍색의 비밀 캐기』(1887년)였다. 도일 경 이후 잉그란드에서 탐정소설 장르는 등장했고, 그 탐정소설 장르는 급속하게 문명화하는 세계에 정착하여 대중문화를 창출했다.

2.2. 프랑스와 잉글란드의 사실주의 소설과 인문학

예술가는 어려운 여건에도 굴복하지 않고 대중이 예술을 오락으로 오해하고 있다는 알리려고 시도하면서 진보정신에 접근했다. 여전히 낭만주의 예술가는 유치한 대중 독자를 혐오한다고 선언했다. 19세기중엽 프로베르는 부르조아지에 대한 혐오감을 자기의 저작물 구성에 포함했다. 프로베르는 고전시대 카르타고의 이야기『사람므보』를 발표했다. 프로베르는『사람므보』가 첫째 부르조아지를 포함한 대중을 분개케 하고, 둘째 민감한 예술 애호가에게 불만과 충격을 주고, 셋째 고고학 전문가를 화나게 하고, 넷째 여성을 이해할 수 없게 만들고, 다섯째 자신에게 남성 색광으로서 남성을 닥치는 대로 유인하는 식인종이라는 명성을 얻게 될 것이라고 기대했다. 프로베르의 이런 표현은 실제로 1890년대 심미주의자의 길을 지칭했다. 그러나 1870년대와 1880년대 세대는 현실을 받아들이며 현실의 주인이 되고자 했다.

프랑스에서 현실주의 창시자는 프로베르였다. 프로베르는『보바리부인』에다 냉철한 지식과 문학을 확실하게 창출하며 현실주의자로서 입장을 명확하게 적용했다. 그런데도 프로베르는 자신이 현실주의자라고 지칭하기는 것을 탐탁하게 여기지 않았다. 프로베르는『보바리부인』에 자기에 관한 것이 아무것도 없다. 따라서 나는 보바리 부인이라고 지칭할 수 있다. 프로베르는 사실주의자로서 이야기, 옷차림, 가구, 정원 등을 충실하게 표현하려는 목표를 드러냈다. 특히 프로베르는 예술가로서 실제 생활을 글로 표현하는 것이 대단히 어렵다는 것을 알게 되었다. 따라서 프로베르는 소설 작품이 보고문이 아니라 예술이라는 것을 인식했다.

프로베르는 생활의 느낌을 예술로 옮기는 것을 임무로 인식했다. 프로베르는 무한한 인내로 빈틈없는 교정을 반복하며 무미건조한 남편과 결혼하여 저주받은 여성으로 생활하는 작은 도시소녀 이야기를 화려한 느낌을 주는 이미지를 암담한 연애와 자살 사건으로 구성했다. 프로베르의『보바리부인』은 다음과 같은 이야기 거리를 제시했다.『보바리부인』은 사회에서 도덕과 종교에 반항하고자 했다. 따라서 프로베르는 사실주의 소설을 창안하여 악명과 성공을 한 몸에 담았다. 프로베르의 대표작은『감성교육, 1869』으로서 1848년 혁명기를 배경으로 젊은이의 운명을 그렸다. 1880년 프로베르가 작고했을 때 프로베르는 숱한 숭배자를 남겼는데 그 숭배자 중에서도 졸라는 현실주의 선전가 위치를 차지했다.

프로베르를 계승한 졸라와 함께 표준은 변화했다. 특히 프로베르 이후 자연주의자는 소설의 배경을 확대하여 소설에다 삶을 직접 담아야 한다고 강조했다. 자연주의 소설가는 소설 작품의 새로운 구성방식을 제시했다. 에드몽과 공쿠르는 공동의 실험소설『제르미니 라세르토』의 머리말에서 다음과 같이 묘사했다."소설이 과학의 속성과 방법을 이어받고 있는 오늘날 간단한 과학은 특권을 지녔다고 주장할 수 없다." 에드몽과 공쿠르는 애처로운 하녀의 일생을 각색하여 작품에 옮겨 놓았다. 그 주인공 하녀는 시골에서 파리로 올라와 술집에서 일하다가 타락하여 알콜에 중독되어 결국 창녀가 되었다는 여자의 일생을 묘사했다. 졸라는 한동안 공쿠르의 문하생이었다. 졸라는 에드몽과 공쿠르의 구성 개요를 자연주의 작품의 결말로 만들려고 끊임없이 노력했다.

졸라의 소설과 문학비평은 낭만주의자의 현실을 외면한 몽상과 신고전주의자의 속물 근성을 극복키 위하여 소설을 과학으로 만들려고 노력했다. 그러나 졸라는 실패했다. 졸라의 소설과 문학비평은 강한 에너지를 반사했다. 그런데도 졸라의 작품은 사실주의 원칙을 적용하려는 부담을 적절하게 덜어버리지 못하여 자기도 모르게 불타는 욕구를 억제하지 못하고 그 욕구를 드러내고 말았다. 졸라는 스승 프로베르처럼 냉철한 언어 해부학자가 아니라 시인이었다.

졸라는 젊은 작가였고 염치도 없는 몽상가요 도덕론자였다. 졸라는 1840년 군사무기 기술자의 아들로 태어났다. 졸라는 요정에 관한 우화로 문단에 데뷔했다. 1860년대 파리에서 졸라는 쓰라린 가난을 체험했다. 그러나 졸라는 문학가를 폭넓게 사귀면서 창의력을 발휘하여 문학 실험을 진행했다. 1860년대 말엽 졸라는 문학실험의 목표를 설정하고 특정한 프랑스인 가족이 살아온 광범한 삶의 과정을 쓰기 시작했다. 1871년부터 1893년까지 졸라는 제2제국시대 생활사와 사회사로서 한 가정의 역사 라는 부제를 부친 20권의 혈족소설『루공가문의 운명』을 발표했다. 루공 가문의 혈족이 광범하게 뻗어 있었기 때문에 졸라는 압축할 수 없었다. 20권의『루공가문의 운명』중에서도 널리 알려진 작품은 광산촌과 파리의 노동자계급을 주제로 다뤘던『원자』(1885년)과『목로주점』(1887)이었다. 그 이외 18권의 소설은 주로 농민과 1870영/1871년의 전쟁을 주제로 선택하여 구성했다. 특히 소설『나나』(1880년)는 상류사회 구성원의 침대를 여행하는 가련한 노동자의 매춘을 주제로 선택하여 악명을 떨쳤다.

　다수 비평가는 졸라가 하위계급과 상류계급의 정욕을 즐겨 다뤘다고 불평했으나 졸라에게는 진실이었다. 졸라는 귀족사회를 설득력 있게 묘사할 수 있을 정도로 충분하게 귀족사회를 파악하지 못하고 있었다. 졸라는 삶의 추악한 단면을 묘사하려는 열정보다는 소설에다 과학의 실험방식을 도입하려고 시도했다. 즉 졸라는 인간에게 내재하고 있는 인간의 본능을 심리학 원리나 생리학 원리에 근거하여 밝혀야 한다는 것이었다. 레망트레는 졸라의 이런 탐구방식을 인간의 속성을 동물의 속성으로 묘사하는 염세주의 서사시라고 지칭했다. 졸라의 소설에 대한 이런 비평은 사실이었다. 졸라는 실제로 인간의 속성이 동물의 속성과 다를 바 없다는 점에 관심을 갖고 있었다. 특히 졸라를 서사시 작가라고 지칭한 소설장면은『목로주점』의 결혼장면,『원자』의 노동자 파업장면에서 입증되었다.

　졸라는 잉그란드 출신의 여러 문하생을 배출했다. 졸라의 유명한 제자는 무어와 기싱이었다. 이 두 작가의 소설은 빅토리아시대의 체통을 모욕하고 꾸밈없이 어두운 삶의 단면을 묘사했다. 그러나 잉그란드의 소설은 대체로 가정의 일상생활을 모델로 묘사했다. 위대한 문학세대도 서서히 대중세대를 떠났다. 이 문학세대 중에서 디킨즈는 가장 인기를 끌었던 작가였으나 1870년 사망했다. 당시 대중은 디킨즈의 풍부한 창의력과 특이한 개성을 그리워했다. 재치 넘치는 비평가 태커리는 디킨즈 보다 7년 먼저 사망했다. 트롤로페는 잉그란드에서 디킨즈의 위치를 대신했다. 트롤로페는 잉그란드남부의 온화한 풍경을『바체스터 시리즈』에 담아 명성과 행운을 얻으며 1882년까지 작품활동을 계속했다. 트롤로페의 작품 색체는 어두워지기 시작했다. 그렇다고 트롤로페는 염세주의자가 아니었으나 1860년대 말엽에 발표한 정치소설에서 그렇게 힘찼던 필치를 잃으며 혼란한 세상에 진지하게 저항하는 분위기를 드러냈다.『현재의 일상생활, 1875년』에서 트롤로페는 사악한 재무장관

멜모트의 의회 월권을 열거하며 부패에 대하여 각성을 전파하기 시작하며 부패를 폭로하기 시작했다. 트롤로페는 흉악한 멜모트가 유대계 부인과 결혼한 외국인으로서 멜모트의 활동기반이 런던이라는 도시임을 강조하고 부도덕한 안정을 파괴하고 기존 가치관을 마비케 했다고 지적하여 부도덕한 생활을 고발했다.

트롤로페는 특정한 사상을 실천한 소설가라기보다 탁월한 이야기꾼이었다. 잉그란드에는 대체로 이야기꾼의 풍부한 이야기 거리가 풍부했다. 이런 이야기꾼 중에서도 시인 소설가 하디도 사상가로서 명성을 떨치며 철학을 갖춘 시인의 의미에서 토마스 카알라일이라는 별명을 지녔다. 하디의 비극은 어둠 침침한 분위기를 자아냈다. 하디의 비극은 스스로의 운명을 예증하는 분위기를 드러냈다. 하디를 유명하게 만든 소설은 『광란하는 군중, 1874년』, 『캐스터브리지의 시장, 1886년』과 같은 열열한 연애소설이었다. 잉그란드의 비평가 고쎄는 『유대인』(1896)을 다음과 같이 적절하게 비평했다. "웨쎅스의 농촌에서 발원하여 창조주에게 주먹을 휘두른 하디에게 신은 무엇을 섭리로 내렸을까?" 메레디스도 고쎄처럼 하디의 『유대인』을 비평했다. 즉 하디는 탁월한 작가인데도 문장을 복잡하게 구성했다. 이런 점에서 하디는 스스로가 지식인이기를 원했다기보다 급격한 진보를 희망했다는 것이다. 하디는 1909년 작고했다. 당시 베네트는 하디가 전문가 자질을 갖춘 한편 정직했다는 점에서 하디를 최근세대에 가장 잘 어울리는 작가이다라고 의미심장하게 지칭했다. 하디의 유명한 작품은 소설 『이기주의자』(1879년)를 출간했다. 하디는 소설 작품을 대체로 대담하고 재미있게 구성했다. 하디의 이런 소설작품은 교수목적보다는 이야기 거리로서 인기를 끌었다.

19세기 후반기의 이런 소설가 위치를 평가하려면 당시 잉그란드에서 활동하던 두 작가 에리어트와 헨리 제임스를 언급하지 않을 수 없다. 물론 이 두 작가는 잉그란드인이 아니었다. 에리어트는 남성 필명을 가진 여성 작가였다. 제임스는 잉그란드로 망명한 미국계 작가였다. 이 두 작가는 탁월한 지식과 통찰력을 갖췄으나 서로 다른 길을 가고 있었다. 그런데도 제임스는 에리어트를 진지하게 철학하는 작가라는 찬사까지 아끼지 않았다. 제임스가 에리어트에게 보낸 찬사는 제임스 자신도 마찬가지였다. 이 두 작가는 복잡하고 미묘한 인간관계를 과감하게 구조로 묘사하여 소설에 담았다.

에리어트는 1819년 매리 안 에반스로 1819년 출생했다. 에리어트는 유년기부터 탁월한 지식으로 자유롭게 사고했다. 에리어트는 소설에서 배경이 미드란드로부터 런던으로 이동하면서 신앙을 포기했다. 이후 에리어트는 『괴테의 생애와 작품』1885)을 저작했던 레웨스와 사랑에 빠졌다. 에리어트는 편집자이자 번역가로서 활동했다. 에리어트는 1850년대 말엽 『성직자의 생활장면』을 출발점으로 소설을 쓰기 시작했다. 1859년과 1861년 사이에 출간한 『마담 비더』, 『프로쓰강의 연자방아』, 『시라스 마르너』 학생을 비롯한 대중소설이었다. 에리어트는 1871년과 1872년 정기간행물 『미들마치』라는 지방생활 연구란에서 재능을 발휘했다. 엘리어트는 명석하고 판단력을 지닌 복잡한 부부가 미드란드에서 만났으나 서로 다른 운명 때문에 상처를 받았던 배경을 소설에 담으며 주석을 부치며 설명했다.

제임스는 소설을 예술로 승화한 최고 거장이었다. 제임스는 독자가 작가의 존재를 의식하더라도 작품 등장인물의 대화와 생각을 꿈 같은 순간 장면에 담으려고 시도했다. 1870년대와 18880년대에 집필한 제임스의 작품은 지식의 영향을 수용했음에도 선명하도 간결하게 묘사하여 새로운 경향을 드러냈다. 『부인의 초상화』(1881)는 제임스의 걸작 중에 하나이 것이다. 『부인의 초상화』에서는 남성 등장인물인 이사벨 아쳐는 앉아 있고 여성등장인물은 서서 대화를 나누다 우연히 여성등장인물의 전남편에게 애인이 있었다는 것을 알게 되는 장면에서 의례관습을 무시하고 살았다는 전남편의 태도에서 섬광처럼 스쳐가는 순간 통찰력을 현대소설처럼 묘사하고 있다. 『부인의 초상화』는 이처럼 제임스의 주요관심사를 나타내고 있다. 『부인의 초상화』의 등장인물 이사벨 아쳐는 유럽으로 이주한 미국계 유럽인으로서 결백하고 새로운 세계에 살다가 흔히 낡은 세계의 타락을 목격하고 겪게 되는 갈등장면을 묘사하고 있다.

제임스는 유럽을 순례하며 여행했다. 제임스는 1843년 뉴욕의 부유한 가문에서 출생했다. 제임스는 젊은 시절 여행으로 풍부한 문화, 생명력을 지닌 전통, 다양한 문학가 동아리를 지닌 유럽에 대하여 깊이 사랑했다. 제임스는 처녀소설 『로데릭 허드슨』(1875년)을 발표하면서 파리에서 프로베르를 중심으로 한 소설가동아리와 사귀게 되었다. 제임스는 다음해인 1876년 런던으로 가 고민 끝에 런던에 정착하기로 결정했다. 제임스는 유럽에서 찾아낸 주제를 마음속에 지니고 유럽에서 살아가는 미국인 문제를 소설에 담기 시작했다. 제임스는 예술가와 작가의 일화를 찾아내어 그 일화를 영혼의 이지와 같은 주제에 담아 소설에 담아 광범위하게 다뤘다. 제임스의 『데이지 밀러』(1878)와 같은 단막극도 인기를 끌었다. 제임스는 탁월한 문학 비평가로서 시대를 앞서가는 문학 비평과 통찰력으로 어두운 세기말의 서유럽세계를 이끌었다.

2.3. 동유럽의 사실주의 거장: 투르게네프, 도스토예프스키, 톨스토이의 작품과 인문학

제임스는 1875년 파리여행에서 러시아 소설가 트르게네프를 사귀게 되었다. 제임스와 투르게네프는 서로 가까이 지냈다. 제임스는 투르게네프를 모국의 시 정서와 분리되어 있는 인물이라고 비평하여 탁월한 통찰력을 드러냈다. 투르게네프는 실제로 서유럽에서 작가로서 입지를 넓혔던 최초의 러시아 작가였다. 투르게네프는 도스토예프스키와 보다 러시아의 문화 특성을 가미하지 않았기 때문에 서유럽 대중세계에 쉽게 접근했을 것이다. 투르게네프의 작품 주제는 예외 없이 러시아의 문화 특성을 표현했다고 제임스가 표현한 것처럼 투르게네프의 작품은 고국러시아의 문화전통과 시의 정서가 분리되어 있었다 하더라도 그 때문에 오히려 조국러시아에 대하여 애정을 갖고 조국러시아의 문화전통을 시에다 담으려고 시도했다. 투르게네프의 시를 환경이나 정서로서 분석하면 투르게네프의 시는 서양대중세계의 정서를 반영했다. 투르게네프의 이런 작품특성은 도스토예프스키가 투르게네프의 작품에 대하여 격렬한 분노를 느끼게 했고, 톨스토이가 투르게네프의 작품을 냉소하듯이 경멸하게 만든 요인이었다.

투르게네프는 1818년 러시아 지방귀족의 후손으로 출생했다. 투르게네프는 러시아와 서유럽세계를 두루 다니며 수학했고 친구와 함께 여러 지방을 여행했다. 투르게네프는 파리에서 여러 문필가와 함께 오래도록 지내면서 자기의 천직이 문필가라는 점을 깊이 깨달았다는 점이다. 파리에서 투르게네프는 자기의 뇌리에서 멀어져 가는 조국러시아의 문화전통을 갈망하면도 초연한 문명 관찰자로서 특히 순수한 표현을 가지고 서양문명의 이동현상에 접근하려고 시도했다. 투르게네프는 프로베르와 제임스처럼 문필가로서 천직을 의식하여 언어 마술사로서 주옥같은 단편과 장편소설은 대개 심리의 동질의식을 주제로 열정에 가득찬 젊은 여자와 나약한 젊은 남자의 불행한 사랑을 묘사했다.

여러 비평가의 비평처럼 투르게네프의 작품은 위대한 러시아 시인 푸시킨의 시 『에브니게 오네긴』을 주제로 다뤘다. 그러나 투르게네프의 『아버지와 아들』(1862년)은 심혈을 기울인 작품으로서 심리경향이나 러시아의 문학 전통에서 탈피했다. 투르게네프는 이 『아버지와 아들』의 소설에서 이념의 패배, 즉 정확하게 이념을 실전한 인간의 말로가 얼마나 비참한 것인가를 자세하게 제시하며 현대소설모형을 제시했다. 『아버지와 아들』의 등장인물인 젊은 의사로서 영웅인 바자로프는 아무것도 믿지 않는다고 주장했다. 투르게네프는 바자로프를 nihilist로 묘사했다. 당시 러시아에서는 유물론자와 같은 급진주의자를 nihilist라고 묘사하여 nihilist의 용어를 유럽세계에 만들어 주었다. 누구도 투르게네프를 설득하지 못하고 실패했으나 우연히 발진디푸스에 걸려 사망했다. 그러나 투르게네프는 그의 비참한 죽음보다 영웅다운 결실을 전혀 거두지 못했다. 투르게네프의 열정과 인간성과 다르게 투르게네프는 자기의 체제를 비판하며 살았다. 투르게네프는 러시아인이었지만 프랑스 합리주의자 입장에서 서술했다. 이런 점에서 투르게네프는 러시아인의 위치를 벗어나 있었다. 그러나 도스토예프스키는 자기의 시대를 벗어나 있었다.

20세기까지도 도스토예프스키의 문제 투성이 소설을 서양세계에서는 거의 읽지 않았다. 도스토예프스키가 사망했던 1881년까지 도스토예프스키를 러시아인만이 알고 있었다. 도스토예프스키는 1821년 모스크바에서 태어났다. 도스토예프스키의 아버지는 폭군이었다. 도스토예프스키는 어머니를 좋아했으나 16살 때 죽었다. 도스토예프스키의 생애는 사랑, 결혼생활, 재산, 건강, 문인 관계 등이 파멸의 연속이었다. 도스토예프스키는 프랑스 사회주의를 연구하는 사회주의 연맹에 들어갔으나 1848년 혁명으로 이 사회주의 연맹마저 1849년 해체되어 그 동아리 구성원 전부가 국외로 추방당했다. 1849년 사회주의자동아리의 해체, 추방, 그리고 사형선고 이후 죽기를 기다리다가 러시아정부의 정책 변화로 간신히 모면했다. 이어 사회주의동아리 구성원은 시베리아에서 4년 동안 참혹한 생활을 해야 했다. 1854년 도스토예프스키는 풀려났으나 5년 후에야 모스크바로 돌아왔다.

도스토예프스키의 초기 작품은 『가난에 찌든 사람들』과 『죽음과 삶』이었다. 도스토예프스키는 이 두 작품을 1846년에 발표했다. 극히 이 두 작품은 도스토예프스키의 건강상태가 죽음으로 향하고 있다는 것을 예고했다. 도스토예프스키는 인간의 삶에 대한 고통을 시로 표현했다. 도스토예프스키는 시베리아의 생활을 극단 환경으로 표현하며 시베리아에서 당한 고통을 시의 주제로 선택했다. 도스토예프스키는 시베리아에서 당하고 있는 인간의 고통이 다른 사람도 그처럼 고통 당하고 있다는 것이다. 도스토예프스키의 1860년 대 초엽 작품은 1840년대 후반기 작품처럼 미래에 남기게 될 4 불후 명작을 예고했다. 도스토예프스키는 『죄와 벌』(1866년), 『백치』(1868/9년), 『악령』 (1871년), 『카라조마프형제』(1880년) 등을 발표했다. 이 네 작품에서 도스토 예프스키는 시베리아 유배지에서 목격한 극단의 행동과 극단의 감정을 체험 의 주제에 담아 표현했다. 도스토예프스키는 이 네 작품에서 평범한 만남에 서 출발하여 갑작스런 감정폭발로 위협 당하여 발생하는 변화, 억제치 못하 는 격정의 순간, 잔인한 학대의 우울증, 무자비하게 학대당하는 인간의 우울 증, 정치와 종교의 헛소리, 공란, 살인, 자살 등을 묘사했다. 도스토예프스키 는 소외자의 마음상태를 능숙한 작가의 이야기에 담아 독자를 억눌러 고통 당하는 소외자 주변에 세우고 정신병원에 갇혀 있다는 생각을 들게 했다. 도 스토예프스키의 작품에 등장하는 소외자에 대한 연민의 정을 억제할 수도 없 고, 그 소외자의 처지를 잊을 수도 없다는 느낌을 들게 했다. 도스토예프스키 는 장면을 구성하고 그 구성장면의 암시를 억제하는 방법을 알았고 재치가 넘치던 이야기 작가였다. 도스토예프스키는 사람의 본능에 가까운 가장 깊은 마음속을 드러내어 마음대로 주의력을 다스릴 줄 아는 탁월한 심리학자 같은 작가였다. 특히 도스토예프스키는 천부의 재질을 타고난 탁월한 드라마 작가 요 희극작가였다. 도스토예프스키의 놀라운 환상 속에는 미래에 전개될 실제 사건을 예언이나 하듯이 묘사하여 최근 몇 십 년 동안의 사건을 제시했다.

도스토예프스키는 탁월한 소설가 재능을 능가했다. 도스토예프스키가 체 험하여 구구절절이 전해주고자 했던 것은 정치 급진주의를 찬양한 것이 아니 라 오히려 서유럽지역으로부터 러시아로 흘러 들어와서 러시아 사람의 마음 을 좀먹는 세속문화와 합리주의를 증오하여 진실한 그리스트교도의 속내를 드러냈다. 도스토예프스키의 소설 중에서도 『악령』은 서유럽세계의 세속문화와 합리주의를 추구하려는 세력과 그 동조자 동아리를 그대로 결속해 두기 위해 그 동아리 구성원 중 하명을 살인했다. 그러나 그 동조자 동아리는 결국 체포되어 자살로서 막을 내리는 무자비한 니힐리스트[허무주의자]가 농촌의 마을을 파멸케 했다는 파멸을 묘사했다. 『악영』에서는 열성분자와 신의 존재를 믿지 않는 인간이 괴로움을 당하는 것으로 묘사했다. 도스토예프스키는 악영에서 급진주의자, 즉 자유주의자와 그 동조자를 비판했다. 『악영』에서는 이 두 동아리를 맹렬히 비난하고 거짓, 허식, 망상의 꿈을 꾸는 자유주의자 시인 뚜르게네프를 무자비하게 풍자했다. 그러나 여기서 도스토예프스키는 죄와 속죄에 대하여도 배신과 사랑을 묘사했다. 도스토예프스키는 누가 카라마조프 형제를 죽였는가의 주제로도 읽을 수 있는 추리소설 『카라마조프 형제』에서 영악한 무신론자를 극복하고 순수한 그리스트교도의 승리를 묘사한 종교동아리의 드라마에 바탕을 두었다.

도스토예프스키의 기질은 열정에 바탕을 두었다. 도스토예프스키의 이런 기질과 톨스토이의 기질을 비교하면 톨스토이의 기질은 열정에 바탕을 두면서도 절대 안정을 추구했다. 톨스토이는 1828년에 태어나 1910년에 작고하기까지 갑작스럽게 방향을 전환했다. 톨스토이는 무시무시한 정신 위기를 겪었다. 톨스토이의 작품에서는 그리스트교도의 인격을 해석하여 사도성자의 설득력을 거부했다. 톨스토이는 생애의 마지막 10년 동안 스스로를 신의 존재를 예찬하고 성지순례의 중심으로 인식했다. 그런데도 톨스토이의 명성은 초창기의 두 장편소설 『전쟁과 평화와』 『안나 카레니나』에 근거했다. 이 두 작품은 실증주의 절정을 나타냈다. 1870년 후반 톨스토이는 죽음에 사무쳐 오르는 공포감에 집중했다. 그러나 톨스토이의 소설은 깊은 사랑연민의 정에 연연하는 생애의 예찬론자였다.

톨스토이(1828-1910)는 부유한 지방 유력자 가문인 백작가문에서 출생했다. 톨스토이는 평범하게 청년시절을 보냈다. 톨스토이는 카자느대학에서 평범하게 수학했다. 톨스토이는 당대 러시아사회의 백작으로서 무절제하게 살았다. 그런데도 톨스토이는 만족감을 느끼지 못했다. 톨스토이는 이런 불만 때문에 작가의 길에 들어섰다. 톨스토이는 19세가 되던 해인 1847년 소설가가 되겠다는 목표를 설정하고 일기를 쓰기 시작했다. 톨스토이는 1852년 처녀작인 단편 『유년시절』을 발표했고, 1854년에는 『소년시절』을 발표했다. 다시 1857년에는 『청년시절』을 발표했다. 톨스토이의 이런 작품은 거의 자서전이나 다름없었다. 톨스토이는 이런 작품에서 예리한 관찰력과 사건 처리 능력을 보여줬다. 톨스토이는 크리미아전쟁에서 직접 겪었던 체험을 회고하여 생생한 크리미아전쟁에 대한 자료를 제시했다. 톨스토이는 누구나 초인처럼 용감해야 하겠다는 생각을 갖고 세바토포르에 오겠지만 와서보면 당장 불안감을 떨치려는 열정과 불안감을 가져다 준 인간에 대한 증오가 죽음을 맞으려는 평온한 금욕의 마음보다 세상사에 얽히고 섥혀 있는 평범한 인간으로 돌아가게 되어 있다고 지적했다. 톨스토이는 이런 시각을 자기의 장편소설에 반영했다.

톨스토이는 1863년 『전쟁과 평화』를 쓰기 시작했다. 톨스토이의 『전쟁과 평화』는 1867년과 1869년 사이에 시리즈로 출판되었다. 톨스토이는 여느 작품처럼 『전쟁과 평화』를 끊임없이 광범하게 개정했다. 『전쟁과 평화』의 무대는 광활했다. 『전쟁과 평화』의 형식은 복잡하게 구성되었다. 톨스토이의 생명예찬이 저절로 대중에게 파급되지 않았다. 실제로 톨스토이는 『전쟁과 평화』를 소설이라고 지칭하기를 거절했다. 특히 『전쟁과 평화』를 역사소설로 보는 것은 『전쟁과 평화』를 욕하는 것이나 다름없었다. 『전쟁과 평화』의 무대는 나폴레옹이 침입했던 시대의 러시아였지만 훨씬 광범한 주제를 담고 있었다. 『전쟁과 평화』의 주인공은 나폴레옹이 등장하고 러시아의 상류사회를 화려하게 표현했지만 나폴레옹이나 러시아상류사회를 주제로 설정하지 않고 서유럽문화와 러시아문화의 충돌을 주제로 설정했다. 조금 더 깊이 톨스토이의 주제를 분석하면 피에르와 나타샤의 운명과 피에르와 나타샤의 인생에 대한 승리를 주제로 설정했다.

『전쟁과 평화』를 소설이라고 지칭할 수 있을 지는 분명하지 않지만『전쟁과 평화』는 새로운 소설형식을 제시했다.『안나 카레니나』는 분명하게 소설이었다.『안나 카레니나』역시 끊임없이 수정을 거쳐 1877년 출판되었다.『안나 카레니나』에서는 행동을 대비했다.『안나 카레니나』에서는 안나의 무신앙, 안나와 애인의 동거생활, 안나의 자살 등을 행동으로 대비했다.『안나 카레니나』에서는 행동을 키티와 레빈의 사랑, 이 두 주인공의 행복한 결혼으로 대비했다.『안나 카레니나』에서 안나는 의례관습을 거부했다. 그러나 독자는 안나의 이런 행동을 이해하고 있다. 안나의 남편 카레닌은 과묵하고 엄격하지만 독자로서는 남편을 희생한 부인 안나의 탈선을 무죄로 인정하지 않으려 할 것이다. 안나의 남편 역시 고통받는 인간이다. 따라서 안나 역시 기차 밑으로 몸을 던져 비참한 종말을 맞았다. 톨스토이는 이렇게 인간의 고통을 부각시켰으나 이런 인간의 고통이 그 소설의 주제는 아니었다. 톨스토이의『안나 카레니나』에서 기억할 만한 장면이 있다면 레빈은 여러 농부와 함께 낫으로 리듬에 맞춰 풀을 베다가 기쁨을 가벼운 근육운동으로 묘사하면서 한나절을 보냈다. 여기서 톨스토이는 다시 한번 낭만주의자와 신고전주의자로서 역사소설가가 완전히 잊고 있던 특정한 현실에 갈채를 보내고 있다.

2.4. 빛의 정복자 인상파 화가의 그림과 인문학

소설가와 극작가는 현실을 심오하고 세련되게 묘사키 위하여 새로운 방식을 탐구하고 있었다. 그 동안 반항자 화가인 인상파 화가는 캔버스에서 새로운 방식을 탐구했다. 이런 인상파 화가는 졸라와도 가깝게 지냈고, 졸라 역시 반항자인 인상파 화가를 열렬히 후원했다. 이런 점에서 인상파 화가와 졸라와 같은 사실주의 작가의 어떤 연관성이 드러나고 있다. 졸라는 1866년 인상파 화가의 그림에 대하여 다음과 같이 지적했다. "여러분은 도대체 무엇 때문에 자연을 그렇게도 솜씨 없이 그립니까. 엄격하고 진지한 기법, 정확한 사실을 가장 중요한 것이 여러분 그림의 실수입니다. 여러분은 나의 절친한 친구입니다." 인상파 화가 선구자는 1820년대 뭉게뭉게 떠가는 구름을 그려 냈던 풍경화가 콘스터블, 1850년대 세속사건을 충실하고 꼼꼼하게 그렸던 프랑스 사실주의자 쿠베르, 1860년대 여름 낮 띠약 볕이 내리 쬐는 백사장의 바다 풍경을 그린 네데란드의 수채화가 용킨트 등이었다. 인상주의 화가의 그림 한계는 화판에 그린 사물 윤곽처럼 희미하게 그려냈다. 마네는 인상파 화가 일원으로서 선구자였다. 1880년 졸라는 마네를 그림 혁명가라고 불렀으나 인상파라는 화가 명칭은 모네, 르노와르, 피사로, 귀로우멩 등의 화가에 국한했다. 인상파 역사에서 마네의 역할을 명확하게 입증했다. 마네는 1863년 두 편의 그림 즉 침대에 드러누운 여자 모습『올림피아』와 성인 남성과 풀밭에 드러누워있던 여성의 나체모습『풀밭의 식사』를 그렸다. 마네는 빛을 대담하게 처리하여 새로운 화법으로 젊은 반항자동아리를 자극했다. 특히 1865년 샤롱에서『올림피아』로서 마네가 자극했던 분노 폭풍은 마네의 역할을 충분히 입증하고 있다.

현대 미술은 실제로 1863년에 발원했다. 샤롱 전시회에 참여하기를 거부하다가 반항자 화가는 1863년부터 자기네 그림을 출품하며 참석하기 시작했다. 소위 반항자 화가는 낙선화 샤롱에서 전시회를 개최했다. 낙선화 샤롱의 반항자 화가 중에는 세잔느, 마네, 용킨트 등의 작품이 출품되어 이후 10년 동안 반항자를 상징했던 것이 자부심을 상징하는 것으로 이미지를 바꾸어 놓았다. 인상파는 1874년까지도 기존 예술 체제를 공격했다. 이런 부류의 화가는 1874년부터 자기네 작품을 수집하여 전시회를 열기 시작했다. 이런 화가의 작품 중에서도「인상」,「해돋이」라고 지칭했던 모네의 작품은 밝은 청색과 적색으로 구성하여 시민의 마음속에 인상파로서 확고한 이미지를 갖게 되었다.

1874년 인상파 화가의 전시회는 회상 속에서 승리했으나, 실제로는 인상파 화가의 색채, 기법, 주제 선택을 비웃었던 당대 그림 비평가의 비평에 대하여 패배를 안겨 주었다. 그러나 인상파 화가의 그림은 현대 미술을 대표하는 작품으로 인식되었다. 특히 르노와르의 『오두막』, 세잔느의 『빵 집』), 모네의 『카푸치노 집』 등도 대표작품인 것이다. 피사로는 일정하지 않았지만 5점의 그림을, 드가는 10점을 출품했다. 10년동안 인상파 화가동아리는 서로 협력하여 개성미 넘치는 그림을 그려 이익을 올리며 명성을 쌓아갔다. 모네는 스케치 형태의 간단한 인물화나 보트그림을 그렸으며 표면에 스쳐가 포착하기 어려운 빛의 색채를 표현하는 기법을 활용했다. 르노와르는 나뭇잎에 비치는 햇볕을 그리고 길다랗게 늘어진 옷을 입고 매력이 넘치는 얼굴 모습을 어둡게 묘사했고, 풍만한 여성 나체화나 요염한 산책자 모습을 그렸다. 이런 인상파 그림기법의 화풍은 외국으로 확산되었다.

  인상파 화가는 피사로를 제외하면 전문 지식인이 아닌 화가였다. 르노와르는 세상 미술평론을 단호하게 거부했다. "너희 [미술]평론가는 이론을 세우고 있으나 자연은 너희 평론가의 이론을 엉터리로 만들고 있다"고 르노와르는 주장했다. 르노와르처럼 인상파 화가는 그림에서 특정한 원칙을 단호하게 거부했다. 인상파 화가는 광학이론을 가지고 빛의 색채에 접근하기 위하여 화학자 쉐브뢸의 색깔 연구 논문을 분석하고 배합 색의 시각효과도 실험하여 강력한 시각효과를 체험했다. 이런 인상파 화가는 기본 색을 이용했다. 인상파 화가는 밝은 청색으로 그림자를 묘사하고 화판 위에다 색깔을 배합하기 위하여 덧칠했다. 인상파 화가는 자연 속의 사물을 있는 그대로 박진감 있게 표현했다. 인상파 화가는 야외에서 풍경화를 그렸으나 그 풍경화는 화실에서 짜 맞추던 형식보다는 바깥 세계를 직접 인상으로 표현했다. 이런 점에서 인상파 화가의 작품에 풍경화나 도시화의 소재가 등장했다는 것도 우연이 아니었다. 르노와르의 다수 나체 그림에서조차 유유하고 고요한 호수나 풀숲이 우거진 강둑에서 서로 물을 튕기는 장면을 주로 묘사하고 있다. 산책자의 왁자지껄한 모습, 빛의 재빠른 변화, 구름 속의 태양 그림자, 펄럭거리는 깃발 모습 등이 인상파 화가동아리가 지향했던 착상의 목표였다. 이런 인상파 화가의 표현감각은 작품의 구성에서부터 가공의 아름다움을 거부한 이유였다. 피사로는 건초더미나 시골길을 전통화법과 조화를 이루게 표현했다.

인상파 화가는 미술을 영원히 변화시켰다. 그러나 1880년대 중엽 대화가는 끊임없이 새로운 방식과 가치를 탐구하여 재능을 수련해 가고 있을 무렵 젊은 세대의 신인상파 화가는 그림에다 광학이론을 도입했다. 1891년 쇠라는 요절했지만 몇 점에 불과하지만 귀중한 작품을 창작했다. 쇠라는 물감으로 점을 찍어 색채 조화를 창출했다. 쇠라는 민감한 지각을 지닌 인상파 화가의 그림 특징을 거부하고 세밀하게 묘사하여 전체 구도가 짜임새를 갖췄다는 인상을 심어줬다. 쇠라의 걸작인『그랑자데 일요일의 오후』를 보면 여러 인물이 그림자와 세련되게 어우러지게 서 있거나 앉아 있기도 하고 산책하는 모습을 훌륭하게 표현했다. 페브스너는 신인상주의 화가의 이런 그림이 밝은 분위기를 표현했으나 마치 나무 장난감의 모음체와 같은 딱딱한 느낌을 준다고 정확하게 지적했다. 인상파 화가는 한 가지 방향을 추구했다. 세잔느는 가장 탁월한 화가로서 사실주의 풍경화가와 서로 같은 느낌을 받고 있었다. 세잔느의 풍경화는 구도와 묘사에서부터 실험을 도입하여 20세기 미술에 다가가기 시작했다. 야외 풍경과 생동감 넘치는 색채를 가지고 열정을 표현했던 신인상파 화가 대열에 고갱과 고흐도 합류했다. 고갱과 고흐는 세잔느처럼 종교 예술의 깊은 내면을 그림에 접목시킨 창의력 넘친 현대 화가였다. 이세 화가의 그림은 고흐가 자살했던 1890년 이전에 완성되었다. 그런데도 이세 화가의 그림은 현대문화의 발원지에서 그리고 인문학 변화에서 특정한 위치를 차지했다.

3. 예술과 인문학

3.1. 시의 상징주의와 인문학

낭만주의자로부터 발원하여 프로베르와 같은 자칭 버림받은 문학가나 화가동아리가 끊임없이 추구해 왔던 "다중문화"에 대한 토론이 1890년대 잉글랜드에서는 미학체계로 발전했다. 1873년 초엽 수필가이자 옥스퍼드대학의 학생처장이었던 패터는 『르네상스연구』라는 연구 저작물의 결론에서 모든 인간이 사형선고를 유예 받고 있는 상태이므로 열정을 갖고 매 순간 순간을 충실하고 후회 없이 살아야 한다고 다음과 같이 지적했다. "인생의 성공은 보석과 같은 열정이 언제나 불꽃처럼 타오르는 이 황홀한 인생의 아름다움을 유지하는 것이다." 여기서 패터가 언급한 인생의 성공은 예술을 위한 예술을 의미했다. 패터를 추종했던 "관능주의자"는 관능을 추구하는 방종, 예술, 삶을 분리해야 한다는 것을 의미했다.

오스카 와일드는 감성론자의 이런 반란을 대표했으나 구경거리를 만들면서도 실패했다. 와일드는 1854년 아이란드의 더브린에 출생하여 옥스퍼드에서 패터의 심미주의이론을 습득한 이후 탁월한 사회운동가 모습의 작가 길을 걷기 시작했다. 와일드는 탁월하고 박식한 문학비평으로 감성이론을 수호했다. 와일드는 "비평이 미래를 만들게 된다"고 지적했다. 와일드는 감성이론을 활용하여 소설에 적용하고 재기 넘치는 말재주를 희곡으로 구체화하여 모든 예술이 도덕을 이탈하기 마련이라고 주장했다. 즉 와일드는 효용과 예술이 단조로운 현실을 멀리서 바라보며 경멸하고 있다고 주장했다. 인간은 인간의 의무를 만들어 찾아내야 하나 의무를 찾아내는 인간이 거의 없다는 것이다. 와일드의 감성이론을 계승한 와일드의 동료는 잠시동안이기는 하지만 감성이론의 전성기를 이루게 했다.

특히 단명했던 미학 학술지 『옐로우 북』과 『사보이』는 어느 정도 문학운동이 전문화했던가를 반증하고 있다. 『진솔해져야 하는 것의 중요함』(1895 년)을 비롯한 몇 가지 희곡은 세월의 흐름 속에 파묻히고 베어스레이의 희곡이라는 유품과 함께 여자를 겁탈하는 괴물의 모습을 담은 몇 편의 그림이 남아 불길한 세상을 예고했을 뿐이다. 1895년 당시 시인과 화가는 와일드가 실리를 추구하기 위하여 다수의 편에 서 있다고 와일드를 공격하기 시작했다. 잉그란드에서는 와일드를 때려부수어야 한다고 와일드의 미학운동을 반격하기 시작하여 와일드를 법정에 고발했다. 와일드 재판은 잉그란드 사회를 후끈 달구어 올리며 3차에 걸쳐 진행되었다. 와일드는 3차에 걸친 재판을 거쳐 동성연애혐의로 2년형을 선고받고 투옥되었다. 와일드는 잉그란드 사회를 들끓게 했던 동성연애 사건으로 2년형을 선고받은 이후 명예를 잃었고 결국 건강 마저 잃었으나 다시 꿋꿋한 모습으로 대중 앞에 모습을 드러냈다. 와일드는 친구에게 보낸 편지에서 탁월하고 명석한 재능을 담아 "나의 나라를 사랑하여 투옥된 애국자라면 변함 없이 나의 나라를 사랑하며 사춘기의 소년을 사랑하여 투옥된 시인은 여전히 사춘기 소년을 사랑하기 마련이다"라고 기술했다.

오스카 와일드는 1900년 파리에서 작고했다. 잉글란드에서 발원한 미학운동으로서 감성주의운동은 잉그란드를 소란스럽게 만들었지만 잉그란드가 자기의 본거지 아니었다. 제임스가 1904년 지적했듯이 잉그란드인은 어떤 대가를 치른다하더라도 아름다움을 추구하는 원리가 자기네와 같은 태양 아래서 자랐는데도 이국에서 가져온 알 수 없는 과일로 생각했다. 제임스는 당시 장황하게 수식어를 늘어놓으며 사랑과 죽음에 관한 소설을 발표하여 대중의 입에 오르내리기 시작했던 이탈리아 소설가 안눈치오에 대한 평론에서도 이렇게 언급했을 가능성도 있다. 그러나 감성론 선구자요 감성론을 소리 높혀 외치던 주창자는 프랑스이요 프랑스의 상징주의였다.

상징주의 주창자는 상징주의에 대하여 체계를 구축하지 못했지만 프랑스의 시인 보들레르였다. 보들레르는 분노로 가득 찬 자신의 잠재의식 세계를 두고 고뇌하던 탐험가였다. 보들레르는 자의식으로 가득 찬 멋쟁이였고, 인간의 변태 성욕과 과중한 세상의 부패(부로조아지)를 시로서 되살려내려고 시도했다. 보들레르는 그런데도 종교를 되살리려는데 성공한 언어 마술사요 시인이었다. 보들레르는 프로베르처럼 부로조아지를 증오했다. 보들레르는 1867년에 작고했다. 보들레르가 작고한 이후 거의 보드레르를 잊고 있었다. 1884년 위즈망스는 『거꾸로 가는 것』, 즉 가공하는 것을 예찬하는 작품에서 보들레르를 찬양했다. 위즈망스는 보들레르의 작품이 감성 계발에 몰두하기 위하여 바깥 세상과 모든 관계를 단절하고 은둔하며 살아가는 감성주의자를 가감 없으나 화려하게 묘사했던 단편 소설이다라고 지적했다.

특히 시인 모레아는 1885년 감성론자의 묘사방식을 상징주의로 공식화하여 지칭하고 이 감성론자를 데카당스[실용주의자]라고 비판하는 비평가로부터 옹호하고 이어서 1886년 상징주의운동의 지도자인 보들레르, 베르레느, 말라르메를 환영한다는 선언을 발표했다. 물론 모레아가 환영했던 상징주의자의 명단에는 적절한 표현일지 모르지만 베르레느와 연애사건으로 세상을 떠들썩하게 만들었던 조숙한 천재 랭보의 이름도 끼여 있었다. 랭보는 정처 없는 나그네의 방랑자 생활과 총격, 극도의 절망감, 종교로의 귀이 등을 묘사했다. 랭보와 보들레르의 생애는 이 두 작가의 생애 자체가 현대문화운동 발원자와 다를 바 없는 실천의식을 지녔던 것이 추측컨대 반항과 소외를 거의 완벽하게 천박함으로 상징했다는 점에서 입증되었다. 이상하게도 이런 작가 랭보와 보들레르와 다르게 말라르메가 평범하게 일생을 마치면서 마음속에 커다란 모험심을 키웠다는 점은 특이한 일이다. 말라르메는 시골학교에서 영어를 가르치는 교사직을 거쳐 1880년 주간문학잡지 『오후』를 주관했다. 말라르메의 작품은 변변치 않았으나 예화, 담화, 평론 등의 분야에서 탁월한 재능을 발휘했다. 현대문화운동을 주도한 것은 정처 없이 떠돌아다니는 나그네 부류가 아니라 삶의 원칙을 익힌 교사였다.

상징주의는 산문에서 시를 이탈케 하려고 시도했다. 다시 상징주의는 시어가 언어로서 획득할 수 있는 최고의 능력을 표현토록 진지하게 노력했다. 시는 삶의 방식[윤리]를 설교하거나 장황한 관례를 늘어놓거나 특정한 것을 주장하거나 특정한 대상을 설명하는 것이어서는 안 된다고 지적했다. 상징주의자는 음향을 감각보다 중시했고 모호함을 명확한 것보다 중시했다. 패터(W. Pater)는 모든 예술이 끊임없이 음악상태를 갈구하고 있다고 지적했다. 음악이 완벽하게 순수하고 언어 전달의미의 결함이 남 있을 수 없다는 점에서 패터의 이런 입장이 바로 상징주의자의 입장이었다. 모든 예술 중에서도 특히 음악은 신비를 갖고 있다. 상징주의자들이 음악을 많이 생각하고 글을 썼다는 것도 중요한 사실인 것이다. 상징주의자들은 음악상태를 열망하며 시를 썼고 시를 다른 예술에 결합하여 감각을 자극해야 한다고 생각했다.

어떻게 보면 상징주의자의 이런 의도가 보들레르로부터 말라메에 이르는 상징주의자가 바그너를 존경했던 이유인 것이다. 바그너는 오페라에서 언어와 음악, 주제와 의미를 완벽하게 결합하여 종합예술을 창조하려고 시도했다. 바그너의 이런 야망은 상징주의자를 자극하여 감명을 주기에 충분했다. 상징주의자는 시에서 음악 언어를 창조하려고 시도했다. 상징주의자가 시에서 음악언어를 창조하려고 시도했다는 증거는 보들레르가 시를 "상징물의 숲"으로 만들었다는 점이다. 상징주의자는 인쇄를 매체로 시어와 동사를 결합하여 시어에 함축된 순수한 의식상태의 신비감을 추구하여 책이라는 종이에 담으려고 시도했으며(랭보), 아름다움의 원리[미학]이든 색정의 감각이든 불문하고 강하고 완벽한 환상을 추구했다(말라르메). 물론 상징주의자는 이런 결함을 지니고 있었으나 자기네의 목표를 정당하게 달성해 갔다. 상징주의자는 이미 예이츠가 새로운 연극에서 희망했듯이 고전시대 언어의 독립성을 회복하는 시의 역할을 찾아내려고 시도했다. 또한 일부러 모호하게 표현하여 힘든 여행에 함께 참여할 준비가 되어 있지 못한 대중독자와 일정한 거리를 설정해 두었다. 말라르메는 1898년 작고했지만 말라르메와 함께 상징주의가 사라진 것은 아니었다. 상징주의는 프랑스 국내에서도 상당한 영향을 발휘하며 영어권 국가와 러시아로 확산되었다. 아이란드에서는 예이츠가 상징주의 영역을 확장했고, 도이취란트에서는 보들레르와 말라르메의 제자임을 자임한 게오르그가 상징주의 씨앗을 뿌리고 있었다. 게오르그는 풍부한 서정, 훤칠한 외모, 당당한 자만심을 두루 갖춘 신기한 인물이었으나 유머감각을 전혀 갖추지 못했다. 게오르그를 중심으로 나타난 상징주의 동아리는 게오르그의 유지를 계승하며 현대도이취란트를 물질주의에서 구원할 수 있다고 믿었다. 도이취란트의 상징주의자 동아리는 단테의 작품을 번역하고 휠더린의 난해한 시를 부활하여 문학비평을 출판했다. 또한 청춘의 아름다움을 하기 위하여 아르카네 축제를 주관하는 등 헤레니즘을 현대문화에 접목하는 데 노력했다. 게오르그의 이런 시도를 살펴보면 저작물의 인쇄 기술을 활용하여 게오르그 자신을 신격화하는 등 어처구니없는 기행을 자행했다.

이런 행동 중에서도 예를 들면 게오르그 동아리는 다가올 왕국을 예시하며 게오르그의 왕국을 시에 담아 게오르그가 신화에 등장하는 영웅 인물인 것처럼 전기를 과장되게 기술했다는 점 역시 정치의 위험을 예고했다. 그러나 이런 게오르그의 상징주의자동아리를 두고 보면 이 동아리의 역할이 현실을 직시했다는 측면도 있다. 게오르그의 상징주의자동아리는 도이취란트 대학의 질식할 것같은 분위기에다 문학으로 신선한 바람을 불어넣으려는 열정을 불태웠다. 특히 게오르그의 상징주의자동아리는 이런 문학운동으로 부활할 수 있는 시인을 부활케 했으며 몇 가지 서정시집으로 스승 게오르그의 시를 대중문화에 접목했다. 게오르그의 첫 시집 『찬미가』를 1890년 출판했다. 이후 게오르그는 빈번히 정신이 순수하다는 용어로서 자기를 폭로하는 문집을 발간했다.

게오르그문학동아리는 고립과 참여를 독특하게 혼합했다. 게오르그는 비밀 도이취란트의 우두머리로서 개인의 이익을 추구하는 현대세계의 실용주의에 저항해 문화에서 발원한 가치를 옹호했다. 게오르그의 문학동아리는 자발성을 갖춘 최고의 엘리트동아리였다. 게오르그의 문학동아리에서 발원한 메시지는 보다 큰 동아리인 나치권력동아리의 이데오르기 해석으로 불길한 오해를 받았다. 이런 오해는 거의 게오르그의 의사와 전혀 반대방향으로라도 시가 영향을 미칠 수 있다는 것을 반증했다. 물론 게오르그는 시의 이런 영향을 희망하지 않았다. 게오르그는 1933년 12월에 작고했다. 이어서 나치주의자는 1933년 1월에 정권을 잡았다. 게오르그는 나치주의자에 저항했다는 것을 확증할 수 없지만 스위스에 망명해 머물다가 작고했다는 것도 중요한 사건이다.

토마스 만은 예술과 문화의 이런 갈등을 소설 주제로 삼았다. 만은 1875년 뤼벡의 상인가문에서 출생했다. 만은 일찍이 쇼펜하우어의 비관주의와 니체의 현대문명 비판으로부터 영향을 받았다. 만은 단편소설을 발표한 이후 1901년 장편소설 『붇덴부루크가문』을 발표하여 명성을 얻게 되었다. 처음부터 만은 아이러니를 특징으로 내세웠다. 만은 초창기부터 예술과 인생의 모순을 주제로 접근했다. 『붇덴부루크가문』에서 만은 상인가문이 몇 세대에 걸쳐 몰락해 가는 것을 연대기형식으로 묘사했다. 즉 만은 『붇덴부루크가문』에서 상인가문의 몰락을 지식문화[상급문화 또는 고급문화]와 건강한 부로조아지가 타협하지 않고 끝도 없이 갈등하는 주제로 묘사했다. 만은 『붇덴부루크가문』에서 예술이 음악이라는 선물과 라틴어 글자관습의 문화에서 발원했다고 상징하여 고상하나 병들어 있으며 상업 역시 천박하나 질기다고 묘사했다. 1903년 출판한 만의 소설 『토니오 크뢰거』에 등장하는 작가 주인공은 문화와 예술의 갈등을 구체화했다. 토마스 만은 북부 도이취란트 지방의 상인가문에서 출생했으나 만의 어머니는 하층민 신분이어서 토마스 만이라는 이름을 갖게 되었다. 만은 문학이 천직이었지만 고통과 고뇌, 외로움을 대가로 하며 예술과 소외를 쌍둥이 형제라고 지적했다.

3.2. 예술의 현실 비판과 인문학의 실천의식

실용주의 문화는 현대세계를 강타했다. 저주받은 현대세계를 강타한 실용주의 문화에 저항하는 첫째 방식은 세련됨과 모호함으로 도피하는 것이었다. 둘째 방식은 돌아서서 저주받은 현대세계를 정면으로 비판하며 개선하려는 실전이었다. 모든 작가가 이 두 가지 방법 중 한 가지 방법을 선택한 것은 아니었다. 특히 러시아의 위대한 극작가이며 단편소설가 안톤 체홉은 완벽한 리얼리스트로서 세상을 개혁하는 일보다는 세상을 완벽하게 묘사하는 일을 중시했다. 체홉은 단편소설에서 세상을 신랄하지만 꾸밈없이 일상 대화형식으로 저주받은 일상생활의 속성을 묘사하는 거의 완벽한 능력을 갖추고 있었다. 체홉의 단편소설에서 제시한 전제는 명쾌했다. 체홉의 단편소설에서 제시한 명쾌한 전제는 문학비평가에게 논쟁거리가 되기에 충분했다. 무엇이 체홉의 의도였든 특히 체홉 자신이 희극이라 지칭했지만 비극에 가까워 희극인지 비극인지를 구분하기 어려운 마지막 작품 『벚꽃동산』(1904)을 비롯한 (1896년), (1899년), (1901년) 등의 희곡은 현대 극장가에서 표준희곡이 되고 있다.

다른 극작가는 무대를 프래트폼처럼 사용했다. 이런 극작가 중에서도 입센은 체홉을 능가했다. 입센은 1828년에 출생했다. 입센은 『브랜드』(1866년)에서부터 능력을 발휘하기 시작했다. 입센은 『브랜드』에서 엄격한 신앙을 위해 어머니, 아내, 자식까지 희생하는 광신자 목사를 냉혹하게 묘사했다. 『브랜드』와 같은 희곡으로 입센은 자연주의 풍의 극장가에서 영향력을 발휘하며 『인형의 집』(1879)을 발표했다. 『인형의 집』은 젊은 아내의 두 가지 속성을 주제로 다뤘다. 『인형의 집』에서는 젊은 아내가 행복하다고 느끼던 결혼

생활이 거짓이었고 편의상이었다는 것을 발견하고 행복의 해답을 찾아서 가정을 떠난다는 내용이었다. 이어서 입센은 『망령』1881년)을 발표했다. 『망령』의 주인공은 소문이 두려워서 재혼하지 않고 살아가는 과부가 잘못했던 결혼의 추억에 시달리며 늙어 가는 이야기에 초점을 맞추고 있다. 『망령』의 희극은 외국에서 돌아온 과부의 아들이 자기의 유전성 성병에 감염되어 있다는 것을 폭로하면서 시작되고 있다. 이 『망령』에서 어머니는 정직해져서 죽어 가는 아들에게 아들이 원하는 모든 것을 주려고 노력한다. 어머니는 아들과 이복자매인 하녀에게 독약을 결국 먹이는데 동의하여 아들이 원했던 죽음까지 제공해 주었다는 이야기인 것이다.

입센은 이런 연극에 이어 특히 『들오리』(1884년), 『로스메르스호름』(1886년), 『헨다 가브러』(1890년) 등의 작품에서 과거세대가 물려준 무거운 짐을 묘사하며 교만함, 정직하지 못함, 진실함에 대하여 이익을 추구했던 결과가 얼마나 비참했던가를 묘사했다. 입센은 혁명가였다. 입센은 『민중의 적』(1882년)에서 '소수'가 언제나 옳다는 생각을 가진 소박한 성품의 주인공 스토크만 박사와 동일한 인물이었다. 입센은 보수파의 소수가 아니라 미래를 내다보고 있는 소수라고 지적했다. 『망령』이 공연에 들어갔을 때 순결하지 못하고 도덕을 이탈해 있다는 비판 때문에 세상을 들끓게 했다. 입센은 자기의 작품이 니힐리즘을 설교하지 않았고 실제로 아무것도 설교하지 않았다고 지적했다. 입센은 정직했으나 급진주의자였다. 입센의 이런 해명에 불구하고 말년에 이르러 자기의 과제가 인간의 속성을 묘사하는 것이었다고 지적했다. 이런 점에서 입센은 선전물이 아니라 비극작가였다.

입센의 최종 의도야 어떻든 독자는 입센의 희곡 중에서 사회비평을 중시했다. 쇼우는 1891년 『입센 작품의 정수』라는 산뜻한 선전문구에서 입센을 비방하는 사람에 대하여 입센을 옹호하면서 위선과 기만으로 가득 찬 지루한 관념론에 대하여 '인과응보의 여신'이 입센이라고 해석했다. 쇼우는 자기의 연극을 관념 극이라고 해명했다. 쇼우는 "나의 양심은 진정한 설교항목인데 사람이 불편해야 하는데 편안한 것을 보면 저절로 화가 나게 하는 것이다"라고 썼다. 실제로 쇼우는 동료 페이비언이나 동료 개혁가 웰즈의 경우처럼 저널리스트 이름으로 명성을 떨쳤다.

쇼우의 연극은 형식과 주장[전달의미]에서 풍부한 창의력을 발휘했다. 쇼우는 1856년 더블린에서 출생했다. 쇼우는 청년시절에 런던으로 온 이후 작가로서 여러 가지 작품을 발표했다. 쇼우는 성공하지 못한 소설가로서 문학인생을 시작했다. 그러나 쇼우는 문학청년으로서보다 음악평론가로서 명성을 떨치기 시작했다. 쇼우는 소설과 같은 희곡인 처녀작『홀아비의 집』을 1892년 발표했다.『홀아비의 집』은 공연보다는 대중 독서용 희곡이었다. 쇼우는 1913년『피그마리온』을 발표하여 극작가로서 명성을 떨치기 시작했다. 쇼우의 작품은 대중의 이미지를 전달하는 대중의 폭포수 역할을 담당했다. 쇼우의 작품은 탐욕스런 지주, 군대의 힘, 골칫거리의 파워 엘리트, 제국주의자 등을 풍자했다. 그러나 쇼우는 일관되게 메시지를 전달하며 관객을 공격하지 않았다. 쇼우는『거부할머니 바르바라』(1907)에서 구원군을 가볍게 냉소하며 동정어린 초상화를 그렸다. 쇼우는 그 초상화에다 여성문제를 다루며 군사원조 제공을 두고 강한 자 만이 선을 행할 수 있으며 가난이야말로 죄악이라고 하여 예기치 않은 펜 끝으로 새로운 영웅을 창조했다. 쇼우는『피그마리온』의 매력으로 관객에게 접근하여 고전시대 저작물의 표준으로 새로운 인간을 창조하여 비정치를 주제로 능숙하게 다루어 내며 현대세계의 순수예술에 접근했다. 과격한 작가도 단순한 정치가라기보다 예술가로서 등장했다.

3.3. 그림의 표현주의와 인문학

새로운 변화는 18세기에서 발원했다. 18세기에 발원했던 변화는 실험을 동반하기 마련이었다. 새로운 변화와 함께 소설도 실험 분위기를 외면할 수 없었다. 잉그란드의 골즈워디를 비롯한 다수 소설가는 여전히 사실주의자 입장에서 사회를 관찰했다. 제임스는 1902/1904년 사실주의 최종단계의 장편소설『비둘기 날개』,『외교사절』,『황금 잔』을 발표했다. 제임스는 이런 희곡에서 심리상태의 갈등을 교묘하게 배반으로 묘사하여 정밀한 통찰력을 나타냈다. 제임스는 자기를 사로잡고 있는 집요한 관념을 세련 미 있게 직접 묘사했다. 제임스의 이런 묘사방식이 사실주의를 넘어선 사실주의로서 1880년대 사실주의보다 생동간을 갖춘 사실주의 작품으로서 소기 목적을 달성했다고 지적할 수 있는 지는 여전히 논쟁의 여지를 갖고 있다.

한편 프루스트는『잃어버린 시간을 찾아서』라는 연작소설 제1권인『스완 댁 편』(1913)을 발표하여 성공했다. 물론 이소설의 성공에 대해서는 논쟁의 여지가 없다.『잃어버린 시간을 찾아서』는 과거세대를 회상하면서 7가지 전설을 서로 연계하여 집필한 소설 중 첫 작품이었다. 프루스트의 작품이 중요하다는 것을 처음에는 인정하지 않았다. 프루스트는 첫 작품을 자비로 발간해야 했다. 그러나 1920년대 프루스트의 작품은 현대문학에서 고전으로서 위치를 굳히게 되었다. 프루스트는 과학자 아버지와 부유한 유대계 어머니 사이에서 1871년 출생했다. 프루스트는 어릴 적 병약하여 천식을 앓았으나 자립심이 강했다. 프루스트는 문학애호가로서 살면서 동성애와 같은 저질의 단편소설을 발표하기도 했다. 실제로 프루스트는 은밀히 동성애인을 갖기도 했다.

프루스트는 1905년 어머니의 사망으로 우울해지면서 진지하게 작품활동을 시작했다. 프루스트는 1909년경 자기의 임무를 명확하게 설정하고 사회와 거의 절연하고 작품활동에 매진했다. 1922년 프루스트가 작고했을 당시 교정을 마치지 못했으나 완벽한 작품을 남겨 놓았다. 『잃어버린 시간을 찾아서』는 뱀이 자신의 꼬리부분을 무는 것을 그린 것이다. 즉 『잃어버린 시간을 찾아서』는 부유한 파리재산가의 어린 시절부터 일대기를 그린 작품이었다. 『잃어버린 시간을 찾아서』는 일인칭 화법으로 많은 실패로 좌절을 겪으며 드디어 문학을 일생의 업으로 발견하게 되는 과정을 자세히 묘사하고 드디어 소설을 쓰기로 결심한다는 내용인 것이다. 『잃어버린 시간을 찾아서』는 독자들이 프루스트의 입을 통하여 들은 바로 그 내용을 담고 있다. 프루스트는 『잃어버린 시간을 찾아서』에서 주로 파리상류사회의 재산가, 몰락의 운명을 맞고 있는 귀족, 덧없는 세상에서 승리를 거둔 고급창녀, 벼락부자 등과 같은 프랑스상류사회의 파노라마를 다뤘다. 그러나 프루스트의 드라마 핵심은 내부에 있었다. 주인공인 해설자는 사랑하면서도 언제나 불행한 운명을 맞으며 자기의 환상이 산산이 깨어지고 있다는 것을 알아차리고 있다. 애인 [정부]를 믿지 못하고 귀족은 비열하며 친구는 음모 가득한 변절자라는 것을 깨닫고 있다. 더욱 넓게 보면 프루스트의 소설은 각양각색의 축제나 다름없다. 프루스트의 소설에서는 미술과 문학, 속물 근성과 사랑을 오래도록 관찰하고 명상하여 서술했다. 프루스트는 무의식세계의 기억력을 오래도록 분석하고 다시 서술하는 교차방식으로 묘사했다. 프루스트는 짧지 않은 단편을 집단에 대한 보고서에 근거하여 차례로 강조했다. 프루스트의 소설은 현대소설의 걸작인 것이다. 프루스트의 소설은 심리상태를 통찰하고 음악과 같은 언어구사능력을 발휘하여 현대감각의 유머, 하나의 세계를 창조하는 순수한 힘 등을 묘사했다. 프루스트의 소설은 실험 기술, 시간, 경쟁, 최종의 우울한 교훈, 사람의 진정한 모습을 도저히 알 수 없다는 것 가람의 실체가 항상 투쟁하는 상황에 놓여 있다는 교훈을 묘사했다. 이런 점에서 프루스트의 소설을 현대소설이라고 지칭할 수 있다.

표현주의는 프루스트시대를 지배했다. 표현주의는 1920년대 극작가, 시인, 미술가, 건축가까지 완만하게 포용하는 명칭이었다. 표현주의 극장 개척자는 스웨덴의 극작가 스트린드베르히였다. 스트린드베르히는 사실주의로부터 『꿈의 공연』(1902년)으로 옮겨갔다. 『꿈의 공연』에서는 시간계열과 개인이라는 주체를 포기하고 예측할 수 없는 변덕을 꿈의 공연으로 묘사했다. 스트린드베르히는 배우의 이름을 없애고 단순한 이방인이나 여성의 유형을 유지했다. 젊은 극작가는 천박한 사회를 풍자하고 베데킨트의 소박한 성 표현에 근거하여 도이취란트에서는 표현주의자의 극장을 주체성 광장으로 만들었다. 표현주의자의 작품에서 비주체인 배우는 성의 욕망과 형이상학의 고뇌를 소리 높이 외쳤다. 표현주의 시인은 리듬 체계를 무너뜨리고 문장 관습을 무시하며 최극단의 인식력에 도달하려고 시도하며 동일한 주제를 강조했다.

한편 표현주의 화가는 풍부한 어휘와 다양한 분위기로 성취감을 반영했다. 표현주의 화가의 이런 그림 기법은 19세기말의 사실주의 영향을 반영했다. 특히 브르통의 예언, 고갱의 타이티 풍경, 고호의 격렬한 광기 등은 표현주의 화가의 영향을 반영했다. 고갱은 주식거래를 하며 취미 삼아 그림을 그리던 주말 화가로서 인상파 화가의 길을 걷기 시작했다. 1880년대 초엽 고갱은 화가로 직업을 바꿨고 이후 10년 동안 인상파 화가와 인연을 끊고 반 고흐와 함께 자기의 이상을 화판에 옮겨놓기 시작했다. 1895년 고갱은 휴식을 취하기 위하여 타히티로 갔다. 1903년 고갱은 타이티에서 세상을 떠났다. 고갱이 정확히 판단했듯이 미래를 향한 그림 자체보다 그림의 목적에 더 큰 비중을 두었다. 고갱은 정당함을 옹호하고자 시도하며 모든 것을 표현할 수 있는 권리를 주장했다. 고갱이 작고하던 해에 화가 반 고흐의 그림전시회를 열었다. 이 그림 전시회에서부터 반 고흐는 폭발하는 듯한 색채, 거친 붓의 스케치, 열정을 강렬하게 객관화하려는 기법은 세상에 알려지게 되었다.

표현주의파 화가동아리의 그림 기법은 위대한 과거세대 화가의 작품에서 외부세계를 떨쳐버리는 용기와 무의식욕구의 고통 주제에 다 색채를 배합했다. 노르웨이 화가 뭉크도 탁월한 표현주의 동아리의 일원이었다. 뭉크는 동판화에 자연을 그리고 마음을 목판에 그려 고독의 울부짖음, 여성의 교살능력, 쓰라린 질투 고통을 묘사했다. 특히 키르흐너와 노르데와 같은 표현주의자도 날렵한 재치, 있는 그대로의 모습, 조화보다는 색채 등으로 거리풍경, 벌거벗은 나체, 종교화 등을 그렸다. 이런 표현주의 화가는 원시형태의 모습, 즉 어린아이, 미친 사람, 다른 나라 사람, 중세 장인의 예술과 것에 애착을 가졌다. 표현대상을 단순화하려는 표현주의자의 정열은 표현주의자의 딱딱한 매개물인 목판화에서 드러났다. 한편 프랑스에서는 반 고흐의 색채와 세잔느의 구도 에 심취하여 마티스의 표현주의 화가동아리는 당시까지 완벽하게 소화하지 못한 상태에서 풍부한 감성과 야성미의 색채를 화판에 옮겼다. 아수라는 조소의 명칭으로 이 표현주의자 화가동아리를 지칭했다는 비평가의 언급은 물론 정확한 평가였다고 지적할 수 없다.

세잔느의 그림 영향은 다른 방향으로 이동했다. 세잔느는 1906년 거의 은둔자처럼 엑상 프로방스에서 작고했고 이후 파리에서는 세잔느의 회고전시회가 열렸다. 세잔느의 회고 전시회에서는 단명하긴 했지만 역사에 문화운동으로서 입체파가 탄생했다는 것은 우연의 일치가 아니었다. 세잔느는 말년에 화가에 필요한 형상의 사실주의에 빠져들었다. 세잔느의 목적은 단순함과 순수함을 완벽하게 화판에 옮기는 것이었다. 그 사례로서 세잔느는 『목욕하는 사람들』이라는 작품에서 장엄하게 구성하기 위해 인물을 찌그러뜨렸다. 세잔느는 색채를 무시하지 않았다. 그러나 세잔느는 다른 화가에게 보내는 충고편지에서 지적했듯이 "원주, 둥근 공, 원추 등의 특유한 표현으로 자연을 다루고 있는 이 모든 것을 원근법에 근거하여 표현할 수 있다" 언급했다. 입체파 발원자는 브라크와 피카소였다. 물론 20세기에 이르러 다방면의 재능을 발휘한 예술가 피카소의 경력을 입체파화가라는 한마디로 요약할 스는 없을 것이다.

피카소는 일생을 지치지 않는 실험가로서 보냈다. 피카소는 1881년 마라가에서 화가의 아들로 출생했다. 피카소는 1904년 스페인에서 파리로 이주했다. 피카소는 파리에서 학교교육을 마치고 애수에 찬 감정으로 시골뜨기와 요술쟁이를 세심한 구도로 그리기 시작하여 초창기에는 청색을 썼으나 1905년 이후에는 장미 빛을 사용했다. 피카소는 1905년 미국의 추방자 스테인을 그린 유명한 초상화로부터 색채 변화를 시도했다. 피카소는 이 무렵 브라크와 함께 입체파 화가로서 진로를 가기 시작했다. 브라크와 피카소는 풍경화, 초상화, 일상생활의 꽃병 등을 그렸으며 이 그림의 기법은 대상의 표면을 분쇄하여 각각의 평면으로 만드는 것이었으며 색깔에서는 엷은 청색과 회색을 사용했다. 이후에는 자연에서 후퇴하여 신문조각을 이용하여 화폭 위에 꼴라쥬를 구성했다.

입체파는 자연에서 물러났으나 자연을 포기하지 않았다. 입체파 화가로서 다재 다능한 피카소는 추상을 화폭에 옮기는 화가가 아니었다. 그러나 피카소의 그림에는 사물의 모습을 있는 그대로 옮겨놓아 그림에다 사진과 같은 사실주의를 도입했다. 피카소는 대상의 모습을 표현자의 시각으로 화폭에 옮겨 최근세대의 시각을 강하게 표현했다. 피카소는 기존 표현형식을 거부하고 새로운 반항을 창출하여 드라마와 같은 실험을 현실에서 실현할 수 있다는 가능성을 제시했다. 1908년 도이취란트의 미학자 보르링거가 제출한 박사학위 논문『상상력의 논리화와 정서 흐름』에서 예술과 자연은 분리되었으나 대등하다고 지적했다. 보르링거의 이런 지적은 와일드가 20년 전에 형식을 갖추진 못했으나 이미 제시했다. 몇몇 추상화가 걸어온 길을 다시 걸어가고 있었다. 1910년 뮌헨에서 저작활동을 하던 러시아계 화가 칸딘스키는 명확하게 상상력의 체계화에 기여했다. 1911년 칸딘스키는 완벽하게 자연과 무관한 선·형태·점으로 이루어진 분수체계에 접근했다. 이런 과정을 거쳐 표현은 제왕처럼 군림했다.

표현주의와 유사한 발전은 디자인영역에서도 나타났다. 19세기 내내 건축과 실내장식에서는 요란하게 장식하는 것이 이상이었다. 절충주의는 모든 표현주의에 대한 해답이었다. 구조와 재료는 무형식의 장식과 함께 변화했다. 이런 무취향의 콘퓨전을 벗어나는 방법은 문명세계의 풍부한 상상력으로 책상으로나 램프를 제작하거나 화단, 유리, 철재, 목재에다 환상을 접목한 실내장식가, 디자이너, 화가 등의 국제문화운동인 아르누보 예술운동과 함께 대담한 기습에 가깝지만 디자이너의 역할에 힘입었다. 다른 한가지 방법은 초창기 정직한 장인시대로 복귀하려는 것이었다. 이 두 가지 방법은 사회학자요 디자이너며 시인인 모리스가 이미 수 십 년 동안 권장해 왔고 모리스의 지적은 잉그란드에서 예술의 장인운동으로 이어졌다. 그러나 1896년 모리스가 작고하기 직전까지 모리스의 메시지는 적절하지 못한 것으로 인식되었다. 모리스는 아름다움을 원했으나 기계와 같은 체계를 싫어했다. 1900년경에는 소수 반란자만이 모리스의 지적을 명확하게 파악하고 있었다. 미국에서는 건축가 서리반이 잠시동안이지만 장식품의 중지를 요구했고 철골물의 속성과 구조를 표현하는 마천루를 시카고에다 세웠다. 잉그란드에서는 건축가 보이세이가 서리반과 같은 이유로 디자인이 단순해야 한다고 주장했다. 보이세이는 디자인이 단순해야 한다는 원리를 자기의 하얀 별장과 간단한 가구, 간결한 식탁용 가구에다 실행했다. 보이세이의 작품은 답답한 실내에서 창문을 여는 것과 같은 분위기를 창출했다.

이런 현대문화운동은 대개 외국에서 발원하여 도이취란트에 꽃을 피웠다. 1910년 미국의 건축가 라이트에 관한 두 가지 책을 베르린에서 발간했다. 라이트는 오래 동안 자재를 정직하게 사용해야 한다는 것을 권고했다. 잉그란드에서도 무테시우스는 보이세이와 함께 1896년부터 1903년까지 잉그란드 건축을 연구했다.무테시우스는 방대한 저서를 통해 잉그란드의 건축을 도이취란트에 소개했다. 무테시우스는 디자인이 단순하기 위해서는 복잡한 장식을 탈피해야 한다고 주장했다. 1907년 무테시우스의 촉구로 도이취란트에서도 예술-기술협회가 출범했다. 이 협회의 프로그램은 구조를 훼손하지 않고 단순하고 장식 없는 디자인을 칭송했다. 이런 현대 시각은 그로피우스자재를 구체화함으로써 체계를 갖추었다. 그로피우스는 예술-기술협회에서 개체한 1914년 건축전시회에 출품하기 위하여 건축물 공장 모델을 제시했다. 이 빌딩은 거의 완벽한 기능을 갖추었고 장식은 사라졌다. 유리를 활용하여 건축물 내부의 사람 동작을 외부에서 볼 수 있었다. 이제 다수 현대인이 영원히 조화를 찾아낼 수 없으리라고 예술과 기계와 같은 구조가 조화에 접근했다. 그러나 그 조화는 단명에 그쳤다.

3.4. 음악(1870-1914)과 인문학

19세기 중엽 이후 유럽세계에서 세 천재 음악가 바그너, 베르디, 브람스는 음악세계를 주도했다. 이미 지적했듯이 바그너의 「트리스탄」(1859)은 낭만주의 음악의 절정이었다. 바그너의 종합예술로서 음악개념을 살펴보면 과연 바그너가 교훈보다 실행을 목적했는지 아니면 실행보다 교훈을 목적했는지를 파악할 수 없다. 바그너는 음악과 희극을 완벽하게 결합했다고 주장했으며 지기가 희극시인임을 자처했다. 바그너의 음악은 다른 예술요소를 완벽하게 제압했다. 다른 소주 작곡가는 오페라에다 합창을 빼어 오페라를 관현악 연주로 변형했다. 특히 소수 작곡가의 이런 연주곡은 특히 탁월한 연주곡으로 평가받아 정규 연주곡으로 채택되었다. 이런 바그너의 제자는 리히하르트 쉬트라우스였다. 쉬트라우스는 설교와 같은 바그너의 음악은 음악만큼이나 예술가와 대중의 상상력을 사로잡았다.

1869년 게르만종족이 숭배했던 여러 가지 신의 신화를 주제로 구성한 광대하고 복잡한 4장의 전설 오페라 「니베룽겐의 반지」을 작곡하여 마침내 상연했다. 다시 1876년 바이로이트에다 바이에른의 종족왕 루드뷔히 2세 미친

자가 바그너를 위하여 오페라극장을 세워 개관한 이후 바그너는 마침내 숭배대상의 음악가로 변신했다. 바그너 숭배와 함께 음악 이외의 주제는 점차 매력을 끌지 못하게 되었으나 민족주의와 반유대주의를 비롯한 괴상망측한 철학화를 특징으로 내세웠다. 1880년 바그너의 마지막 오페라「파르시팔」은 바그너 숭배를 절정에 이르게 했다. 그런데도 바그너의 음악은 바그너의 재능과 다르게 빈약하고 무미건조했다.

바그너의 가극 대본은 그리스트의 구원을 언급했으나 이상하게 청중을 당황케 하여 바그너 자신을 숭배토록 자극하는 의식이었다. 또한 바그너 자신을 압도하고 있던 종교색채를 떠나 급격한 진보를 추구하는 과거세대가 그리스트교를 빙자하여 저작한 서사시나 다름없었다. 바이로이트 오페라극장시대에 오만 방자했던 바그너는 바그너 숭배자 니체를 자극하여 니체를 맹렬한 바그너 비판자로 만들어 후기 바그너 모습을 침울하게 만들었다. 그런데도 바그너가 이후세대에게 영향을 미쳤다는 것은 부인할 수 없다. 바그너의 영향은 쉬트라우쓰의 오페라와 관현악연주곡에서도 명백하게 드러나고 있다. 특히 제1차 세계대전 이전시대, 즉 3세기에 걸쳐서 전통음악을 버리기를 공공연히 선언하기 직전에 작곡한 쇤베르그의 연주곡에서도 분명하게 드러나고 있다. 이외에도 쉽게 파악할 수 없지만 음악의 새로운 발원지인 데부씨의 음악에서도 바그너의 영향은 명확하게 드러나고 있다.

바그너시대의 오페라대가는 베르디였다. 베르디는 바그너파에 속했으나 바그너의 오페라와 강한 대조를 이루었다. 베르디는 전원환경에서 성장했다. 베르디는 친절하고 너그러운 성품에다 종교인다운 성품을 갖췄다. 베르디는 풍부한 상상력과 자제력을 표현한 수 편의 걸작을 남겼다. 베르너의 40대 초기 오페라는 완벽하게 프랑스의 전통오페라와 이탈리아의 그랜드 오페라와 다를 바 없었다. 베르디는 반오스트리아풍의 오페라로서 애국심을 자극하는 메시지를 담고 있었다. 베르디는 강한 이탈리아 국가주의자의 가극 검열을 피해 외국을 무대로 선택했음에도 분명하게 자기의 메시지를 전달했다. 베르디의 이런 메시지는 「춘희」였다. 이런 작품은 50대 초반의 3년 동안 작곡했으며, 아마도 비제가 탁월하게 찾아낸 사건을 드라마로 엮은 오페라 카르멘(1875)을 제외하고는 극장의 정기 공연물로 등장했다. 베르디가 노년에 작곡한 오텔로(Otello, 1887년)와 파르느타프(1892년)의 작품은 바그너가 오페라를 이론화했던 어떤 것보다 설득력 있게 음악과 드라마를 결합했다. 바그너의 낭만주의 오페라처럼 그랜드 오페라전통은 정점에 도달했으며 그 그랜드 오페라전통을 애호하던 대중에 높은 인기를 누렸던 유명한 오페라 작곡가 푸치니와 같은 음악가도 실제로 더 이상 발전시키지 못했다.

브람스는 학자처럼 조용한 성격의 소유자였다. 브람스의 작품에 대하여 잉글란드의 시인 테니슨은 낭만주의시대 음악과 같은 충동과 고전주의 음악과 같은 통제감각을 아주 무리 없이 접목했다고 지적했다. 잉그란드의 음악 비평가 버크리도 테니슨의 지적에 동의했다. 브람스의 소나타 협주곡은 베토벤의 음악전통을 수용했으나 베토벤처럼 자연스러움을 표현하는 재능이 부족했다. 브람스의 초기 작품을 슈만은 아낌없이 칭찬했던 것처럼 연주자로서 브란스의 재능은 넓게 호평을 받았다. 그러나 브람스는 고전주의형식의 소나타 협주곡을 실험했으나 성공을 거두지 못했다. 브람스는 1876년 43세에 이르러 드디어 교향곡을 발표했다. 브람스는 4가지 교향곡을 작곡했고 이 교향곡은 모두 걸출했다. 브람스는 교향곡을 광대하고 웅장한 스케일에다 탁월한 착상을 담았다. 브람스의 교향곡은 베토벤의 교향곡에서는 찾아볼 수 없었던 자연스럽지 못한 부분이 가끔 섞여 있어 내용과 형식을 완벽하게 일치되게 조화를 찾아내지 못했다는 점이 아쉬운 점이었다. 그러나 브람스는 원칙과 감정을 결합했고 명상을 거치는 교향곡을 작곡하여 비평가로 하여금 가을과 같은 체념을 담은 형용사를 불가피하게 사용케 만드는 칙칙한 교향곡의 색깔을 담아 완벽한 예술작품임을 확증해 주었다.

브람스는 특정한 주제에다 다양한 변화를 체계 있게 도입하여 조화를 이루어내는 재능을 탁월하게 갖추고 있었다. 특히 제4교향곡의 대단원 부분에서 브람스는 17세기 교향곡의 특징인 ¾박자 음률을 도입하여 교향곡을 구성했다. 브람스는 30번이나 반복되는 8개 악보의 동기를 도입했으나 형식을 제약을 이탈하지 못하는 준재의 한계를 과감하게 뛰어넘어 통일미를 제시하는 악상을 구체화했다는 특징도 갖추고 있다. 브람스시대의 작곡가는 교향곡을 음악표현의 최고형식으로 설정하여 교향곡에 정열을 쏟았으나 솜씨 있게 다루어 내지 못했다. 당시 러시아 작곡가 중에서 유럽계 음악 풍에 가까웠던 차이코브스키나 말러는 불완전한 음계, 아름다움을 추구하려는 풍류감각의 결여, 과도한 자기탐닉 등과 같은 결함을 제외하면 음악이상을 인상 깊게 실현하려는 교모한 기술을 발휘했다는 장점도 있다. 이런 작곡가와 함께 고전주의 교향곡도 대단원에 이르고 있었다.

20세기 초엽 음악계에서는 세 탁월한 작곡가 데부시(드븨시), 스트라빈스키, 쇤베르그 등을 배출하여 혁신에 가깝게 변화했다. 쇤베르그는 소프라노와 관현악 협주곡 「피에로 뤼네르」(1913년)를 작곡하여 이미 바그너의 음악 형태를 뛰어넘고 있다는 것을 예측했다. 쇤베르그는 서곡의 반절을 노래로 다시 나머지 반절을 대사로 구성했다. 쇤베르그는 이 대본 Sprechgesang을 도입했다. 그런데도 제1차 세계대전 이후에야 중요하게 인정받기 시작했다. 이 세 작곡자 중에서도 드븨시는 최고 연장자로서 1892년 「목신의 오후」에서 서곡에다 미묘한 감각을 도입하여 음악계를 깜짝 놀라게 했다. 드븨시는 여러 가지 피아노 소품을 작곡하여 톡창성을 발휘했다. 드븨시는 프랑스 음악 풍에다 리스트와 바그너의 음악 풍을 수용했다. 그러나 드븨시 작품은 19세기 음악형식과 표현양식을 완벽하게 뛰어넘은 완벽한 현대 음악이었다. 드븨시의 작품은 단편의 표제 음악은 아니지만 감정을 자아내며 화려하고 반음계 곡조에다 리듬에도 규칙을 도입했다. 드븨시의 작품은 세기말의 시정에서 발원했으나 의상주의라고 지칭하는 인상주의 화가동아리의 작품과 유사하게 음악 대중운동의 닻을 올렸다. 인상주의 예술가동아리는 전체유럽에서 다양한 스타일을 창출했다. 잉그란드의 데리우스, 스페인의 데 팔라, 이타리아의 레스피기, 러시아의 스크리아빈 등이었다. 그러나 드뷔시는 인상주의 예술가동아리를 고무하는 이상이었다. 드뷔시는 풍부하고 힘차며 새로운 음악언어 가능성을 추구하여 오래 동안 유럽음악을 지배하게 될 노래와 박자를 확고하게 지향하던 유일한 인상주의 음악가였다.

스트라빈스키는 젊은 음악가로서 쇤베르그 이외에는 누구도 필적할 상대 없는 영향력과 대중인기를 20세기 거의 70년 동안 얻을 운명이었다. 스트라빈스키는 음악에서 그림의 피카소와 대등한 위치를 차지했다. 스트라빈스키는 지칠 줄 모르는 실험, 탁월한 절충주의, 정확한 개념 등을 제시했다. 피카소가 대중에게 보는 것을 가르쳤다면 스트라빈스키는 듣는 것을 가르쳤다. 음악가 집안의 후손이고 러시아 민족주의 작곡가인 코르사르코브의 제자인 스트라빈스키는 발레를 위한 곡을 작곡하여 최초로 명성을 얻었다. 스트라빈스키는 일생동안 발레 곡을 예술로 승화하는데 매진하여 무수한 명곡을 창안했다. 1910년 「불새」와 1911년 「페트루시카」를 작곡했다.

스트라빈스키의 이 두 곡은 스승 코르사코브의 영향을 받았으나 러시아와 유럽 작곡가의 이론이 발전했다는 것을 반영했고 현대음악의 리듬과 불협화음을 접목했다. 스트라빈스키는 1913년 러시아에서 종교가 다르다는 이유로 희생당한 인간을 주제로 설정한 발레 곡「봄의 축제」를 발표하여 음악에서 급격한 변화를 가져왔다. 스트라빈스키의 자취를 이 봄의 축제를 가지고 살펴보면 초기작품과 어우러져 있다.

특히 니 봄의 축제는 격렬한 불협화음과 거친 리듬 구성되어 있어 처음 상연 장소인 파리극장에서 창의력의 위력을 감지케 했다. 파리극장에 참석했던 청중은 다음과 같이 회상했다. "예술로서 음악을 파괴하려는 불경스런 충동을 느껴 일부 청중은 전율하며 격노하여 장내를 거칠게 만들기도 했다. 일부 청중은 막이 오르자 마자 휘파람을 불고 야유를 보내며 공연을 어떻게 진행해야 할 지를 걱정했다. 음악을 좋아하며 표현자유 원칙을 과연 유지할 수 있을 지까지를 의심하던 청중 중에서던 일부 청중은 고함을 쳐며 이의까지 제기했다. 일부 청중의 이런 관람태도는 저녁 휴식을 위한 예술에 대한 반란으로 오케스트라의 연주가 조용해질 때를 제외하고는 거의 들리지 않았다. 무대에서 춤을 추는 무용수는 얼마동안 관중석의 소동 때문에 음악 율동까지 이탈하며 아름답게 춤을 추었다. 나는 예약석에 앉아서 세 여성 관람객 앞에 앉아 있었다. 내 뒤 좌석에는 젊은 신사가 앉아 있었다. 그 신사는 발레공연을 더 자세하게 보려고 일어서 있었다. 강한 음악 힘 때문에 그 신사는 심취하여 흥분한 채 주먹을 쥐고 내머리 위를 치기 시작하며 보성을 드러내기 시작했다.

나 또한 심취해 있었기 때문에 얼마동안 그 신사가 내 머리를 때리는 것을 느끼지도 못할 정도였다. 모든 청중은 음악과 완벽하게 일체가 되었다. 그때서야 그 신사는 처음의 불평과 방종한 태도에 대하여 사죄하며 뒤를 돌아다 보며 사과했다. 우리는 둘 다 모두 정신을 잃고 있었다." 여기서 남의 머리를 때리며 흥분해 있었던 것은 나중에 사과하는 것보다 훨씬 중요한 현상을 암시했다. 1914년 이전의 음악과 미술은 아마 유럽을 넘어 전세계를 강타하기 시작했다. 현대사회처럼 현대 예술도 격동의 소용돌이 속에서 발원했다. 이런 예술의 지평선은 유럽세계를 넘어 아시아를 변화시키기 시작했다.

宋 仁宗時期 政治局面과
范仲淹의 政治改革

慶尙大學校 史學科 敎授 姜吉仲*

1. 序 論

당말오대를 거치면서 정치사회가 동탕(動湯)에 빠지고 사인들의 도덕성이 상실되고 타락하여 충의와 명절이 결핍하였다. 송조는 그 원인과 결과 대한 철저한 규명을 통해 제방면에 대한 개혁을 통해 황권강화를 추진하였다.[1] 송 초기 사인들은 올바른 정신을 갖지 못하고 위축되고 타락하여 일시에 전환하기 어려웠다. 송태조는 문치를 숭상하였는데, 태종과 진종도 중문교(重文敎)의 국책을 계승하여 새로운 사인정신이 부단히 형성되어 인종조에 이르러 범중엄이 경력신정을 통한 개혁정치를 추진하였으며, 경세치용 사상의 추진아

---

* 姜吉仲, 國立慶尙大學校 史學科 敎授, 海外地域研究所.

1 『長編』, 卷2, 建隆2年7月戊辰條. "此非他故, 方鎭太重, 君弱臣强而已. 今欲治之, 惟稍守其權, 制其錢糧, 收其精兵, 則天下自安矣.", p.18.

래 사대부계층의 학풍을 개선하여 인재의 새로운 표준을 형성하였다.

범중엄이 활동하였던 시대는 송조의 정치경제 등 상황이 성세에서 쇠퇴기로 전환되는 시기로 적빈적약, 내우외란 등 제방면의 모순이 날로 격화되어 가는 시기였다. 이러한 당시 제모순에 대해 그는 수차에 걸쳐 혁신정치를 요구하였으며, 「上十事疏」를 상소하여 이치정돈을 중점으로 한 개혁을 제창하며 은음(恩蔭)을 제한하고 고적(考績)을 엄격하여 용원(冗員)을 도태시켜야 한다고 제창하였다.[2]

그는 자아수양을 중시하고 명절(名節)을 중시하였으며 정치적으로 문무를 겸비하여 출장입상(出將入相)하여 영수적 인물이 되었다. 그는 우국우민정신과 고상한 지조와 절개의 풍모를 가지고 좋은 사인정신을 조성하는 데 중요한 작용을 하였다.

또한, 송대 관직의 분화와 재정비를 시행하여 견제와 균형을 통해 지나친 권력 집중화를 억제하는 관료제도의 정비와 과서제도의 정형화를 통해 신흥 지배계층을 등용하여 문신관료 중심의 문치정치를 확립하였다.[3] 그리고 삼사(三司)를 설치하여 재정권을 회수하는 등 일련의 정책을 시행하여 중앙집권화를 추진하여 황권을 강화하였다.

범중엄이 관계에 진출하였던 시기의 송 조정은 정치적 안정에 초점을 두고 오대십국 이래 각종 폐단을 극복하여 사회경제적인 면에서 장족의 발전을 이룩하였다. 그러나 오대시기를 거치면서 국력이 크게 손상되고, 그 후 여러 가지 정치투쟁이 발생하면서 정치사회에 많은 모순이 노출되었다. 송조가 추진하였던 중문경무(重文輕武)와 수내허외(守內虛外)의 정치외교정책은 진종(眞宗)시기 요(遼)와 인종시기 서하(西夏) 등 북방유목민족과의 대치관계

---

2 『范文正公文集』, 奏議卷上 「答手詔條陳十事」, p.523-538.

3 姚兆余 「宋代文化的生成背景及其特點」, 『甘肅社會科學』第1期, 歷史研究(2001), pp.74-76.

를 비롯하여 국내외적으로 여러 가지 폐단과 위기상황을 노출하였다.

또한, 송초 이래 용관(冗官), 용병(冗兵), 용비(冗費) 등 소위 3용(冗)의 폐단은 정치 사회에 전반에 걸친 문제점으로 대두되었다. 그 중 용관의 문제가 가장 심각하였는데, 당대는 관리가 18,805인이었는데 비해 북송대에는 24,000인으로 증가되었다.[4] 인종시기 호부부사(戶部副使)였던 포증(包拯, 999-1062)은 진종 경덕(景德), 대중상부(大中祥符)년간에서 인종 황우(皇祐)년까지 증가한 관리의 수가 초기에 비해 2배 이상이 증가하였다고 지적하였다.[5]

다음으로 용병(用兵)문제로 태조는 무(武)를 경시하였으나 양병(養兵)은 경시하지 않았다. 태조 초기에 금군과 상군(廂軍)이 총 22만이었고, 태종 지도(至道)년간(995-997)에는 이미 66만을 초과하였으며, 인종 경력(慶曆)년간(1017-1021)크게 증가하여 126만이 되었다. 그리하여 양병에 드는 비용이 많게는 국가 재정지출의 80-90%에 달하여 군비가 크게 증가하는 용비(冗費)문제가 출현하였다. 또한 인종시기에는 서하의 칭제와 남침위협 등 국외적 문제로 인해 재정부족의 현상이 더욱 심각해져서 국고가 텅 비게 되었다.[6]

---

4 劉篤才, 楊一凡, 「論北宋的冗官問題問題『學習與思考』第5期(1983), p.76『通典』, 卷36-41, 참조.
   북송시기 관료기구의 팽창은 관리의 수를 크게 증가시켜 실로 역사상 의뜸이었다. 역사에 의하면, 중국 역대 왕조의 관리 총수는 동한(東漢)567人, 진(晋) 6,836人, 수(隋) 12,576人, 당(唐) 18,805人, 북송(北宋)24, 000人으로 전대에 비해 크게 증가하였다. 매 10만 인구 중 평균적으로 포함된 관리 수가 동한은 13인, 진 42인, 수27人, 당35人, 원(元) 27人, 명(明)37人, 북송은 51인으로 역대 가장 많았다.
5 包拯, 『包孝肅奏議集』卷1, 「論冗官財用事」 "今天下州郡三百二十, 縣一千二百五十, 而一州一縣所任之職, 素有定額, 大率用吏不過五·六千員則有餘矣. 今乃三倍其多, 而又三歲一開貢擧, 每放僅千人, 復有台寺之小吏, 府監之雜工, 蔭敍之官, 進納之輩, 總而計之, 不止于三倍." pp.427-92-93.
   『長編』卷167, 仁宗 皇祐元年 12月條,(世界書局,民國72年, 臺灣) "戶部副使包拯言. 臣伏見景德·祥符中, 文武官總九千七百八十五員. 今內外官屬總一萬七千三百餘員, 其未受差遣京官·使臣及守選人不在數內. 較之先朝, 纔四十餘年, 已逾一倍多矣." p.119.

이상과 같은 정치상황 아래서 송조는 관리선발(選官)과 등용(任人)제도의 개혁, 관학의 건립을 통한 학교교육강화 그리고 과거제도의 정형화를 이룩하여 지식인사대부 계층과 서족지주 그리고 중소지주계급 등 광범위하게 확대 개방하여 통치계급의 형성하고 지지기반의 확대를 이룩하고자 하였다.

최근에 들어 북송시기 정치개혁에 대해 언급하면서 송 신종 희령년간의 왕안석에 대한 연구는 다양하게 연구되고 큰 가치를 부여하고 있다. 이에 비해 인종시기 범중엄에 대한 연구는 그렇게 다양하게 이루어지고 있지 않고 있는 실정이다. 중국학계에서는 근년에 들어 범중엄에 대한 연구가 진행되면서 그의 인재관(人才觀), 교육사상, 민본사상 그리고 지방행정 등 다방면에 걸쳐 상당한 성과를 이루고 있다.[7]

송대 실시한 강간약지(强幹弱枝)을 추구한 정치조직과 직무권의 분화는 목적은 달성하였으나 중앙에서 지방조직에 이르는 여러 가지 중층적인 제도와 체계가 설치되면서 각종 직무를 처리하는 단계와 관리의 수가 많아져서 행정 효율성이 크게 저하되었다. 또한, 건국이래 장기간에 걸친 정치적 안정

---

6 『宋史』卷131, 食貨下1, 인종 황우원년(1049)(鼎文書局,民國72年,臺灣)"入一億二千六百二十五萬一千九百六十四, 而所出無餘".이었다. 영종 치평2년(1065) "內外入一億一千六百一十三萬八千四百五, 出一億二千三十四萬一千二百七十四, 非常出者又一千一百五十二萬一千二百七十八".이었다. p.4353. 북송대 소위 3용 폐단에 대한 직간접적인 원인에 대해서는 국초이래 지속된 관료증가와 함께 조정에서 지방관부에 이르는 대소 관료들과 탐관오리들이 행하였던 약탈과 부패현상, 그리고 퇴직 년한이 정해져 있지 않은 용병제도의 실시는 전투력의 약화와 함께 병사의 증가를 가져왔으며 군기강도 크게 타락되었다.

7 북송시기 현실정치와 개혁 그리고 경세사상과 관련된 기존의 연구성과로는 申採湜 『宋代政治經濟史研究』, 한국학술정보, 2008. 이와 관련된 연구 논문은 구범진, 「李覯(1009-1059) 經濟思想의 構造와 性格」, 『서울大 東洋史學科 論集』, Vol.15. 1991. 鄭炳碩, 「李覯의 經世論的易解釋」, 『東洋哲學研究』第22輯, 2000. 李瑾明, 「王安石의 집권과 신법의 시행」, 『역사문화연구』제35집, 2012.과 「王安石신법의 시행과 당쟁의 발생」, 『역사문화연구』제46집, 2013. 등이 있다. 이밖에 북송시기 이치법과 관련된 글로는 저자가 기왕에 사마광, 구양수, 범중엄, 소식, 진량, 사마광과 구양수 이치법논의 등에 관해 몇 편을 발표한 바 있다.

이 유지되면서 다방면에 걸친 많은 폐단이 나타나기 시작하였고, 북방유목민족(요, 서하 등)들의 건국과 발전은 송조에 큰 위협으로 등장되었다.

진종 경덕원년(1004) 요(遼)와 전연의 맹약(澶淵盟約)을 체결하여 요의 남침을 잠시 막을 수 있었으나 인종시기 서하(西夏) 이원호의 칭제와 함께 남침위협이 존재하였다. 당시 송조는 국내적으로 토지 국유제의 균전제가 무너지고 토지의 매매와 겸병을 통한 대토지 소유형태가 출현하여 인종시기에는 전국 토지의 70%가 관료와 대지주의 수중에 들어갔으며, 일부 부호들과 권문세가들은 관료와 내통하여 부세를 포탈하는 등 많은 폐단을 저질렀다. 그리하여 많은 자경농이 파산하면서 사회모순이 날로 격화되어 민변(民變)이 빈번하게 발생하였다.[8]

인종시기 국내외적으로 곤경에 처해있었던 경력3년 8월 송과 서하간의 전쟁중에 뛰어난 활약을 보였던 범중엄이 참지정사에 발탁되었다.[9] 9월 범중엄은 인종에게 「答手詔陳十事」라는 상소를 올렸는데, 이것이 바로 경력개혁의 지도강령으로 신정과정에서 제창하고 추진하였던 "명출척, 억요행, 정공거, 택장관"을 통해 폐정(弊政)을 개혁하고 지식인계층에 대해 교육과 임용 그리고 감찰과 인사고과 및 승천(升遷)의 방법을 통해 관료제도를 개혁하는 이른바 이치개혁을 주장하였다. 이를 통해 용관을 줄이고, 현능한 사람을 등용하고, 기구조직을 간소화하고 용관의 현상을 점차 극복하고, 정부관원의 소양을 제고하여 행정의 효율성을 높여 북송 중엽이래 국내외적인 누적된 폐단과 어려움을 극복하자고 하였다.

그러나 어느 시기 어떤 좋은 정책을 시행한다고 해도 그 정책을 강력하게 지지하는 세력이 있느냐 없느냐의 문제가 정책의 성패를 크게 좌우한다는 것

---

8 楊永亮, 「范仲淹政治改革的當代價值」, 『吉林師範大學學報(人文社會學報)』 第6期, 2012, p.79.

9 『長編』, 卷143, 慶曆3年 9月丁卯條. "每進見必以太平責之, 教令條奏當世務---旣又開天章閣, 召對賜坐, 給筆札使疏於前." p.1439.

은 자명한 이치이다. 그러므로 인종시기 범중엄이 실행한 경력 신정도 최고 통치자였던 인종의 지지를 어느 정도 얻었느냐가 개혁의 성패를 결정하였다고 볼 수 있다. 이 점에 유의하여 본고에서는 북송 관료사대부계층의 공통된 문제였던 현실정치의 모순에 대한 개혁논의를 당시 독특한 실용주의 경세론자인 범중엄이 어떻게 인종과 조우하였으며 인정을 받고 시행하였느냐 그리고 어떻게 작용하였는가를 살펴보고자 한다.

2. 北宋時期政治局面과 范仲淹 改革思想

범중엄(989-1052년) 자는 희문(希文)이며 소주 오현(蘇州 吳縣) 사람이다. 북송시기 유명한 문학가이며 사상가이고, 정치가이며 군사가이다. 그의 선조 범방(范滂, 137-169년)은 후한 여남징창(汝南征羌, 현재 河南鄾城) 사람이었다. 청조사(淸詔使)의 임명을 받고 뒤에 광록훈주사(光祿勳主事)에 임명되었다. 10세 선조 범리빙(範履冰)은 빈주(邠州, 현재 陝西邠縣)에서 거주하고 唐丞相鳳閣鸞台平章事를 담당하였다. 4세 선조 범수(范隨)가 당 의종(懿宗) 11년에 처주여수현(處州麗水縣, 현재 절강성)에서 현승을 담당하게 되어 가족이 강남으로 이사하였다. 그 후 다시 복귀하지 못하고 후세 자손들은 오중 사람이 되었다.

그의 부친 범용(范墉)은 송 태종 단공2년(989)에 오월왕 전숙(钱俶)을 따라 송으로 귀순하여 태사주국공(太師周國公)의 책봉을 받았다. 범중엄은 세째 아들이며, 2세에 부친을 여의고 모친 사씨(謝氏)에 의해 부양되었다. 모친 사씨(謝氏)는 치주장산(淄州長山(산동 鄒平縣)의 추관(推官)이었던 주문한(朱文翰)과 재혼하면서 범중엄은 이름을 주열(朱說)로 개명하였다. 계부는 그에게 상업기술을 배우라고 하였으나 좋아하지 않았으며 오로지 독서하는 것을 좋아했다.

『范文正公年譜』의 기록에 의하면, 대중상부2년(1009) 당년 21세의 범중엄이 장백사 예천사(醴泉寺)에서 공부할 때 하루에 죽 한 그릇을 써서 4조각으로 나누어 아침저녁에 각기 2조각씩 먹었다. 그는 소금을 넣어 짜게 하여 죽을 나누어 먹는 등 가난한 생활을 하면서 조석으로 책을 읽고 암송하는 등 고진감래하며 공부에 정진하였다.[10]

대중상부4년(1011) 응천부(應天府, 현재 하남 상구) 서원에 가서 수학하며, 겨울에는 물이 얼어서 식수도 먹을 수 없는 등 사람이 참기 어려울 정도 고달픔이 심했으나 고생스럽지 않게 여겼다.[11] 이렇게 5년을 지내고 6경(經)지의(旨義)에 크게 통하여 문장을 논함에 반드시 인(仁)을 근본으로 하는 공맹(孔孟) 유가(儒家)의 도를 고수하였다.[12]

범중엄은 대중상부8년(1015년) 27살에 주열의 이름으로 과거시험에 참가하여 진사과에 급제하여 광덕군사리참군(廣德軍司理參軍)에 임명되었다. 그는 그곳에 학교를 개설하고 3인의 유명한 명사를 초청하여 가르치도록 하였다. 이에 광덕군 사람들의 학풍이 날로 성하여 진사에 급제하는 사람이 처음으로 나타났다.[13]

범중엄은 천희5년(1021)에 태주(泰州) 서계염창(西溪鹽倉)을 관장하였는데 서계서원을 개설하였다. 인종 천성(天聖) 원년(1023)에 범중엄은 구준(寇准, 961-1023)의 탄핵을 상소하였으며, 부필(1004-1083), 등자경(滕子京, 991-1047), 호원(胡瑗, 993-1059) 등과 교류하였다. 다음해에 응천부 이창언(李昌言)의 딸과 결혼하여 장자 순우(純佑, 1024-1063)를 낳았으며, 태주 흥화현의 지사가 되어 현학(縣學)을 개설하였다.[14] 천성3년에 「주상시

---

10 『范文正公集』「范文正公年譜」大中祥符 2年 巳酉. 年二十一歲, 讀書長白山 醴泉寺," 江南圖書館 藏 明翻元刊本, p.242.
11 『宋史』, 范仲淹列傳, p.1156.
12 『歐陽文忠公集』卷 p104, 奏議7, 「詳定貢擧條狀」, p.809.
13 『范文正公集』, 「范文正公年譜」 p.862.

무서」(「奏上時務書」)를 상소하여 학문의 폐단에 대한 개혁을 주청하고 무과 과거시험을 회복하여 국방을 강화하고 장군을 양성하자고 요청하였다.

천성 5년(1027)에 그는 안수(晏殊, 991-1055)의 추천으로 응천부서원을 관장하였다. 당시 왕수(王洙, 997-1057)와 위불벌(韋不伐, 978-1051) 등과 함께 교학활동을 하였다. 또한 그는 서원교육에 대한 개혁을 시행하여 응천서원도 엄격한 규칙을 제정하여 실시하였다. 예를 들어 그 자신이 서원에 숙식 하며 교학하여 학생에게 모범을 보였다. 그리고 공부와 휴식 시간을 정하여 엄격하게 준수할 것을 요구하였다.[15] 천성 6년(1028) 안수의 추천으로 범중엄은 비서교리(秘書校理)가 되었다. 이 시기를 전후에서 범중엄은 주로 학교건립과 교육 활동을 통해 정치 개혁활동이었다.

먼저 범중엄이 전개하였던 교육활동을 살펴보면 다음과 같다. 인종 경우원년(1034)1월에 그는 목주(睦州) 태수로 임명되어 용산서원(龍山)서원을 건립하고 엄자릉사당(嚴子陵祠堂)을 중수하였다. 6월에 소주(蘇州)로 임직되어 치수를 하였으며, 명주(明州) 장관에 임명되었다가 전운사가 치수에 공이 있다고 지적하여 다시 소주장관에 임명되었다. 그러자 당시 유명한 학자 손복(孫復, 992-1057)을 소주로 초청하여 학생에게 경학을 교수하도록 하였다.[16]

경우2년에 범중엄은 남원지(南園地)를 택하여 소주군학(郡學)을 개설하고 유학자 호원(胡瑗)등을 초청하여 주학(州學)의 교수로 삼았다. 경우3년에는 이른바 경우당쟁(景佑黨爭)에 연류되어 여이간(呂夷簡, 979-1044)으로 부터 범중엄이 붕당을 야기하고 군신간에 이간을 한다고 배척되어 요주(饒州) 장관으로 폄직되어 임지에 도착하자 군학을 개설하였다. 당시 유명한

---

14 陳垓『高郵軍興化縣重建縣學記』,『范文正公集』p.568

15 李勁松,『略論范仲淹在应天府书院实施的教育模式及其历史作用』,『江西教育学院学报』, 2008, 29(4), pp.99-103.

16 『范文正公集』『與孫明復』, p.404.

학자인 이구(李覯, 1009-1059)가 찾아왔다.

보원(寶元)원년(1038) 1월에 윤주(潤州)에 군학을 건립하였다.[17] 이 해 3월 서하(西夏) 이원호(李元昊)가 칭제하고 12월에 송과 서하간에 전쟁이 발발하였다. 다음해에 이구에게 편지를 보내 월주(越州)에 와서 학생들을 교학해 줄 것을 요청하였다.

강정(康定)원년(1040), 서하의 이원호군대가 송의 금명채(金明寨)를 격파하고 연주(延州, 延安)을 포위하여 송군이 삼천구(三川口, 연안서쪽 약 20킬로 지점)에서 크게 패하였다. 그해 3월 섬서경략안무사 한기(韓琦, 1008-1075)의 추천으로 범중엄이 천장각시제(天章閣侍制)를 회복하고 영흥군(永興軍)장관에 임명되어 서하와의 전쟁에 참여하게 되었다. 이해 12월 조정에서는 이듬해 정월 상순에 경원(涇原)과 추연(鄒延) 양로에서 동시에 출병하여 서하를 공격하자는 한기와 윤수가 주장한 책략을 채택하였다. 그러나 두연(杜衍, 978-1057), 범중엄, 구양수 등은 모두 시기와 조건이 아직 성숙하지 않았다고 지적하며 적극적인 방어를 주장하며 전쟁기회를 보아서 소규모 공격을 하자고 하였다.

경력원년(經曆, 1041), 정월, 조정에서 군사를 내서 서하를 공격하고자 하였다. 범중엄은 잠시 연기할 것을 주청하며 화의의 방법을 찾고자 하였다. 이원호가 범중엄에게 사신을 보내 통관(통관)하고자 하자 범중엄이 답서를 보내 휴전을 권유하였다. 2월에 윤수(尹洙)가 연주에 부임하여 범중엄에게 출병을 권유하였으나 동요하지 않자 윤수가 20일동안 머물다가 아무런 성과 없이 돌아갔다. 그 후 원호가 침입하여 진융군(鎭戎軍)을 순시하던 한기가 대장 임복(任福)에게 명하여 군대를 이끌고 서하와 주력전을 폈는데 호수천(好水川)에서 크게 패하여 임복 등 많은 장령들이 항복하였다. 4월 범중엄은 원호와 사통했다고 하여 호부원외랑 관직에서 강등되어 요주(耀州)장관으로

---

17 『職方典』, p.728.

펌직되었다. 한기도 호수천 패배로 인해 우사관직에서 강등되어 태주(泰州, 감숙성 天水)장관으로 펌직되었다.

그러나 여전히 변방지역에 서하의 위협이 존재하였다. 경력2년 윤9월 이원호가 병력을 두 갈래로 나누어 대거 침입해와 재차 크게 격돌하였으나 정천채(定川寨)에서 송군이 크게 패하였다. 10월 범중엄이 6천여 군대를 이끌고 빈주와 경주에서 출발하여 구원하자 서하군이 철병하였다. 이로 인해 인종은 범중엄의 군사방면의 재능을 크게 인정하여 추밀직학사, 우간의대부에 추가로 봉하고, 추연로도부서와 경략안무초토사(經略按撫招討使)에 임명하였다.[18]

11월 인종이 범중엄의 건의를 채택하여 섬서지역에 안무사, 경략(經略), 초토사를 다시 설치하고, 범중엄, 한기, 방적으로 하여금 그 직책을 담당하도록 하였다. 범과 한은 경주(涇州)에 관제(官第)를 설치하고, 문언박(文言博)을 진주(秦州)에 옮기도록 하고. 등종량은 경주(慶州)로 옮겨 통수(統帥)로 삼았고, 장항(張亢)을 위주(渭州)통수에 임명하였다. 이 때 범중엄이 사병의 사기를 크게 북돋아 전에 귀부하였던 강인(羌人)등 이족에 대해서도 진심으로 대하자 이원호가 칭신하며 경력화의를 맺게 되고 그 후 서하군대가 가볍게 송의 국경을 넘보지 않았다. 이러는 과정에서 인종으로부터 그 공을 인정받았다.

이상과 같이 경력3년(1043) 서하 이원호가 화의를 청해 서부 변경이 다소 안정해 지자 인종은 범중엄을 수도로 추밀부사에 제수하고, 구양수와 여정(余靖), 왕소(王素)와 채양(蔡襄)을 간관(諫官, 四諫이라 칭함)에 발탁하여 진취적인 생각을 드러냈다. 6월, 간관들이 범중엄이 재보(宰輔)의 재능이 있다고 상소하자 인종이 참지정사에 임명하였으나 범이 재차 고사하였으나 8월 재차 범을 참지정사에 임명하였다.

---

18 『宋史』, 卷314. 樓明, 『范文正公年譜』, pp.241-259.

인종은 여러 차례 보신(輔臣)기구를 조정한 후 부필과 범중엄 등을 여러 차례 만나면서 시무책(時務策) 즉 현실정치 대사를 논의하도록 하였다. 범중엄은 황은(皇恩)에 감사하였으나 건국이래 조정에 폐단이 누적되어 있는 것은 하루아침에 개변될 수 있는 것이 아니라고 생각하였다. 인종은 천장각을 열고 친필 조서를 보내 붓과 벼루(筆硯)을 준비하고 범을 기다렸다. 범은 황공하고 불안해서 조정에서 물러난 후 「答手诏条陈十事」를 지어 인종에게 "명출척(明黜陟)", "억요행(抑僥倖)" "정공거(精貢擧)"및 "택장관(擇長官)" 등 10사(事)를 상소하였다.[19] 이 조문들이 바로 경력신정의 주요한 조치이며 목적이다.

인종은 이 10가지 조처를 천하에 반포 실시하였으나 부병법(府兵法)만은 대신들의 반대로 폐지하였다. 경력4년(1044) 범중엄은 또 인종에게 병둔(兵屯)문제를 재의(再議)할 것과 경사외성(京師外城)을 수리하고 토벌의 계획을 밀정(密定)할 것 등 7가지 일을 상소하였다. 또한, 재상권을 확대하여 보신(輔臣)이 군사를 겸임하고 관리 승천 등도 관여할 수 있도록 하자고 하며 개혁의 폭과 깊이를 더욱 증가하도록 하였다.[20]

신정실시 후 음보(蔭補)실시의 감소와 엄밀한 마감제도의 실시 그리고 억요행의 실시는 신정에 대해 구귀족관료계층의 반대를 불러일으키게 되어 반대여론이 점차 증가하고, 범중엄에 대해 붕당을 형성하여 정치질서를 해친다는 질책과 비판이 다시 일어났다. 6월 서북방 변경문제가 다시 일어나자 범은 자청하여 섬서와 하동 선무사로 갔다.[21]

---

19 『续资治通鉴长编』卷143, 中華書局, 1985年, pp.430-3444.

20 樓鑰≪范文正公年谱≫四部叢刊(初編) : 初, 公援唐故事, 请以辅臣分總其務。虽尝降敕, 然其後弗果行。p.1516.

21 『宋史』卷314. :然更张无渐, 规摹阔大, 论者以为不可行。及按察使出, 多所举劾, 人心不悦。自任子之恩薄, 磨勘之法密, 侥幸者不便, 于是谤毁稍行, 而朋党之论浸闻上矣。p.7063.

경력5년(1045) 정월 반대여론이 더욱 격렬해지자 범은 스스로 외직인 빈주 장관에 나갈 것을 청하자 인종이 허락하여 참지정사를 파직하고 자정전학사, 빈주장관 겸 섬서서로연변안무사가되었다. 겨울 11월 범은 병을 핑계로 사로(四路)통수를 사임하고 빈주에 가서 정치공세를 피하였다. 그 후 인종이 급사중(給事中)과 빈주장관으로 승진시켰다. 이에 동시 부필과 두연 등 신정의 지지자들이 함께 파직되면서 경력신정은 실패하였다. 그 후 구양수가 상소하여 범중엄, 부필, 두연, 한기 등 4사람을 변호하여 다시 관직에 나가게 되었다. 그러나 신정은 강력한 지지세력과 지지자들을 잃어버리고 진행되지 못하고 실패로 돌아갔다.

경력 8년(1048)에는 형남부 장관이 임명되었는데, 빈주사람들이 극구 만류하고, 자신도 빈주가 좋아서 주청하여 빈주에서 3년 동안 머물면서 백성들이 안심하고 업에 종사하며 평안한 생활을 하도록 하였으며, 유명한 「악양루기」(「岳陽樓記」)등 많은 시문을 남겼다.[22]

그 후 황우원년(皇佑, 1049) 범중엄 항주로 임직이 바뀌게되자 자제들이 은퇴할 의사가 있다고 여겨 전산(田山)매매하여 말년을 편안하게 지내시라고 상의하자 범이 거절하였다. 그리고 양전(良田) 천무(千畝)를 출자하여 범씨의장(義莊)을 만들어 범씨 자손대대의 식량으로 삼고 혼상(婚喪), 가취(嫁娶)의 용도로 쓰도록 하였다.[23] 이듬해 호부시랑으로 승진되어 청주(淸州)에

---

22 『范文正公集』, 「范文正公年譜」: 八年戊子, 年六十岁。春正月丙寅, 徒知荆南府邓人爱之, 遮使者请留, 公亦愿留, 从其请也。有「谢依旧知邓州表」公守邓凡三岁, p.903.

23 『范文正公年譜』引≪言行录≫云：公在杭, 子弟以公有退志, 乘间请治第洛阳, 树阴圃以为逸老之地。公曰：人苟有道义之乐, 形骸可外, 况居室乎?吾今年逾六十, 生且无几, 乃谋治第树园圃, 顾何待而居乎? 吾之所患在位高而艰退, 不患退而无居也。且西都士大夫园林相望, 为主人者莫得常游, 而谁独障吾游者? 岂必有诸己而后为乐耶? 俸赐之馀, 宜以啊宗族。若曹遵吾言, 毋以为虑。p.258.

전보되자 겨울철 추위와 병을 이유로 영주(潁州)로 갈 것을 청하였다.

이상을 총괄하면, 범중엄의 정치개혁의 경세사상은 이치법의 운용에 대한 효율적이며 실용적 제도의 형성이다. 그러나 그가 경력 신정 기간에 제시한 정치개혁 방안들이 하나의 완전한 체제가 형성되지 못해 완비한 제도를 건설하지 못했다.[24] 또한 범중엄은 정치(吏治) 개혁뿐 만 아니라 그의 다른 개혁에서도 제도를 성립하는데 노력하였지만 결과는 인치(人治)에 의해 이루어진다는 문제점을 넘어서지 못하였다. 즉 제도보다 더 강한 관리를 만들고자 하였으나 개혁의 주체는 여전히 사람에 의해 결정되는 것을 넘지 못했다.[25]

3. 仁宗親政問題擡頭와 范仲淹의 慶曆新政

범중엄이 활약하였던 인종시기는 서하의 칭제와 함께 남침위협에 직면한 시기였다. 인종은 경력3년 서하와 전쟁에서 공이 컸던 범중엄을 참지정사에 발탁하면서 그의 경세관이 현실정치에 실현하게 되었다.[26] 그해 9월 범중엄은 「答手詔陳十事」를 상소하였는데, 이것이 바로 경력신정의 핵심강령으로 개혁과정에서 추진하였던 명출척, 억요행, 정공거, 택장관 등 개혁안은 지식인계층에 대해 교육, 임용, 감찰, 인사고과, 승천(升遷)의 방법을 통해 관료제도를 개혁하자는 이른바 이치개혁을 주장하였다. 이를 통해 용관을 줄이고, 현능한 사람을 등용하고, 기구조직을 간소화하여 용관을 감소하고, 정부관원의 소양을 제고하여 행정의 효율성을 높여 국내외적인 누적된 폐단과 어려움을 극복하자고 하였다.

---

24 楊永亮, 「范仲淹政治變革的當代價値」, 『吉林師範大學學報』 40(6)(2012), pp.79-81.
25 楊松琳, 「范仲淹行政倫理思想初探」, 黑龍江大學 行政管理專攻 碩士學位論文(2013), pp.18-25.
26 『續資治通鑑長編』, 卷143, 慶曆3年 9月丁卯條. "每進見必以太平責之, 敎令條奏當世務———旣又開天章閣, 召對賜坐, 給筆札使疏於前." p.1439.

북송시기 개혁정치를 논할 때 반드시 먼저 언급해야 할 사람이 범중엄이라면, 범중엄을 논할 때 반드시 언급해야 하는 사람이 바로 송 4대 황제 인종(仁宗)이다.[27] 주지하는 바와 같이 한 국가의 정치개혁을 추진하는 핵심동력은 절대권력자인 황제 이거나 황제에 준하는 강력한 지지자 또는 그에 준하는 강력한 지지세력이 있어야 추진할 수 있다.

범중엄도 건국이래 누적된 폐단이 노정되고 있고, 서하를 비롯한 북방 유목민족의 남침 위협이 계속되는 국내외 정치 위기상황 속에서 부필, 한기 등과 같은 현실정치인식과 사상을 가진 신진 관료들의 지지를 받았다. 그러나 인종의 절대적 지지와 신임 그리고 개혁의지 표명 같은 강력한 동력을 얻지 못했다면 비록 짧은 기간일지라도 일련의 신정(新政)을 추진할 수 없었다고 생각되어 진다. 이런 현실적인 입장과 관점에서 범중엄과 인종의 관계에 대해 살펴보고자 한다.

송인종과 범중엄과 관계는 대체로 경력신정 이전, 경력신정 시기, 경력신정 이후로 나눌 수 있다. 경력신정 이전시기는 강정(康定)원년 범중엄이 서북지역 군정의 요직을 담당하기 전까지이다. 인종이 친정(親政)하기 이전에 범중엄은 상소하여 직언하기를 태후에게 황제에게 정권을 양도할 것을 요구하여 인종에게 아주 좋은 인상을 갖게 되고, 이로 인해 인종은 범중엄에 대해 특별한 믿음과 측근으로서 기초를 닦았다. 그 결과 인종이 친정한 후에 범중엄은 두 차례에 걸쳐 좌천과 폄직을 당했지만 모두 인종이 범중엄에게 특별히 명예를 회복시켜 주었다

경력년간 시기는 범중엄이 변경지역의 장수가 되고 조정에 들어와서는 재상(出將入相)되었던 시기이다. 이 기간은 인종이 범중엄에 대한 신임과 호감이 극에 달하였다. 범중엄 역시 서북변경지역을 잘 수호하여 서하의 위협으로부터 벗어나게 하였다. 인종은 치국을 잘하고자 하마음을 가지고 있었는

---

27 诸葛忆兵: 『论范仲淹与宋仁宗之关系』, 『江蘇社會科學』 2010年第5期, p.222.

데, 범중엄에게 특히 기대를 가지고 범중엄 등이 제창한 경력신정을 받아들였다. 마지막은 경력신정 실시 이후로 신정이 실패한 후의 시기이다. 신정의 기대에 대한 실망과 범중엄 등 붕당에 대한 시기와 질투, 황제의 독단적인 전횡은 인종과 범중엄의 사이를 멀어지게 하였으며, 범중엄은 최종적으로 정치의 중심에서 철저히 배제되었다.

범중엄은 당시 정치적폐단과 군사적 위기 상황에 대해 정확한 현실인식과 판단을 통해 변법개혁을 추진하였으며, 반면에 관계(官界)에서 수차례 좌절 당하기도 하였다. 인종시기 범중엄은 장수(將帥)와 재상으로서 행정과 군사 방면에 걸쳐 모두 커다란 업적을 세웠으며 크게 인정을 받았다. 인종과 범중엄사이 군신관계의 형성과 진행과정을 살펴보면 이 문제에 대해 더욱 깊이 있게 살펴 볼 수 있으며 이를 통해 북송 정치치제의 특징을 살펴 볼 수 있을 것이다.

범중엄이 경력년간 중앙정치에 진출하기 전에 인종과 이미 직간접적으로 왕래가 있었으며, 두 사람의 교제는 범중엄이 정계에서 나아갔던 방향과 발전 추세를 명확하게 말해준다. 범중엄이 진종 대중상부 8년(1015), 진사급제 하여 관계에 들어왔다(27세). 건흥원년(1022), 진종이 죽고, 열세살 인종 즉위하였으나 태후 유씨(劉氏)가 수렴칭정을 하였다. 이 때 34세인 범중엄은 태주(泰州,오늘날 江蘇)에서 낮은 지방관으로 중앙정부나 황제와는 근거리 관계를 형성하기 어려웠다.

송 인종 천성6년(1028) 말, 안수가 범중엄을 비각교리(秘閣校理)에 추천하여 조정의 업무를 담당하며 인종과의 직접적인 관계가 형성되었다. 천성7년, 인종이 스무 살이 되었다. 의례(儀禮)대로 보면, 태후는 인종황제에게 정권을 돌려주어야 했다. 그러나 태후는 여전히 정권을 돌려 주려고 하지 않았으며, 점점 더 예제(禮制)를 위반하며 정치적 발호가 심해졌다. 이런 특수한 정치상황에서 범중엄은 인종의 친정을 주장하는 자신의 의견을 상소하였다.

그러나 전제정치체제하에서 최고권력 문제를 언급한다는 것은 대단히 민감하고 위험한 일이다. 안수는 처음으로 범중엄을 관직에 추천한 사람으로 크게 걱정하여 중엄을 불러 사리 분별없이 명성을 구하여 추천한 사람에게 누가되었다고 힐책하였다. 이에 범중엄이 정색하며 말하기를 치욕스럽게 공거(公擧)되어 매번 불러지지 않을까 전전긍긍하였는데 스스로 부끄러운지 안다. 뜻하지 않게 오늘 날 오히려 충직한 것으로 죄를 얻었다라고 하였다. 안수는 말문이 막혀 답할 수가 없었다. 또한 황태후에게 상소를 올려 정권을 황제에게 돌려 줄 것을 주청하였으나 역시 회답을 받지 못하고 천성8년(1030) 범중엄는 스스로 외직을 청하여 하중부(오늘날 山西永濟)통판으로 갔다.[28]

북송 중기 이전의 정치환경은 상대적으로 관대하고 청명해서 수렴청정하는 태후도 정치역량에 많은 제약을 받았다. 범중엄의 몇 차례 상소는 비록 정치를 담당하던 태후를 격노하게 하였지만 조정은 오히려 크게 관계하지 않았다. 당시 인종은 이미 성년이 되었음에도 친정을 하지 못했다. 인종으로서는 공개적으로 태후에게 황제에게 정권을 돌려주어야 한다는 상소를 한 신료에 대해 호감을 가졌다. 인종은 범중엄에 대해 단순히 일상적인 임금과 신하의 관계뿐만 아니라 시종 깊은 인간적인 감정을 나누는 친근한 사이였다. 이

---

28 『續資治通鑑長編』(이하『長編』)卷108, p.1038. 癸亥, 冬至, 上率百官上皇太后 壽於会庆殿, 乃御天安殿受朝。祕阁校理范仲淹奏疏言：『天子有事亲之道, 无 为臣之礼；有南面之位, 无北面之仪。若奉亲於内, 行家人礼可也；今顾与百 官同列, 亏君体, 损主威, 不可为后世法。』疏入, 不报。晏殊初荐仲淹为馆职, 闻之大惧, 召仲淹, 詰以狂率邀名且将累荐者。仲淹正色抗言曰：「仲淹缪辱公 举, 每惧不称, 为知己羞。不意今日反以忠直获罪门下。』殊不能答。仲淹退, 又 作书遗殊, 申理前奏, 不少屈, 殊卒媿谢焉。又奏疏请皇太后還政, 亦不报, 遂乞 补外。尋出爲河中府通判。범중엄과 인종의 만남은 경력신정 실시 이전인 천성 7년(1029) 11월 동지에 범중엄이 태후에게 환정(還政)할 것을 주청하며 인종의 친정(親政)을 상소하였으나 받아들여지지 않자 외직을 청하여 하중부 통판에 임명되었다. 이 사건을 통해 어쩌면 인종과 범의 운명적인 만남이 시작되었다고 보여진다.

러한 감정은 후에 범중엄을 대하는 태도와 일처리에서 그대로 나타나서 폄직된 범중엄에 대해 대단히 관대하였다.

명도3년(1033) 수렴청정하던 유태후(劉太后, 968-1033)가 죽고, 인종이 친정을 하면서 수렴청정기간 동안 태후에게 간언하거나 환정을 요구하다 좌천되었던 충신 관료들을 불러들였는데, 그 가운데 범중엄도 한명이었다. 그해 4월 범중엄(45세)은 수도에 돌아와 우사간(右司諫)에 제수되었다.

범중엄은 간관에 임명된 후 즉시 그 일에 대해 상소하였다. 『續資治通鑑長編』卷112,에 의하면, (명도2년 4월) 태상박사. 비각교리 범중엄이 우사간이 되었다. 범중엄 처음 태비(太妃)를 황태후로 삼는다는 이야기를 듣고 군국사(軍國事)에 참여하기로 결단하고 삼가 상소를 올려 말하기를 : 태후는 어머니를 부르는 것인데 보육(保育)해 주었기 때문에 대신에서 세운다는 말은 듣지 못했습니다. 오늘날 태후가 붕(崩)했는데 다시 또 태후를 세운다는 것은 천하가 폐하는 하루라도 태후의 도움이 없으면 불가할 것이라고 의심할 것입니다.[29]

황제와 태후가 군국대사를 함께 처리한다는 문구를 대신들도 반대하여 삭제하였다. 범중엄이 간관에 처음 임명된 후 이 일에 대해 언급하였다. 그러나 범중엄의 주장(奏章)은 새롭게 친정을 시작하는 황제에게 정치상 강력한 지지를 해준 것이며, 인종으로부터 진일보한 호감과 신임을 얻게 되었다.

범중엄은 간관으로서 임무이외에 조정에서는 특별한 일에 그를 파견하여 처리하도록 하였다. 그 해 6월 "어사중승 범풍(范諷), 천장각시제(侍制) 왕종(王礪), 우사간 범중엄 등을 불러 천하의 죄인들에게 마땅한 형량과 명칭(刑名)을 상세하게 정하도록 하였다." 7월 범중엄에게 강(江), 회(淮)지역에

---

29 『續資治通鑑長編』卷112, 明道2年4月, 癸丑條, 太常博士·祕閣校理范仲淹为右司谏. 仲淹初闻遗诰以太妃爲皇太后, 参决军国事, 亟上疏言：『太后, 母号也, 未闻因保育而代立者。今一太后崩, 又立一太后, 天下且疑陛下不可一日无母后之助矣！』p.1068.

안무사에 명하였다. 창고를 열어 결핍된 바를 진휼하고 음사(淫祀)를 허물고 차와 염세에 대해 절세할 것을 상주하기도 하였다.

이로보아 범중엄이 점차 권력핵심부에 진입하였음을 말해주며. 점차 조정 회의와 정책결정에 의견을 개진하였으며 정치무대에서 자신의 주장을 펼치는 등 범중엄의 정치생활 가운데서 중요한 전환기였다.

범중엄은 인종이 친정 동안에 출장입상하기 이전에 두 차례 폄직을 당한 경험이 있었다. 범중엄 시종 정치적 신념을 가지고 직언을 하고 강직하여 아첨하지 않았다. 이러한 정치품성은 구관료 계층들과 충돌하는 마찰이 생겼으며 폄직은 피할 수 없었다. 하지만 이러한 폄직(貶職)에도 역시 인종의 범중엄에 대한 배려를 헤아려 볼 수 있다.

범중엄이 명도 2년 4월 간관에 임명되었다가 12월에 폄직되었다. 이 폄직의 원인은 대단히 간단하였다. 인종황후 곽씨를 수렴칭정 동안 태후 유씨가 선정(選定)했다. 인종은 친정 후에 핑계를 대서 황후를 폐지하고 자 했다. 많은 대신들과 전체 간관들이 반대했다. 범중엄은 이 시기에 이미 간관 중 우두머리 가운데 한 사람이 되었다.

범중엄은 어사중승 공도보(孔道輔, 987-1040), 지간원 손조덕(孫祖德), 시어사 장당(蔣堂), 곽권(郭權), 양해(楊偕), 마강(馬絳), 전중시어사 단소연(段少連), 좌정언(左正言) 송교(宋郊), 우정언 유환(劉渙) 등이 홍전문(拱殿門)에 모여서 황후를 폐하는 것이 부당하다고 상주하였다. 여이간은 즉시 태평하고 아름다운 일이 아니라고 상소하여 공도보 등이 축출되었다.[30]

---

30 『續資治通鑑長編』卷113, 明道2年11月, 仲淹即與權御史中丞孔道輔率知谏院
孙祖德、侍御史蒋堂郭劝杨偕马絳、殿中侍御史段少连、左正言宋郊、右正言刘
涣诣垂拱殿门, 伏奏皇后不当废, 愿赐对以尽其言。护殿门者阖扉不为通, 道辅
抚铜环大呼曰：『皇后被废, 奈何不听臺谏入言』寻诏宰相召臺谏谕以皇后当
废状, 道辅等悉诣中书, 语夷简曰：「人臣之於帝后, 犹子事父母也。父母不和,
固宜谏止, 奈何顺父出母乎！」衆谨然, 争致其说。夷简曰；「废后自有故事。」
道辅及仲淹曰：「公不过引汉光武劝上耳, 是乃光武失德, 何足法也！自余废

인종이 황후를 폐위하려는 마음이 대단히 강경해서 간관들이 설복할 방법이 없었다. 범중엄과 공도보는 폄직되고 경성(京城) 밖으로 압송하였다. 그러나 이 시기를 전후로 범중엄의 정치태도와 개인감정에 대해 변화가 발생하였다. 범중엄이 목주(睦州)장관으로 폄직되었는데, 이 지역은 북송시기 양절로(兩浙路)에 속하며, 오늘날 절강 동려(桐廬), 건덕(健德), 순안(淳安)등지가 모두 목주관할에 속하며 항주와 가깝다. 이 지역의 풍경은 정말 아름답기로 천하에 그 명성을 크게 떨쳤다. 범중엄은 목주에 도착한 후 이 지역 산수와 풍경에 대해 묘사하였다.[31]

또한「睦州謝上表」에서 범중엄은 수양을 통해 인성을 기르고 성정을 갈고 닦기에 정말 좋은 장소라고 칭찬하였다. 여기서 보면, 인종이 범중엄을 폄직한 지역도 어느 정도 입장을 봐서 시행한 것으로 지나치게 멀리 보내지 않았다는 것을 알 수 있다.[32] 범중엄은 목주에 있는 기간 동안 아름다운 강산을 도움을 얻어 시문창작이 인생에서 가장 전성기에 진입하였다. 그 기간에 범중엄은「瀟洒桐廬郡十絕」의 시를 지어 당시 자신의 심정과 생활태도를 잘 표명하였다.

범중엄은 목주에 재직한 지 3개월이 채 못되어 조정에서 범중엄을 큰 군(郡)인 소주(蘇州)장관으로 옮기게 하였다. 이는 인종과 조정 재보대신(宰輔大臣)들이 범중엄을 특별히 중시하였고 상당히 신뢰하였다는 것을 보여준다. 이상에서 본 바와 같이 인종은 시종 범중엄을 특별히 우대하여 경우(景祐) 2년(1035) 3월 범중엄을 빠르게 승진도 시켜주었다.『장편』권 116에 의하면 "소주장관, 좌사간(左司諫). 비각교리 범중엄을 예부원외랑(禮部員外

后, 皆前世昏君所为。上躬尧,舜之资, 而公顾劝之效昏君所为, 可乎?夷简不能答, 拱立曰 :「诸君更自见上力陈之」道辅与范仲淹等退, 将以明日留百官揖宰相廷争。而夷简即奏臺谏伏阁请对, 非太平美事, 乃议逐道辅等. p.1082.

31 『范仲淹文集』卷下文正公尺目錄,「正與晏尙書」, p.234.
32 『范仲淹文集』卷15,「睦州謝上表」, pp.122-123.

郞), 천장각시제에 임명하였다."[33] 얼마되지 않아 47세의 범중엄이 수도로 돌아오라는 소환을 받았고, 판국자감(判國子監)이 되었는데, 이것은 범중엄이 폄직되어 수도를 떠난 지 2년도 채 되지 않은 시간이었다.

그러나 대략 1년여 시간이 지나 범중엄은 다시 폄직되었다. 당시는 여이간(呂夷簡)이 재상이었는데, 그의 행정행태와 정치품격은 범중엄과 크게 충돌되었다. 북송의 문관은 한가지 각도에서 보면 대체로 두 부류로 나눌 수 있다. 한 부류는 북송의 특수한 정치환경이 작용하는 가운데 감격하여 분발하여 천하에 대한 책임이 자신에게 있으며 걱정거리는 먼저 담당하고 즐거움은 나중에 누린다는 예를 들면, 범중엄, 구양수, 왕안석, 소식 등과 같은 부류이다. 또 다른 부류는 독재정치체제와 방대한 관료 견제체계 속에서 명철보신하고 안일무사와 탐욕과 권위유지만을 추구하였던 예를 들면, 여이간, 이방(李昉) 안수(晏殊), 장득상(章得象)등이다. 상대적으로 두부류를 비교해서 말하면, 후자 부류의 사람이 더 많았다. 범중엄과 여이간은 각기 두 부류를 대표하는 사람이며 모두 경관(京官)으로 정치상에서 모순됨은 피할 수 없었다.[34]

---

33 『續資治通鑑長編』, 卷116, 慶曆2年3月, 己丑, 知苏州、左司谏、秘阁校理范仲淹为礼部员外郎, 天章阁待制。仲淹自外骤居侍從, 必有故, 史無其说, 或缘富弼上疏也, 今表而出之。p.1111.

34 『續資治通鑑長編』, 卷118, 景祐3年5月, 丙戌, 天章阁待制、權知开封府范仲淹落职, 知饶州。
仲淹言事无所避, 大臣权倖多忌恶之。时吕夷简执政, 进者往往出其门。仲淹言官人之法, 人主当知其迟速、升降之序, 其进退近臣, 不宜全委宰相。又上百官图, 指其次第, 曰:「如此为序迁, 如此为不次, 如此则公, 如此则私, 不可不察也。」夷简滋不悦。
帝尝以迁都事访诸夷简, 夷简曰:「仲淹迂阔, 务名无实」仲淹闻之, 为四论以献, 一曰帝王好尚, 二曰选贤任能, 三曰近名, 四曰推委, 大抵讥指时政。又言:「汉成帝信张禹, 不疑舅家, 故终有王莽之乱。臣恐今日朝廷亦有张禹坏陛下家法, 以大为小, 以易为难, 以未成为已成, 以急务为闲务者, 不可不早辨也」夷简大怒, 以仲淹语辨於帝前, 且诉仲淹越职言事, 荐引朋党, 离间君臣。仲淹亦交章对诉, 辞愈切, 由是降黜。侍御史韩渎希夷简意, 请以仲淹朋党牓朝堂, 戒

전제군주들은 붕당이 황제의 전제권력을 간섭하고 제한하며 약화시킨다고 여겨 붕당을 형성하는 것을 싫어했다. 당대 "하북지역 적들은 쉽게 제거했지만 조정의 붕당은 제거하기 어려웠다는 역사적 교훈은 송대 군주에게 대단히 심각한 인상을 남겨주었다. 그리하여 송대 황제들은 붕당문제에 대해 특별히 민감했으며, 그 방비도 대단히 엄격했다. 범중엄이 전제황제의 민감한 신경을 자극하였다.

사실 인종은 평범하고 보수적이며 안일함을 추구한 황제이었다. 정치성향을 보면, 인종과 여이간이 더욱 가깝고 비슷했다. 그러므로 전체적인 상황을 보면, 인종은 범중엄을 좋아하고 신임했지만 여이간을 더욱 신임했다. 인종은 여이간이 정권을 잡고 "태평성세"를 이루는 것을 보고 싶어하면서 당시 누적된 사회모순과 폐단은 눈을 감고 차라리 무시하고자 하였다. 그래서 여이간과 범중엄사이에 모순과 충돌이 이루어지는 과정에서 인종은 아무런 망설임 없이 여이간의 편에 섰다.

범중엄은 「饒州謝上表」에서 인종이 여전히 자신에게 잘해주고 있다고 여기고 조정에서 직위가 내려지만 조정과 지방을 막론하고 담당하겠다. 그러므로 다시 조정에 나가면 역시 숨기지 않고 직언을 하겠다고 하였다. 또한, 범중엄은 목주, 후에 소주, 오늘날 요주에 이르기 까지 폄직과 전직을 거쳤다. 그러나 범중엄은 요주는 서쪽이 유명한 파양호로 산수와 풍경이 아름다운 곳으로 오게 된 것도 인종의 배려로 여기고 있었다.[35] 폄직되는 장소를 선택할 수 있었다는 것은 여전히 인종이 범중엄에 대해서 잘해 주고 있었다는 것을 말해준다.

범중엄이 요주에 왔다는 소식을 듣고 당시 유명학 학자인 이구(李覯,

百官越职言事, 从之。p.1133.
35 『文集』卷15, 「饒州謝上表」"君恩與全活, 回頭諫静路, 尚愿無壅遏." "此而爲郡, 陳優優布政之方, 必也入朝, 增塞塞匪躬之節.", p.124.

1009~1059)가 5백리 밖에서 만나러 왔다. 그는 오기 전에 범중엄에게 서신을 보내 "궐정(闕政)을 자신의 질병으로 여기고, 악리(惡吏)를 자신의 원수로 여기며, 어떤 일에도 거리낌 없고 숨기지 않으며 재상과 변론에도 뜻을 굽히지 않는 범중엄을 익히 잘 알고 존경하고 있다고 하였다.[36] 이후 범중엄과 이구는 학뿐만아니라 인간적인 면에서도 서로 교제하였다.[37]

범중엄의 정치역정에서 경력년간이 관계 진출이후 최고 전성기에 달했다고 할 수 있다, 이 모든 것은 인종이 범중엄에 대한 신뢰와 호감이 최고도에 달한 것과 관계가 깊다. 그러므로 이 시기는 황제와 마음이 통해 뜻을 같이 할 수 있는 신하이면서 동반자간의 관계를 유지하였던 양자관계에서 황금시기이다.

송 인종 강정(康定)원년(1040) 정월, 서하는 서북변경지역에서 대규모 군사진공을 감행하였다. 송의 주력 군대는 연주(延州) 근처인 삼천구(三川口, 오늘날 연안시 서북)에서 서하군대에게 겹겹이 포위되어 전선이 붕괴되고 주장(主將)이 포로가 되었다. 2월, 조정은 한기를 섬서(陝西)안무사에 임명하였다. 한기는 재임지에 도착한 후 즉시 범중엄을 서북 전선에 임명하도록 추천하여 조정의 동의를 얻었다. 3월, 52세의 범중엄은 다시 천장각대제의 직위를 회복하고 영흥군(永興軍, 섬서 서안)장관이 되었으나 임지에 가지 못하고 다시 섬서도전운사(陝西都轉運使)에 임명되었다. 범중엄은 서북변경지역에 도착한 후에, 인종과 조정 재보(宰輔)대신들의 신임을 받았다. 그 구체적인 표현은 다음과 같이 두 가지 방면에 나타나 있다.

첫째는 중대한 임무를 위탁받았다. 범중엄은 서북전선에서 많은 임무를 맡았는데, 모두 인종이 범중엄에게 가진 기대와 신임이 컸다는 것을 볼 수 있었다.

---

36 李覯 『李覯集』卷27, 「上范待制書」, 漢京文化事業有限公司, 1983. p.292.
37 拙稿, 「李覯의 現實認識과 이치법 改革論」, 『東洋史學研究』第120輯, 2012.9, pp.149-180.

강정 원년5월, 조정은 범중엄을 용도각직학사(龍圖閣直學士)로 승진시켜서 한기와 같이 섬서경략안무부사로 삼았으며, 범중엄은 부연(鄜延)로 방어책임을 맡았다. 이 시기 범중엄은 이미 주 장수가 되었다. 이듬해, 송군은 다시 호수천에서 패배하고 범중엄도 역시 원호와 화의를 진행하다 원호의 무례한 서신을 태워버렸다가 조정의 처벌을 받았다.[38]

경력원년(1041)4월, 범중엄은 폄직되었다. 인종과 조정에서 내린 이번의 처벌은 일종의 형식적으로 단지 1개월이 지난 후 즉시 요주장관, 용도직학사(龍圖閣直學士), 경주(慶州)장관 겸 환경로부서사사로 임명하였다. 같은 해 9월, 범중엄의 직위가 회복되어 호조랑중이 되었다. 같은 해 10월, 서북방어선을 다시 구분하여 진봉,경원,환경, 부연등 4로(路)로 나누어 각기 한기, 왕연(王沿),범중엄, 방적(龐籍)등이 4개로의 군무(軍務)를 책임맡도록 하여 다시 조직된 서북방어선을 조직하였으며, 범중엄은 예전처럼 환경로를 맡았다.[39]

두 번째는 남의 인격이나 계책을 깊이 믿어 그가 하자는 것을 다 받아들인다.(言聽計從)

범중엄은 변방지역 주요 요직에 임명된 지 두 달만에 즉시 자신의 변방 수비책략을 전면적으로 상소하여 소상히 설명하였다. 그 핵심관점은 대단히 분명했는데 적극적으로 방어하다가 기회를 봐서 반격하자는 책략이었다. 조정에서는 먼저 범중엄의 협동방어작전의 주장을 채택하여 하송, 한기와 범중엄에게 각각 한 개 로(路)의 방어업무를 책임지도록 하고 상호 협조하도록 하였다. 범중엄은 연주에 도착한 후 부연로 군대의 지휘권을 장악하고 즉시 군

---

38 『續資治通鑑長編』, 卷127, 己卯, 以起居舍人,知制诰韩琦为枢密直学士, 陕西都转运使,吏部员外郎,天章阁待制范仲淹为龙图阁直学士， 並为陕西经略安抚副使, 同管勾都部署司事. p.1220.

39 『續資治通鑑長編』, 卷131,壬午"陝西西經略按撫副使, 兼知延州, 龍圖閣直學士, 戶部郎中范仲淹爲戶部;員外郎, 知耀州,職如故." p.1257.

대의 편성과 훈련 배치 지휘작전 등을 전개하였는데 조정으로부터 아무런 견제도 받지 않는 전적인 신임하에 이루어졌다.[40]

당시 조정은 서하에 대한 방어정책을 아직 정하지 않아서 범중엄의 적극방어정책도 크게 공감을 받지 않았다. 그 후 한기가 전선에 도착하자마자 적극적인 진공정책과 속전속결의 전략방침을 제출하여 인종과 재상 여이간의 동의를 얻어 빠르게 서북전선의 전략으로 채택되었다. 이러한 전략 결정과 범중엄의 적극방어 정책은 상호 이율배반적으로 범중엄은 즉시 대규모 진공작전은 불가하다는 반대의견을 제출하였다.[41] 그리하여 범중엄은 한 개로를 근거로 하자고 주장하여, 부연로의 병사는 움직이지 않도록 하자고 요구하였다.

앞서 있었던 작전에서는 여러 로의 대군들이 상호 협조하지 않아서 큰 걱정거리였다. 이에 범중엄은 인종, 재상 여이간, 한기 등의 정책과 반대의 정책을 주장하여 인종의 동의를 얻었다. 이것은 인종과 조정이 서북전쟁에 관해 망설이고 의심하고 있다는 것을 말해준다 심지어 범중엄이 제출한 의견이 조정의견과 완전히 반대인 의견까지도 받아들이고 있는 상황이었다.

한기 등이 제창한 주동진공(主動進攻) 정책은 마지막에 호수천전쟁의 패배를 가져와 송군대는 다시 중대한 좌절을 당했다. 반대로 범중엄의 적극방어정책이 성과를 인정받았다. 경력원년11월, 범중엄이 공수2의(攻守二議)의 상소를 올려 자신의 방어전략에 대해 더욱 상세하게 피력하며 새로운 방법의 조정도 있었다. 당시 조정에서는 범중엄의 서북변경 전략에 대한 주장을 대체로 채용했다.[42]

인종은 이번 서하와의 전쟁에서 범중엄이 보인 군사방면의 재능으로 인해 그에 대한 기대와 이미지가 더욱 좋게 되었다. 그리하여 인종은 정치적인 능

---

40 『續資治通鑑長編』, 卷127. pp.1219-1220.

41 『續資治通鑑長編』, 卷130, pp.1243-1245.

42 『續資治通鑑長編』, 卷130, 丁巳今若承順朝旨, 不能持重王师, 为后大患, 虽加重责, 不足以谢天下。 p.1244.

력과 함께 군사적 능력을 가진 범중엄에게 현실정치의 문제점을 개혁할 기대까지도 갖게되었다. 당시 범중엄이 정천(定川)으로 부터 지원부대를 파견한다는 소식을 듣고 인종이 "범중엄이 부대를 통솔한다면 우리는 더 이상 걱정이 필요 없다."[43]고 절대적 신임을 보여주고 있다. 적을 평정하고 난 후 인종은 "범중엄이 할 수 있다는 것은 내가 미리 알게 된다."고 하며, 범중엄에게 추밀직학사(樞密直學士), 우간의대부(右諫議大夫)를 제수하였다. 범중엄은 자신이 아무 군공도 없다고 사양하였지만 인종이 그대로 임명하였다.[44]

이로 보아 범중엄이 변경지역에서 시행한 군사활동이 황제와 중앙관료들의 높은 기대와 칭찬을 얻어 조정에서 중요관직을 담당할 수 있는 중요한 요인이 되었으며, 인종과 밀접한 관계를 형성할 수 있었던 중요한 요인이었다고 할 수 있다. 그와 함께 변경지역에서 일하였던 한기, 부필, 방적 등도 범중엄의 영향 때문에 이후 조정의 핵심관료로 진출하여 후일 경력신정의 추진과 시행에 동반자로서 역할을 하였다.[45]

경력3년(1043) 4월, 송과 서하의 화의가 진행되는 과정에서 인종은 범중엄을 급하게 경성으로 불러들여 추밀부사(樞密副使)에 임명하였다. 7월, 범중엄 참지정사를 임명하였지만 고사하였다. 8월, 인종이 다시 참지정사에 임명하자 범중엄은 받아들였다.[46] 이러는 동안 군신들은 이미 많은 이야기를 나누면서 정치개혁에 대한 공감이 있었다. 그리하여 참지정사 된 범중엄은 더욱 용이하게 개혁과 혁신정치 사상을 실행할 수 있었을 것이다. 높은 자리

---

43 『宋史』, 卷314, 列傳73 「范仲淹列傳」: "帝按圖謂左右曰:'若仲淹出援, 吾無憂矣.'" p.10272.

44 『宋史』, 卷314, 列傳73 「范仲淹列傳」 "帝大喜曰:'吾固知仲淹可用矣.' 進樞密直學士, 右諫議大夫. 仲淹以軍出無功, 辭不敢受命, 詔不聽." p.10272.

45 『宋史』, 卷314. 「范仲淹列傳」: "復置陝西路按撫, 經略, 招討使. 以仲淹, 韓琦, 龐籍分領之." p.10272.

46 『續資治通鑑長編』卷140, 夏4月, 己亥, 壬寅, 癸卯, 甲辰, 乙巳, 丙午甲申條, pp.1413-1414.

에 있을 때 백성들의 어려움을 깊이 생각한다는 것은 범중엄이 추구한 최고의 이상으로 그는 이 기회를 잘 이용하여 추구하였을 것이다.

송대 참지정사는 부재상으로 재상을 보좌하여 국가를 다스리는 사람이다. 송대 관직상에서 승진에는 시간과 자력(資歷)을 필요로 했다, 하지만 시간과 자력은 모두 직무수행과정에서 필수불가결한 것이다. 그러나 개인의 재능에는 높고 낮음이 있어서 시간과 자력이 반드시 부족한 재능을 보충해주지는 않았다. 때때로 재능이 있는 사람이 참지정사가 되고, 상대적으로 평범한 사람이 재상을 되기도 하였다. 그때는. 참지정사가 재보(宰輔) 기구 중에서 정책결정자가 되고 재상은 오히려 보좌하는 사람이 되었다. 경력3년(1043)8월 범중엄이 참지정사를 되었다가, 5년 정월 파직되어 1년 5개월 임직하였다. 임직하는 동안 국가와 백성에 대한 책임론과 각성론을 제창하며 정치개혁을 제창하였다.

인종은 범중엄을 조정의 요직에 임명하여 급하게 서부전선의 열세 국면을 바꿀만한 방안을 제출하였던 것처럼 중앙정치에서도 대치(大治)를 이루는 방안을 강국하기를 기대하며 촉구하였다. 이에 범중엄은 중앙정부에 돌아온 지 반년이 채 되지 않은 경력3년 9월, 「答手詔條陳十事」를 상소하였다. 여기서 범중엄은 자신의 정치의견을 더 많이 피력하였으며 이른바 경력신정의 기본방향이다.[47]

이 때 제출한 정치개혁방안이 경력신정의 기본 방향이며 주요정책이다. 먼저 명출척, 억요행, 정공거, 택장관과 같은 관리선발과 운용 같은 이른바 이치의 개혁이 선행 개혁내용으로 제창되었다. 경력4년 5월 감요역(減徭役)을 반포하는 등 전후 8개월에 걸쳐 조정에서는 범중엄 등이 제창한 정치개혁을 실행하였다. 특히 경력3년 10월과 11월간에 조정에서는 빈번히 조칙을 반포하여 범중엄 등의 신정의도를 관철하고자 하였다.

---

47 『長編』, 卷143 慶曆3年9月丁卯條, pp.1439-1445.

경력신정 실패한 후는 인종과 범중엄의 교제의 후기에 진입했다고 할 수 있다. 이 기간 동안 인종은 한차례 범중엄에 대해 반감을 가졌으나 끝내는 평상으로 회복했다. 경력 신정을 실시한 시간은 1년여 동안으로 대단히 짧았다. 경력4년(1044)6월, 변경지역에 다시 군사위험이 발생하자, 범중엄은 또 다시 전선으로 가서 대국 (大局)을 주재하고자 요청하여 인종의 동의를 얻었다. 범중엄은 섬서,하동 선무사에 임명되어 파견되었다. 범중엄이 조정을 떠난 지 1년이 채 못되는 시간에 신정은 계속해서 폐지되었다. 이처럼 짧은 기간 시행되고 짧은 기간 안에 신정이 폐지되는 등 실패한 연유(緣由)를 분석해 보면, 가장 큰 원인의 하나가 인종과 범중엄관계의 변화라 할 수 있다.

범중엄의 신정을 구체적으로 분석하면 앞의 5개 조처는 명출척, 억요행, 정공거, 택장관, 균공전으로 모두 관리에 대한 관리(管理)와 염정(廉政)에 효율적인 조처이다. 이것은 신정의 핵심내용으로 신정의 성공여부가 이상적인 관료조직을 건립하고 유지할 수 있느냐에 있었다. 중국 고대 전제사회는 전형적인 인치(人治)사회였다. 관료제도하에서 인치문제를 변혁하고자 한 것으로 대단히 어려운 문제였다.

"경력신정"이 실패한 중요한 원인은 인치를 특징으로 한 전제사회에서 그 정치핵심이며 주체세력이었던 관료계층 자체에 대한 변혁을 요구하고, 일련의 고효율적인 염정제도를 건립하고자 한 것이었다. 그리하여 신정의 기본방향과 사회상 기득권이 상호 모순이 충돌하여 실패를 가져오게 되었다. 그러나 범중엄의 정치인식과 견해는 너무나 정확했고 그에 대한 변혁 조처도 당시로서는 큰 의미를 부여할 수 있었으나 구체적으로 실현할 수 없었다고 보여진다.

범중엄은 정치개혁에 대한 신정을 추진함에 있어 진정한 재능을 가진 관료가 적은 용관(冗官)현상에 대해 천하관리들 가운데 명현(明賢)한 자가 극히 적고, 우둔하고 사리에 어두운(愚暗)자가 대단히 많다고 지적했다.[48] 이것은 당시 전제사회의 관료계 현상으로 만 되돌릴 수 없었다. 이렇게 정확한 현실 인식을 바탕으로 추진하였던 경력신정이 끝까지 관철하기 어려운 환경에 직면하게 된 데에는 여러 가지 원인이 복합적으로 작용했겠지만 관료계층의 기득권유지와의 충돌이 큰 장애물이었다.

범중엄이 추진한 경력개혁은 조정의 관료집단을 직접 겨냥하여 관료제도의 결함과 선거수관제(選擧授官制)의 문제점 그리고 고핵(考覈)제도의 무질서까지 언급하면서 북송의 정치제도의 개혁과 정형화를 연계시켜 말하였다. 범중엄의 최종 목표는 법제도를 수립하여 기강을 다시 진작시켜 행정의 효율을 극대화 하는 것이었다. 당시 북송 정치상황은 관리와 백성들과 소통이 막혀 백성이 곤궁해지고 이적세력이 날로 성행하며 도적들이 황행하였다. 그리하여 송조는 관리의 기강이 날로 무너져서 국내외적으로 곤란한 국면에 빠지게 되었으며, 관료집단의 소양과 실질능력이 전체적으로 하락되었다. 이 점은 인종과 범중엄이 두 사람 모두가 공동으로 인식하고 지적한 점으로 국가의 최고 통치자가 관료들이 자신들의 눈앞의 안위와 안정만을 중시하고 있으며, 장기적인 계획이나 직무에 대한 능력의 부족함에 대해 우려하고 적극적으로 개혁을 추진하고자 하였다.[49]

범중엄의 정치상에서 견실한 추종자였던 소순흠(蘇舜欽)이 신정실시 기간에 범중엄에게 서신을 보내 예리하게 보고 들을 것을 중심으로 신정의 문제점을 서술하였다.[50]

이상의 사료에서 보면, 경력신정의 정치효과는 확실히 크지 않아서 국가를 다스리는 데 실제 큰 효과를 가져오지 않았다. 또한 이것은 조야의 보편적인 공통 인식으로 정적들이 행하는 악의적인 비방만은 아니었다. 그리하여 범중

---

48 『長編』, 卷151. 慶曆4年 秋7月丙戌條. p.1530.
49 『范文正公集』政府奏議, 卷上, 「答手詔條陳十事」 p.176.
50 蘇舜欽, 『蘇舜欽集』, 「上范公參政書」 卷 10, 上海古籍出版社, 1981, 未及半 年, 時謀自山陽還台, 已聞道路傳云, pp.118-119.

94   1부

엄을 견고하게 지지했던 관원들도 점차 실망하였다. 특히, 인종은 범중엄에 대해 기대가 남달리 컸기 때문에 실망도 더욱 강했다. 이런 결과는 인종이 범중엄을 어떻게 대하고 어디에 사용할 까하는 태도변화에 중요한 요인이 되었다.

당시 송 조정의 정적들이 범중엄을 공격할 때 시종 붕당을 짓는다는 이유를 무기로 삼았는데, 이 문제는 송대 전제 황제가 갖는 절대권력이라는 민감한 부분을 건들었기 때문이었다. 범중엄과 같이 정직한 대신이 조정에 있으면 인종이 여러 가지 일을 처리하는데 도움이 될 수 있어 이로움이 날로 축적될 수 있었으나 범중엄 등이 조정을 떠나면 인종주변에는 간신이나 아첨배 무리들이 둘러쌓여 전제황제가 느끼기에 오히려 마음대로 정치를 할 수 있을 것 같은 생각을 하게 된다.

경력후기 송조는 서하와 이미 화의를 체결하여 거란은 침범하지 않은 태도가 명확해졌다. 이처럼 국가에 외환이 없어지자 내환이 생기게 되었다. 이것이 전제왕조 사회의 특징의 하나이다. 외환이 없어지자 인종은 교만과 사치에 빠져 근면 성실한 정치를 원하지 않았으며, 범중엄과 두연(杜衍)등과 같은 경직(耿直)한 대신들을 싫어하게 되었다. 그리하여 경력4년 11월 인종은 진주원안(進奏院案)을 빌어서 붕당을 형성한다고 범중엄을 타격하고 특별히 조서를 내렸다.[51]

이 조서에서 붕당을 심각하게 경계하며 신료들을 '更相附離, 以沽聲譽'라고 질책하여 현자를 추천한다는 미명으로 수뢰(收賂)하고 제로(諸路)안찰전운사들이 가혹한 수탈하는 것을 배척하였다. 인종은 범중엄 등의 의도에 대해 명확히 알고 있었으며, 불과 몇 개월 전에는 범중엄 등에게 전적인 신임과 지지를 하였다. 그러나 이제와서 두 사람관계가 냉정해지고 거리감이 생긴 것은 인종 개인의 성격과 독재전제정치체제라는 송대의 독특한 정치체제와

---

51 『續資治通鑑長編』, 卷153. 己巳條, p.1548.

도 깊은 관계가 있었다.

경력5년(1045) 11월, 인종은 변경지역이 안정되고 도적들이 쇠퇴하여 없다"라는 이유로 범중엄을 섬서4로 안무사의 직에서 파면하고 정주(鄭州) 장관으로 임명하였다. 이로부터 범중엄은 정치중심에서 철저하게 배제되었다. 하지만 인종은 범중엄에게 호감이 있었으며 감정적으로는 가까이 했다. 그리하여 붕당사건이 점차 조용해지자 범중엄은 자연풍경이 좋기로 유명한 항주의 관직을 구하자 인종은 동의했다. 동시에 인종은 내시를 항주에 특별히 파견하여 범중엄에게 봉차(鳳茶)를 하사했다.

황우3년(1051) 정월, 인종은 다시 63세의 범중엄에게 중요한 행정직위를 맡겼는데 범중엄은 호부시랑관직에서 청주(靑州, 오늘날 산동)장관 겸 청, 치(淄), 유(濰), 등(登), 래(래), 밀(密), 기(沂),서주(徐州) 및 회양군(淮陽軍) 등 9주도군(州島軍) 안무사를 임명하였다. 그러나 범중엄은 이 시기 이미 나이도 많고 여러 가지 병이 있어 다음해에 병으로 죽었다.

4. 結論

범중엄 등에 의해 추진된 경력신정은 이치개혁을 추진하여 관료계층의 소질과 행정의 효율성을 제고하기 위한 정치변혁운동이다. 그는 사대부계층의 천하에 대한 책임감과 각성론을 제창하며 북송 누적된 폐단을 개혁하고자 하였다. 그러나 경력신정은 1년여라는 짧은 기간 밖에 실시되지 못해 실제 큰 효과를 가져오지는 못했지만 북송 정국에 커다란 영향을 주어 사대부계층을 중심으로 부단히 정치안정과 황권강화를 추진하는 학풍의 개선과 발전이 진행되는 중한 요인이 되었다.

범중엄 등이 진행한 경력개혁은 특권이나 이익을 잃는 계층들에게 안배나 배려를 하지 않고 단지 자신들의 역량과 최고통치자의 지지를 배경으로 추진하고자 하였다. 한편 그들은 인치(人治)사회에서 인성(人性)의 복잡성을 간과했고, 제도의 정비와 제정의 중요성을 소홀히 함으로서 기득권층의 강력한 비판과 반대에 부딪혀 신정의 효과와 추진에 큰 저항을 받아 실패하였다. 그러나 신정 추진자들의 우국충정정신은 이후 정치사회에 커다란 영향을 주었다.

인종시기 동안 범중엄은 장수로서 재상으로서 모두 커다란 업적을 세웠다. 다시 말하면 범중엄이 재능을 발휘하여 웅대한 계획을 펼칠 수 있었고, 관직상에서 크게 성공하거나 관계에서 누차 좌절하였던 것도 마침내 경력신정을 포기하게된 것도 모두 인종과 지극히 밀접한 관계가 있었다. 인종과 범중엄사이 군신관계를 논하게 되면 범중엄연구를 더욱 깊이있게 할 수 있으며 하나의 측면에서 북송 정치와 군주전제정치치제의 특징을 살펴 볼 수 있을 것이다.

범중엄은 인종에게 충성과 책임을 다했으며, 먼저 나라와 백성을 걱정하고, 후에 즐거워하며 죽어서야 그만두었다. 이러한 정치신념과 정치 윤리와 도덕은 대단히 명확했다. 그래서 범중엄의 생각에서 출발해서 두 사람의 관계를 토론할 필요는 없다. 관건은 인종이 범중엄의 정치태도와 개인감정은 어떠했는가? 혹자는 이러한 태도와 감정이 변법개혁 진행전후로 어떤 변화가 생겼다고 지적하고 있다. 기존의 연구성과에는 범중엄과 인종 사이의 관계에 대한 전제연구는 거의 없는데, 범중엄의 개혁정치를 논할 때 당시 강력한 지지자로써 인종에 대해 반드시 언급해야 할 필요가 있다고 여겨진다.

송 인종은 전제군주제를 실행한 군주로 개인적인 정치추구. 치국이념, 성격특징, 일상의 희로애락을 가지고 있다. 이렇게 복잡한 요소를 함께 고려하여 인종과 범중엄의 군신관계를 논해야 비로소 합리적인 결론을 얻을 수 있다. 인종은 범중엄의 재능과 지식에 대해 높이 평가하였으며, 개인적으로도 무한한 신뢰와 인정을 하였음을 알 수 있다.

범중엄의 경력개혁은 당중기 이후 관료지주계층이 정치무대에 등장한 후 제1차 진행한 전면적인 정치개혁이다. 이 개혁신정은 실제 귀족과 고급관료들이 향유하고 있던 각종 특권에 대해 진일보한 제한을 가하는 것이었다. 그들이 누리던 특권은 대토지세습과 관직과 작위(은음제) 그리고 봉호(封戶)와 부역면세 등 당중기이래 문벌세족의 전리(專利)였다. 송조에 이르러 문벌사족들이 정치무대에서 물러나게 되었으며, 고관과 귀족들도 이미 대토지세습과 작위 봉호 등의 특권을 세습할 수 없었다. 단지 은음제도를 통해 비교적 낮은 관위(官位)를 취득하고, 부분적인 부역을 면제 받았다. 그리고 신정 가운데 명출척(明黜陟)과 억요행(抑僥倖) 등의 조처는 그들에게 직접적인 타격과 경제적인 손해를 주어 그들의 강렬한 반대에 부딪혔다.

　　경력신정이 비록 실패로 돌아갔지만 개혁사상과 시대적 요구와 흐름은 송 신종시기 왕안석에 이어져 변법이 다시 진행되어 전면적인 정치개혁이 진행되었다. 이 시기 변법개혁은 경력신정에 비해 급진적이며 더 심층적으로 진행되었으나 반대파의 강렬한 저항으로 역시 실패하였다. 그러나 이러한 개혁사상은 송대라는 특수한 시대적 요구에 부합하여 진행되었다고 보여진다.

▌참고문헌

1. 사료

脫脫, 『宋史』(臺北: 鼎文書局, 1983).

李燾, 『續資治通鑑長編』(商務印書館, 1983).

徐松, 『宋會要輯稿』(臺北: 世界書局, 1977).

黃宗羲, 全祖望 『宋元學案』(臺灣商務印書館, 1988).

胡瑗, 『安徽通志·松滋縣學記』, 中國古代教育史資料(北京: 人民教育出版社, 1985).

馬端臨, 『文獻通考』(臺北: 新興書局, 1965).

王安石, 『臨川集』(臺北: 國學基本叢書, 臺北: 臺灣商務印書館, 1968).

蘇軾, 『蘇東坡全集』 上,下(臺北: 世界書局, 1985).

陸游, 『老學庵筆記』(北京,中華書局, 1979)

王栐, 『燕翼詒謀錄』(中華書局, 1981).

歐陽脩, 王闢之, 『澠水燕談錄』(木鐸出版社, 1981).

歐陽修, 『歐陽文忠公集』, 『四部叢刊正編』(臺灣商務印書館, 1979).

鄭樵, 『通志』(中華書局, 1995).

李覯, 『李覯集』(臺北: 漢京文化事業有限公司印行, 1983).

范王梓材, 馮雲濠撰, 張壽鏞校補, 『宋元學案補遺』(世界書局, 2009).

范仲淹, 『范文正公集』(臺北: 臺灣商務印書館, 1955).

2. 연구서

李弘祺, 『宋代教育散論』(臺北: 東昇, 1979).

姜國柱, 『李覯思想研究』(北京: 中國社會科學研究所, 1984).

陳榮照, 『范仲淹研究』(三聯書店, 1987).

楊樹藩, 『中國文官制度史』(臺北: 三民書局, 1965).

金諍(姜吉仲譯), 『中國文化와 科擧制度』(중문출판사, 1994).

陳植鍔, 『北宋文化史述論』(中國社會科學出版社, 1992).

李弘祺(姜吉仲譯), 『宋代官學敎育과 科擧』(경상대학교 출판부, 2010).

3. 연구논문

劉篤才, 「楊一凡北宋의 冗官問題」, 『學習與思考』, 1983.第5期.

弘祺, 「宋代地方敎育職事考」『史學評論』 第8卷(1984).

付勝國, 羅伽祿, 「李覯的人才思想」『撫州師專學報』第3期, 總第26期(1990).

葉坦, 「宋代社會發展的文化特徵」『社會學研究』1996年 第4期.

陳峰, 「宋代科舉考試制度」『歷史教學』1998年第1期.

石靜, 「論北宋的科擧改革」『南通師專學報』 第14卷第3期(1998.9).

夏其千, 「范仲淹吏治思想初探」, 『韶關學院學報.社會科學』第28卷 第2期(2007.2).

张勇, 「論范仲淹的教育思想——兼論其對慶曆興學的影响」, 『運城學院學報』2(2005).

范國强, 「范仲淹文化教育改革的基本思想與方略」, 『貴州社會科學』5 (2010).

劉篤才・楊一凡, 「論北宋的冗官問題」, 『學習與思考』(1983年第5期).

劉立夫, 「論北宋的冗官問題」, 『華中理工大學學報』(社會科學版, 1997.4).

姚兆余, 「宋代文化的生成背景及其特點」, 『甘肅社會科學』第1期(歷史研究, 2001).

虞云國, 「略論宋代文化的時代特點與歷史地位」, 『浙江社會科學』2006年第3期.

金霞, 「論李覯的經世思想」, 『蘭臺世界』, 2007.8 上半月.

張淯攺, 「略論宋代文化兩向發展的具體表現及原因」, 『赤峰學院學報』 第29卷第6期
　　　(2008).

申採湜, 「王安石 改革의 性格檢討 : 특히 新法의 保守性에 관하여」, 『동양사학연구』
　　　51(1995).

拙文, 「歐陽修의 現實認識과 吏治法改革」, 『眞鵬劉共祚教授定年紀念論叢』(慶熙史學
　　　會, 2003).

拙文, 「宋代文化形成과 人文學의 發展」, 『歷史文化研究』 第35輯(2010).

拙文, 「蘇軾의 吏治法改革論」, 『中國歷史學會史學集刊』 第23期(2011).

拙文, 「李覯의 現實認識과 이치법 改革論」, 『東洋史學研究』 第120輯(2012).

李勁松, 「略論范仲淹在應天府書院實施的教育模式及其歷史作用」, 『江西教育學院學
　　　報』 29(4)(2008).

諸葛憶兵, 「論范仲淹與宋仁宗之關係」, 『江蘇社會科學』 5(2010).

盧曉河, 「從宋夏戰爭看范仲淹的國防意識」, 『西夏研究』 3(2013).

이근명, 「王安石 新法의 시행과 黨爭의 발생」, 『역사문화연구』46호(2013).

王月平, 「范仲淹行政改革思想研究」, 東北大學 行政管理專攻 碩士學位論文(2007).

楊永亮, 「范仲淹政治變革的當代價值」, 『吉林師範大學學報(人文社會科學版』 40(6)
　　　(2012).

楊松琳, 「范仲淹行政倫理思想初探」, 黑龍江大學 行政管理專攻 碩士學位論文(2013).

03

'조선적인 것'의 발명과 시조, 그리고 근대시*

– 1920년대 시조부흥론을 중심으로

경상대학교 국어국문학과 교수 장만호**

1. 국학과 시조

일제 강점기 시기 대표적인 국학자인 최남선과 안확은 연구 내용의 세부적 차이에도 불구하고 몇 가지 공통된 연구 방식을 보여주었다. 그들은 두 차원에서 '조선학'을 전개하였는데, 먼저 '단군'이라는 신화를 역사적 사실로 재구함으로써 민족의 기원을 '특별한 것', '우월한 것'으로 '재발견'하고자 하였다. '위대한 고대', '과거의 황금기'를 발굴함으로써 현재의 문제를 해결하고자 한

---

* 이 글은 2011년 〈한국학연구〉 39호에 게재한 필자의 논문 "국학의 이념과 근대시의 거절"을 재수록한 것임을 밝힙니다.

** 장만호, 경상대학교 국어국문학과 교수, 해외지역연구센터.

것이다. 이를 위해 이들은 조선을 두 가지로 분리하였다. 단군의 고조선으로부터 시작하여 한민족의 전체 역사를 통괄하는 민족 공동체 개념으로서의 '조선'과 일본에 의해 식민지화된 현재의 '조선'이 그것이다. 최남선의 "朝鮮魂"과 "朝鮮心", 안확의 "조선 문명"의 기원은 모두 전자의 조선을 전제로 성립한 것이었다. "조선"의 발견, 혹은 "조선"의 재구의 기원은 당대 식민지 조선이라는 열패감의 자장이 미치지 않는 곳이어야 했으며, 현재 조선의 상태에 책임지지 않는 먼 과거에 속한 것이어야 했다.

다른 한편 이들은 문학과 같은 정신문화를 통해 민족 정체성을 확인하고자 하였다.[1] 최남선이 '정신'과 '사상', '자기를 아는 학술'을 통해 완전한 독립을 이루겠다고 선언한 것과[2] 안확이 조선의 역사를 문학과 문명의 차원에서 구성하고자 한 것이 이에 해당한다. 이 같은 경향 역시 식민지가 된 조선의 상황에서 조선 민족성의 독자성과 우수성을 분리해 내기 위해서는 식민 지배의 직접적 원인이라 판단되는 물질문명이나 기술의 열세에서 눈을 돌려 문학이나 문화와 같은 정신적 차원의 문제를 강조하고자 한 때문이라 할 수 있다.

이들은 또한 시조를 조선의 대표적인 문학 장르로 인식하고 시조 부흥을 주장하였다. 이들에게 시조는 詩歌였다는 점에서 노래를 좋아한 조선 민족의 특성이 구현된 형식으로 이해되었으며, 중국 문화의 영향을 받지 않았다고 '간주'된다는 점에서 조선적 독자성을 주장할 수 있는 장르였다. 또한 시조는 조선문으로 씌어진 것이며 당대에도 창작되는 장르였다는 점에서 전통을 현재화할 수 있는 것이었으며,[3] 최소한 조선왕조 이전으로 그 발생 시기

---

1 최남선과 안확이 내세운 국학의 일반적 특징에 대해서는 류준필, 「1910-1920년대 초 한국에서 자국학 이념의 형성 과정 ─최남선과 안확을 중심으로」, 『대동문화연구』, 대동문화연구원, 2005. 을 참조하였다.

2 최남선의 조선학 선언은 다음과 같은 표현으로 정의될 수 있다. "정신으로부터 독립할 것이다. 사상으로 독립할 것이다. 학술에 독립할 것이다. 특별히 자기를 護持하는 정신, 자기를 발휘하는 사상, 자기를 구명하는 학술의 상으로 絶對한 자주, 완전한 독립을 실현할 것이다." 최남선, 「朝鮮歷史通俗講話 開題」, 『동명』 제6호, 1922. 10.

를 잡을 수 있다는 점에서 그 기원을 순수한 것으로 만들 수 있었다. 이처럼 時調는 '조선적인 것'을 재구하고, 당대에 조선적인 것을 구현하고자 했던 두 국학자의 조선학이 적절하게 적용될 수 있는 문학 장르였던 것이다.

이들은 1910년대와 1920년대 초 간헐적으로 발표되던 시조 논의와 몇몇 잡지들의 시조 게재에 자극을 받아 시조론을 개진하였다.[4] 최남선은 그의 시조론의 개진이 '朝鮮心'이 각성하고 있고, 시조 부흥의 기운이 문단에 일고 있음과 관련된 것임을 강조하고 있었고,[5] 안확 역시 당대의 시조 논의가 많으나 정확한 사실에 근거하지 않고 있음을 지적하고 그의 논의가 이로부터 촉발된 것임을 밝히고 있었다.[6] 1920년대 시조 논의를 국민문학 논의로 격상시킨 최남선의 「朝鮮國民文學으로서의 時調」나 「時調胎盤으로서의 朝鮮民性과 民俗」은 이와 같은 시대적 맥락 위에서 발표된 것이었다. 그의 시조 논의는 '조선국민'이라는 용어를 강조함으로써 문학 장르로서의 시조 논의를 넘어선다. 불함문화론, 단군론 등의 고대사 연구뿐만 아니라 지리연구를 통한 최남선식 학적 체계가 '시조'라는 장르를 통해 분출되었다는 점에서 그의 시조 논의는 '민족'문학, '국민'문학의 성격에 대한 논의로 이어지는 것이다. 최남선이 시조로부터 '朝鮮心'을 찾아내고자 했다면, 안확은 시조가 지닌 형식적 특질을 밝힘으로서 시조의 '과학성'에 주목하였다. 최남선이 그의 시조론을 통해 1920년대 시조부흥논쟁을 촉발한 것에 비해 안확의 시조 논의는 1927년 「시조작법」(『현대평론』 7호, 1927. 8.)으로부터 시작된다. 이 점에

---

3 "최남선이 굳이 時調를 선택했던 것은, 고대사서술이나 기행문과는 달리, 時調야 말로 '朝鮮心'이라는 민족적 동일성을 기억이 아닌 현존의 실체로 재현하는 방편이라고 보았기 때문일 터이다." 구인모, 「최남선과 국민문학론의 위상」, 『한국근대문학연구』 Vol.6 No. 2, 한국근대문학회, 2005. 11쪽.

4 대표적으로 최영년, 「고금가요의 연혁」(『조선문예』 1호, 1917. 4.), 백화 양건식의 「時調論 – 그 復興과 改良을 促함」(〈시대일보〉, 1927. 7. 27 – 8. 30)이 있다.

5 최남선, 「조선국민문학으로서의 時調」, 『조선문단』, 1926. 5.

6 안확, 「時調의 研究」, 『조선』164호–166호(1931. 6. – 1931.8.)

서 그의 논의는 최남선 등의 시조 논의에 의해 촉발되었다고 판단되는데, 이때부터 시작하여 대부분 1930년대에 집중되어 있었다. 국문학사상 최초의 본격적인 시조 논의서라 할 수 있는 『時調詩學』(1940)은 그의 시조 연구의 결정판으로 실증적이고 과학적인 분석을 바탕으로 한 것이었다.

이 글이 이들의 시조론에 주목하는 이유는 식민지 시기를 대표하는 두 국학자의 국학 이념이 어떠한 방식으로 시조론에 접목되었는가를 살피고자 하기 때문이다. 시조를 조선적인 형식으로 규정함으로써 세계문학의 한 부분으로 편입시키고자 한 최남선의 시조론과 시조의 과학성을 규명함으로써 조선적인 것의 우월성을 강조하고자 한 안확의 시조론은 식민지 시기 두 국학자의 '조선적인 것'에 대한 시각의 편차를 보여줄 수 있을 것이다. 더불어 이들의 '신시'에 대한 인식 역시 '새로운 것'에 대한 '국학'의 대응 방식을 보여줄 수 있을 것이다.

2. 최남선: '조선적인 것'의 한계와 신시의 거부

최남선이 「時調胎盤으로서의 朝鮮民性과 民俗」을 발표한 것은 「朝鮮國民文學으로서의 時調」에서 朝鮮心의 발로라고 예찬한 시조의 기원을 설명하고 시조 부흥을 당위성에서 사실성의 차원으로 전환하기 위한 것이었다. 그 방법으로 조선인의 민족성과 민속을 고찰하고 이에서 배태된 시조가 조선적 형식임을 밝히고자 한 것이다. 이 글에서 조선인의 민족성을 밝히기 위해 최남선은 인종학적 분류법을 사용하였다. 그는 세계의 인종을 사상적 경향의 관점에서 "內觀的 人種"과 "外宣的 人種"으로 나눌 수 있고, 음악적인 관점에서는 "器樂的 人種"과 "聲樂的 人種"으로 나눌 수 있다고 보았다. 이에 따라 조선인은 음악적이고 규창적(叫唱的)인 "外宣的 人種"이며, 그 중에서도 "聲樂的 人種"으로 분류된다. 생물학적 인종 분류가 아닌 사상적·

예술적 분류법을 사용하고 있다는 데에 그 특징이 있는 최남선의 인종 분류는 이처럼 조선인이 노래를 즐겨 부르는 민족, 노래의 민족이라는 것을 밝히고자 하는 것이었다. 최남선은 이 같은 인종적 특성에 의해 "古代의 朝鮮人은 무엇이라는 것보담 노래의 國民이라 하는 것이 가장 適切함을 깨닷게 하였다. 그네의 淨明한 心情은 아모 것에서보담 그 淳樸한 「노래」生活에 表象되어 잇슴을 본다."[7]는 결론에 도달한다.

> 그네에게는 孔雀 가튼 아름다운 羽毛도 업섯고 禿鷲 가튼 사나운 嘴爪도 업섯고, 大鵬의 雄大와 迦陵頻伽의 美妙도 대체 업섯지마는, 새로 넘처나오는 天地陽和의 機運을 혼자 마타 가진 듯한 春空의 종달새처럼, 팔다거림과 종잘거림일망정 그것은 과연 넘치는 질거움의 激瀨이오 북바치는 깃븜의 噴泉의 주인임이 넷날의 朝鮮人이엇다.[8]

> 簡素平明으로써 主되는 部面을 삼는 國民性으로 보든지, 坦易直截한 國民信仰의 內容으로 보든지, 平和安易한 그 社會狀態로 생각하든지 대체 이네의 사이에서 沈痛悲壯, 雄渾博厚한 詩가 發生하얏슬 것 갓지는 아니하다. 讚頌詩로부터 戱曲에까지 品類와 種目은 꽤 繁多하얏겟지마는 대개는 물차는 제비처럼 얏추 떠서 거벼히 지나가는 程度의 물건이엇슬가 하며, 그것도 또한 「뜻」보담만히 「가락」으로서 표현함이엇슬 것이다.[9]

그러나 인용문에서 보듯 최남선의 주장은 사실보다는 추측에, 설명보다는 비유에 의존한 것이어서, 시조의 발생적 기원을 밝히기에는 객관성이 결여된 것이었다. 대붕이나 가릉빈가와 같은 새가 중국이나 인도의 민족성을 비유하는 것 같긴 하지만, 그렇다고 해서 조선인을 종달새로 비유하는 것이 사실에

---

7   최남선, 「時調胎盤으로서의 朝鮮民性과 民俗」, 『조선문단』 제17호, 1926. 6. 4쪽.
8   같은 글, 3-4쪽.
9   같은 글, 7쪽.

부합되는지는 의문이 제기될 수 있다. 동시에 종달새나 제비 등이 연상시키는 가벼움과 즐거움의 느낌, '뜻보다는 가락' 등이 조선인의 민족적 특성에 해당된다는 것을 인정한다 해도, 시조가 어떠한 방식으로 이와 연관되는지는 여전히 의문으로 남는다. 또한 고대 조선인의 국민성을 간명함으로, 국민신앙을 평이한 것으로, 사회 상태를 평화, 안이한 것으로 판단하는 것은 『삼국지』와 『후한서』 등의 몇몇 기록 외에는 최남선 자신의 상상에 의지한 것이었다. 그의 국학 연구가 주로 조선 상고사의 재구나 지리적 특이성을 민족적 특성으로 전환시키는 방향으로 전개되었고, 이는 식민지 시기 민족 정체성 논의의 주된 방법론 중의 하나이기도 했지만 시조 형식의 기원을 밝히기 위해서는 이보다는 면밀한 고증이 전제되어야 했다. 시조의 발생을 논의하기 위한 예비단계라 하지만, 시조가 발생한 실제적 시기를 알지 못했고, 무엇보다 시조 발생의 직접적 영향과는 너무 먼 과거에 주목했던 것이다. 최남선은 다음 회를 빌어 "時調가 이러한 環境의 中으로서 어더케 胚胎되고 長育되엇는지" 밝히겠다고 했지만 이는 성사되지 못했고, 이후로도 최남선은 시조에 대한 별다른 논의를 개진하지 않는다.

결국 최남선의 시조론은 '조선적인 것'의 수립이라는 목표를 시조라는 장르에 연역적으로 적용한 것이었다고 할 수 있다. 그는 "조선이 이제 正히 좀더 깁흔 程度로 自己에 눈뜰 때"임을 주장하고, "朝鮮으로 돌고, 朝鮮에 서고 朝鮮으로 出發을 하는 것이야말로 時代의 使命이오 또 약속"이라는 전제를 시조를 통해 적용하고자 하였다. "그 美的 條件에 잇서서, 詩的 性能에 잇서서, 國民文學的 內在性에 잇서서 아직 改化匡輔할 점"[10]이 많은 것을 인정하면서도 시조의 발생적 · 형식적 특성에 대한 연구를 도외한 채로 "詩의 本體가 朝鮮國土, 朝鮮人, 朝鮮心, 朝鮮語, 朝鮮音律을 通하야 表現한 必然的 一樣式"[11]으로 평가한 것이다. 이처럼 그는 시대적 사명감을 인식하

---

10 최남선, 「부흥당연, 당연부흥」, 『신민』 23호, 1927.3. 89쪽.

고 이 사명감에 걸맞는 가치를 시조라는 형식에 대입한 것으로 보인다. 이런 점에서 그의 시조론은 엄밀한 학적 체계에서 발견된 것이 아니라 '최남선식 조선학'이라는 이데올로기에 의해 창안된 것이라 할 수 있다. 「당연 부흥, 부흥 당연」이라는 그의 주장처럼 "당연"이라는 당위성이야말로 최남선 시조론의 제일 원칙이었던 셈이다.

한편 최남선이 시조에 덧씌우고자 했던 '조선적인 것'의 개념은 최남선에게 '세계적인 것'과의 연관 아래서 사유된 것이었다. 그는 "朝鮮人은 世界에서 朝鮮이라는 部面을 마튼 사람이오, 朝鮮이라는 鑛穴을 패어 내라고 配置된 사람이오, 「조선」이라는 것에 顯現되는 宇宙意志의 閃光을 注意하야 붓잡을 義務를 질머진 사람"[12]이라고 정의하고, "朝鮮이 世界的 됨은 오직 한아 朝鮮으로의 性能을 完全히 發揮함"에 있다고 보았다. 그가 시조를 "世界 온갖 系統 又 潮流의 文化, 藝術이 흘러서 흘러서 朝鮮이란 체로 들어가서 밧처 나온 걸러나온 一精液"[13]으로 정의한 것은 이처럼 시조라는 특수 장르 자체가 세계 문화·예술의 보편성에 연결되어 있음을 주장하고자 한 것이었다.

이처럼 최남선에게 시조는 보편성에 편입될 수 있는 특수성, 최남선의 표현을 빌리자면, 세계성을 획득하고자 하는 향토성이었다.

> 시방 朝鮮人의 廢墟修整運動, 新天地開闢運動의 基調 又 支點될 것은 實로 이 (세계와 조선의 관계:인용자)에 대한 明確한 意識일지니 文學(又 詩)으로 말할지라도 「朝鮮으로 世界에」라는 思想과 方法과 實行實現이 그 알맹이가 아니면 아니될 것이다. 朝鮮의 特色을 쏘렷하게 刻出하고, 朝鮮의 本性을 고스란히 盛出하고, 朝鮮의 實情을 날카롭게 描出하되 朝鮮썩다귀, 朝鮮고갱이로써 한 詩만이 우리가 世界에 내노흘 쯧 잇는 詩요, 쏘한 世界가 우리에게 기다리

---

11 최남선, 「朝鮮國民文學으로의 時調」, 4쪽.
12 같은 글, 6쪽.
13 같은 글, 4쪽.

는 갑잇는 詩일 것이다.[14]

　그러나 최남선에게는 보편성이 무엇인가 하는 질문이 예비되어 있지 않았다. "조선으로 세계에"라는 주장만 되풀이 될 뿐 특수한 것이 어떻게 보편적인 것이 되는가 하는 문제에 대해서는 별다른 고민을 보여주지 않는다. 모든 조선적인 것이 보편적인 것이 될 수 없는 것처럼, 가장 조선적인 것이라 해서 곧 보편적인 것이 될 수는 없는 법이다. 최남선은 특수에서 보편으로 진행되는 과정을 생략한 채 특수한 것이 곧 보편적인 것이라는 논리의 순환을 통해 시조를 "朝鮮색다귀, 朝鮮고갱이"의 자리에 올려 놓는다. 이와 같은 시조의 절대화, 조선적인 것의 절대화는 당연히 다른 문학 장르의 비하로 이어지는데, 이와 같은 논리의 착종은 '신시'에 대한 비판에서 가장 명확하게 드러난다.

　당시 시조 부흥 논쟁을 일으킨 최남선의 「朝鮮國民文學으로의 時調」는 시조를 조선의 국민문학적 지위로 올려놓고자 하는 것이기도 했지만, 동시에 '신시'와 당시 조선 문단, 즉 '신흥문단'에 대한 비판적 시각에서 촉발된 것이기도 하였다.

> 朝鮮人이 詩를 要求하는 것은 작난으로나 소견으로가 아니라 시로 가슴을 메어 터리려 하는 呻吟聲을 견대다 견대다 못한 애끈키는 소리를 구을려 내며 색혀 업새려 하는 말려도 말(릴) 수 업는 欲求에서 나온 것이다.[15]

> 너도 나도 짓는 詩는 同時에 그런지 아닌지 모를 許多한 검불을 만드러 내엇다. 어쩌케 宏壯한 詩熱이여 그러나 어쩌케 乖亂한 詩厄이여. 모처럼 봄을 질기려고 고개를 내미는 朝鮮詩調의 싹도 이래서는 썩닙해서 마르지 아니할 것을 누가 擔保하며 설사 그대로 發敷해난다 하야도 그것이 반가운 瞻葍香이 아

14　같은 곳.
15　같은 글, 3쪽.

니라 코를 싸매고 다라날 臭荊이면 그 노릇을 어찌할가 하야 마음 잇는 이의 눈썹이 퍽 씽그려지든 일이엇다.[16]

최남선은 이 시기의 시를 신음과 같은 것이라고 보았다. 애끓는 것, 삭힐 수 없는 것, 말려도 말릴 수 없는 자동적인 것이며, 문학적 취미나 餘技의 산물이 아니라 당시의 시대적 압박에서 터져나오는 신음소리라고 본 것이다. 그리고 그는 이 신음성을 새로운 시대를 예견하는 것으로 이해하고자 하였다. 봄이 오듯 얼었던 朝鮮心이 녹아 "새롬의 진취에 구원한 젊은 긔운"이 시로 발현되고 있다고 생각한 것이다. 이런 점에서 최남선에게 시는 생명력의 소산인 동시에 새롭게 일어나는 사상적 조류를 담아낼 수 있는 것이라야 했으며, 무엇보다 그에 걸맞는 양식을 통해 표출되는 것이라야 했다. 새로운 기운이 자칫 "허다한 검불"에 지나지 않게 되는 것이야 말로 이 시기의 "宏壯한 詩熱"을 "괴란(乖亂)한 詩厄"으로 만들어 버리는 일이라고 생각했던 것이다.

그런 점에서 당대의 "新興文壇"은 최남선에게 공격의 대상이었다. 새로운 기운에 대한 성찰과 노력, 각오와 준비를 하지 못하고 있다는 점에서 최남선은 "新興文壇에 잇는 가장 큰 섭섭과 걱정"을 느끼고 "朝鮮新文壇은 正當한 길을 잡지 못하"였다고 평가한다. 당시의 문단이 "朝鮮的으로는 한 걸음도 내어노치 못하얏"고, "世界에 對한 自己應得의 地位를 아직 바라다 보지도 못한 편"이라는 것이 최남선의 문단 인식이었던 것이다. 그런 점에서 새로운 시, 즉 '新詩'란 "自己 스스로를 모르고, 自己 스스로에 터잡지 않고 自己 스스로와의 相應하지" 않는 "詩心詩態"의 발로이며, 비유컨대 "결국 개구리밥 같은 것"이 되고 말 운명이라고 최남선은 주장하였다.

그러나 자기를 알고 자기 스스로에 터를 잡는다는 것, 즉 조선적인 것을 알고 조선적인 것으로 돌아가자는 주장과 '신시'의 창작이 상반된 일인가 하

---

16 같은 글, 2-3쪽.

는 점에 대해서는 이론의 여지가 있을 수 있다. 당대의 조선적 상황과 조선인의 내면에 비추어 어떤 시형이 더 효과적인 것인가 하는 물음에 대해 신시가 아직 정립되지 않은 상태로서 조선적인 것을 담을 수 없다는 대답이 주어질 수 있는 것이라면, 시조 역시 전통 양식으로서 새롭게 변화한 시대 상황을 형상화할 수 없는 형식이라는 대답도 동시에 주어질 수 있기 때문이다.[17] 더구나 최남선이 '신시'를 비판한 중요한 근거는 그것이 '조선적'이 아니라는 것에 있었는데, 이는 '신시'가 말 그대로 '새로운 것'이며, 자연발생적인 것이 아닌 '舶來品'이라는 데에 근거가 있었다. 시조가 "朝鮮國土, 朝鮮人, 朝鮮心, 朝鮮語, 朝鮮音律을 通하야 表現한 必然的 一樣式"인데 반해 신시는 이러한 조건을 충족시킬 수 없다는 논리가 개재되어 있는 것이다. 이는 최남선의 '조선적인 것'의 추구가 국수적이며 배척적인 것일 수 있다는 공격에서 자유롭지 못한 결과를 낳는다. 김기진이나 김동환 등의 〈카프〉 문인들이 시조 부흥의 주장은 단순한 국수주의의 산물일 뿐이라고 평가절하하면서 시조는 과거의 유물이며 새로운 시대의 양상을 담을 수 없는 양식이라고 주장한 것은[18] 최남선의 신시 비판과 그 논리적 구조가 다르지 않았다고 할 수 있을 것이다.

---

17 이와 같은 관점에서 오문석의 견해는 매우 흥미롭다. 오문석은 1920년대의 최남선의 시조 논의가 신시를 반대하는 형식으로 등장했지만 "사실은 자유시 운동에 민족이라는 혼을 불어넣음으로써 자유시를 '근대문학'으로 끌어올리고 '민족문학' 개념을 문학사에 남기는 보완적 기능을 한 것"으로 보았다. 최남선의 신시 비판과 '조선적인 것'의 강조가 당시의 자유시로 하여금 "먼 시간에서부터 기원하며 그 실현을 요청하고 있는 '민족'문학이 됨으로써 근대 자유시 내부에 '조선적' 성격을 내장하게" 만들었다는 것이다. 오문석, 「한국 근대시와 민족담론」, 『한국근대문학연구』 Vol. 4 No. 2, 한국근대문학회, 2003.
18 김기진, 「문예시평」, 『조선지광』 제64호, 1927. 2; 김동환, 「시조배격소의」, 『조선지광』 제68호, 1927. 6.

3. 안확: 과학으로서의 '時調詩學'과 시조의 배타적 우월성

최남선과 달리 안확은 실증적이고 체계적인 접근을 통해 시조 연구의 중요한 전기를 마련하고자 하였다. 그는 시조를 단순히 담론의 차원에서 접근한 최남선은 물론이고, 이병기나 이은상 등 시조를 전문적으로 연구했던 시조연구자들에 비해서도 방대한 양의 문헌들을 검토하고 시조의 구조적 특성을 밝힘으로써 자신의 이론을 정립하고자 하였다.[19] 최남선이 시조를 '조선적인 것'과 관련지어 이해하고, 朝鮮心을 담을 수 있는 형식으로 부흥시켜야 한다고 주장한 것과는 달리 안확은 시조의 기원과 발달, 정형시적 특성과 문체를 학술적 태도로 해명하는 것으로 일관했던 것이다.

안확은 시조를 '時調詩'라는 명칭으로 부를 것을 주장하였다. 이는 시조의 음악적 성격을 배제하고 근대적 의미로서의 '시'의 자리로 시조를 이동시키고자 한 결과였다.[20] 그는 「시조작법」 이후 잡지 및 신문에 시조 관련 글을 지속적으로 발표하면서 자신의 연구를 수정, 발전시켰는데,[21] 그가 1940년 발

---

19 안확 시조론의 성격에 대해서는 다음의 연구들을 참고하였다. 하태석, 「국학파의 시조론 연구 −안확, 이병기의 시조론을 중심으로」, 고려대학교 대학원 석사학위논문, 1997; 배은희, 「자산 안확의 시조론 연구」, 『시조학논총』 30호, 한국시조학회, 2009; 조규익, 「안자산의 시조론에 대하여」, 『시조학논총』 30호, 한국시조학회, 2009.

20 "時調詩라 이름한 것은 在來 名詞 二字에 詩 一字를 加한 것이라. 在來 時調라 한 것은 時調 文句와 其 文句에 짝한 曲調를 合稱한 명사이다. 고로 시조라 하면 文句인지 곡조인지 분간할 수 없으매 지금 그 문구를 논함에 있어는 그의 混同을 피하고 또 다른 詩體와도 분별키 위하여 詩 一字를 첨가한 것이다." 안확, 『時調詩學』, 조광사, 1940. 권오성 · 이태진 · 최원식 편, 『自山安廓國學論著集 3』, 여강출판사, 1994. 9쪽.

21 이해의 편의를 돕기 위해 안확의 시조 논의를 열거하면 다음과 같다. 「時調作法」, 『현대평론』(1927.8), 「時調의 淵源」, 『동아일보』(1930.9.24−9.30), 「時調의 體格 風格」, 『조선일보』(1931.4.11−4.18), 「時調의 旋律과 語套」, 『조선일보』(1931.5.8−5.10), 「時調의 詞姿」, 『조선일보』(1931.5.21−5.29), 「時調의 研究」, 『조선』164호−166호(1931. 6.−1931.8.), 「時調作法」, 『조선』 168호(1931.10), 「時調詩學」, 『동아일보』(1939.10.5− 10.12), 「時調詩의 世界的 價値」, 『동아일보』(1940.1.25−2.3)

간한 『時調詩學』의 경우 시조를 '시학'의 차원에서 해명하고자 한 최초의 연구서이자 그때까지 제출된 어떤 시조론보다 과학적이고 실증적인 시조론이라고 할 수 있다. 이 책의 총설에서 그는 時調詩學을 "朝鮮特有인 時調詩의 硏究를 目的한 學問"[22]으로 정의함으로써 그의 시조론이 학적 체계에 바탕한 것임을 분명히 하고 있었던 것이다.

안확은 시조의 발생과정을 도덕, 음악과의 관계를 통해 설명하고자 하였으며 이를 위해 우선 시가의 성격을 규명하고자 하였다. 그는 시가를 도덕 또는 理智와 밀접한 관계 속에서 발생하고 전래한 것이라고 보는 한편 율동 및 그 선율이 등장성을 지녔다는 점에 주목, 詩와 樂은 서로 동일한 원칙으로 구성된 것으로 보았다. 또한 그는 시와 음악, 시와 도덕과의 관계를 東洋적 예술관뿐만 아니라 西洋의 예술관을 함께 고찰함으로써 조선의 시가, 특히 시조가 세계시와 동등한 價値 혹은 동등한 발생 과정을 밟아온 것으로 평가하였다. 이 과정을 통해 그는 조선 시가가 세계문학적인 보편성을 획득하고 있다고 주장하였다.

다른 한편 그는 조선 시가의 근본원리로서의 "악곡"이 조선 고유의 특수성에 기반한 것임을 강조하였다. "時調詩에 부합하엿던 樂曲은 외래품이 아니라 조선고유음악의 음계와 固有作曲法에 依憑하야 된 것을 짐작하야 둘 것이니 그 音階와 作曲法은 新羅時에 玄琴으로부터 시작하여 된 것인바 금일 창덕궁 雅樂曲도 전연 시조곡과 동일한 理則으로 됨을 알아야 한다"[23]고 한 부분이 그것이다. 안확은 이처럼 시조가 조선 고유의 음악에 기반한 것이라는 특수성을 강조하면서도 다른 한편으로는 동양 예술의 발생 과정이 서양의 그것과 발생적 측면에서는 차이가 없으며, 조선 시가가 지닌 도덕성과 음악성 역시 세계문학의 보편성을 획득하고 있음을 주장하였다. 최남선이 향토성

---

22 안확, 『時調詩學』, 7쪽.
23 안확, 「時調詩의 世界的 價値 1」, 〈동아일보〉, 1940. 1. 25.

의 획득을 통해서 세계성에 도달할 수 있다고 본 반면, 안확은 특수성 속에 이미 세계성이 내재되어 있다고 본 것이다. 다시 말해 안확에게 시조는 조선 문학으로서의 특수성을 확보한 동시에 그 안에 이미 보편성을 선취하고 있는 장르였던 것이다.

그런 점에서 안확의 시조론은 최남선의 "조선으로 세계에"가 아니라 "세계를 내재한 조선"이었고, 이는 "세계를 넘어선 조선"이라는 논리를 내재한 것이었다.

文藝는 言語를 媒介하야 成立되는 것이라. 고로 詩도 美的의 具象的 思想을 表現하는 言語가 그 素材다. 그런데 詩에 當한 言語는 散文과 달라 緊縮이오 集中的이 되기 때문에 意味가 深長한 言語를 要求하나니 이 具象性이 잇는 言語를 詩語라 하는 것이다. 西洋은 文學보다 物質文明이 發達되엇으로써 詩語가 不足하다. 彼 有名한 단테 詩에 "彼는 모든 光의 沈黙한 虛로 온다" 하엿다고 요새 詩人들이 光에 沈黙이 當하냐고 批評하나니 이 一事를 보아도 西洋의 詩語는 未開함을 알 것이다. 東洋은 物質보다 文學이 發達하엿으로써 詩語가 饒足히 장만해젓다.[24]

詩를 짓는데는 專혀 手法을 잘하는데 잇는 것인데 말하면 自己의 情緖表現을 靈活케 하고 讀者로 하여곰 印象을 解明케 하기 爲하야 手段 잇는대로 才操껏 修飾하는 것이 詩人의 勞力이다. 그런데 西洋의 詩는 手法이 發達치 못하야 其法이 겨우 比喩, 隱喩, 換名 卽 擧隅, 擬人, 誇張 等 五法을 쓰는데 其中에도 比喩, 擬人 두 가지에 置重한다. 그러나 朝鮮詩의 手法은 三十餘則을 써온 일이 잇다. 그러므로써 西洋人들은 朝鮮詩 또는 東洋詩의 手法에 대하야 크게 感服하는 것이라.[25]

---

24 안확, 「時調詩의 世界的 價値 6」, 〈동아일보〉, 1940. 2. 2.
25 안확, 「時調詩의 世界的 價値 5」, 〈동아일보〉, 1940. 1. 31.

이 三章組織은 絶對不變의 定型으로 된 바 잇데 西洋詩句의 體段은 定則이엇다. 卽 一行의 律動에만 定規가 잇고 體段의 定則은 없다. 時調詩는 이 體段形式이 極히 嚴密하야 不動의 構成形式을 가진 것이니 이것이 時調詩가 世界詩形에 比하야 第一 科學的 組織으로 된 것이라 하는 바다.[26]

안확은 동양과 서양, 조선과 세계를 양자 비교함으로써 조선, 특히 시조의 상대적 우수성을 주장한다. 그는 시어와 수사법을 비교함으로써 서양에 대한 동양의 우월성을 주장하고, 시조가 지닌 정형적 특성을 통해서는 시조를 세계에서 가장 과학적인 시의 자리에 올려놓는다.

그러나 서양의 수사법이 주로 은유나 의인에 의존하는 것과는 달리 동양은 더 많은 수사법을 바탕으로 하고 있어 "시 짓는 수법"이 우월하다는 안확의 주장은 수사법의 많고 적음을 따라 문학의 우월성을 평가한다는 점에서 단순 논리에 빠진 것이라 할 수 있다. 시조의 엄격한 "구성형식"이 불변하는 정형성을 취하고 있다는 점에서 제일 과학적이라고 하는 것 역시 지나친 형식 논리라는 비판을 면할 수 없고, 무엇보다 서양은 물질 문명이 발달했으므로 시어가 부족하고 미개하다는 주장, 반대로 동양은 물질보다는 문학이 발달했으므로 시어가 풍족하다는 주장에 이르면 안확의 '시조론'과 이를 포함하는 조선학은 일본 제국주의나 서구 열강의 지배 담론과 흡사하다는 인상을 지울 수 없다.[27] 일제의 식민 담론을 극복하고 조선 민족과 문화의 우수성을 주창하고자 했던 안확의 "문명"주의는 식민 담론의 주체와 타자의 자리를 그대로

---

26 안확, 「時調詩의 世界的 價値 2」, 〈동아일보〉, 1940. 1. 26.

27 안확 국학의 이와 같은 성격은 '무사도'를 강조한 것에서도 동일하게 발견되는 것이었다. 박노자는 안확의 문명론과 「조선의 체육학」이나 「조선 병함고」, 「조선무사영웅전」 등의 "武道" 관련 연구를 통해 조선 민족의 진취성과 우수성을 강조하고자 하였으나, 결국 이는 조선 민족의 정복적 특성이나 호승적 성격을 강조하는 것으로 전환되었다고 보았다. 이 점에서 그는 안확의 '무사적 민족론'이 제국주의 담론을 내면화한 것이라고 보았다. 박노자, 「자산 안확에 있어서의 민족. 무도. 역사」, 『열상고전연구』 27호, 열상고전연구회, 2008.

바꾸어 놓았을 뿐 그것이 작동하는 방식을 무의식적으로 따르고 있었던 것이다.

시조를 시가로부터 분리시키고 "詩學"이라는 차원에서 연구하고자 했던 안확의 "時調詩學"은 이처럼 조선의 우수성 내지 우월성을 강조하고자 하는 의도로 인해 의사과학적이고 의사실증적인 결과를 낳게 된다. 이와 같은 안확 시조론의 국수적 성격은 시조의 형식 논의에서 확연히 드러나는데, 잠시 언급했듯이 안확은 시조의 과학성을 불변적 정형성으로부터 찾고자 하였다.[28] 안확은 이를 위해 시와 산문을 구분하고, 양자의 차이를 규칙적 율동의 유무로 지정했다. 나아가 그는 시조의 율격을 글자수 즉 자수율로 책정하고 "一章의 音數 十五字"로 삼는 동시에, 이 15음절이 7음절·8음절로 나뉘어 전개된다고 생각했다. 시조는 "三章이 同一한 十五字로서 一章이 七八調로 反覆"해야 하며, "三章 中에서 一字를 滅하거나 加하야 數가 들락날락하면 律動 及 旋律이 合致지 못하야 定型詩가 되지 못"한다고 규정함으로써 엄격한 정형성을 요구하였던 것이다. 과학적 시학을 주장하기 위해 그가

---

28 "詩란 것은 規則이 잇슴으로써라. 萬一 見則이 없으면 散文이다. 그 規則은 卽 律動이다. 律動이란 것은 서로 連續하는 詩句가 同形으로서 字數 及 讀法의 歷時의 時間이 同一한 것을 云함이니 萬一 不同一하면 이는 律動이 아니다 西洋詩도 律動이라면 同一한 音數나 字數를 가리킨 것이니 時調詩도 右에 보인 것과 같이 一章의 音數 十五字는 三章이 同一한 數로서 十五字를 七八로 二分하야 三章이 모두 七八의 二音數를 反覆하야 되니 이 同數로 反覆하는 것이 律動이다. 同時에 西洋詩의 旋律(Melody)이라는 것과 同一한 것인데 고로 三章 中에서 一字를 滅하거나 加하야 數가 들락날락하면 律動 及 旋律이 合致 못하야 定型詩가 되지 못하니 이것이 西洋詩에 比하야 同一한 價値를 가지고 잇는 것이다.
西洋詩學에 잇어는 律動을 舞蹈에 比하야 說明하니 말하면 散文은 步行이라. 그 足의 運動이 組織도 없고 計劃도 없다. 詩는 舞蹈(이)다. 足의 運間에 特別한 音響이 잇서 始終으로 그 運動한 時間을 占有한 一群의 步調가 規則으로 反覆하는 대 그 規則의 反覆은 脈搏에 依하야 되니 그 反覆을 律動이라 한다. 詩도 一定한 時間에서 反覆으로 律動하는 것이니 고로 時調詩의 三章이 同一한 十五字로서 一章이 七八調로 反覆하야 되는 것이다." 안확, 「時調詩의 世界的 價値 2」, 『동아일보』, 1940. 1. 26.

선택한 것은 이처럼 불변하는 규칙성, 엄격한 정형성이었으나, 이와 같은 방식은 대부분의 고시조를 정형성에서 벗어난 "不定形"의 산물로 규정하는 결과를 초래한다. 또한 새로운 시조의 창작 역시 이와 같은 정형성을 유지해야하고, 좋은 시조를 창작하기 위해서는 과거의 좋은 문장을 본받으라는 "用事"를 강조함으로써 의고적이며 보수적인 시조론의 자리에 머물게 되고 만다. 이 같은 안확의 시조론은 신시에 대한 논의에도 그대로 적용된다.

一篇의 語가 말짜득히 꼭 맞춰서 서로 關係되게 지어내야 詩格이 되는 것이다. 百貨店의 物品같이 異常한 말을 벌녀만 놋는 것이 詩가 아니다. 新詩라도 散文이라도 또 小說이라도 이 照應法이 없으면 文藝品이 되지 못하나니 이 法則에 憑據하야 近日에 西洋式을 숭내하야 單調式으로 지어내는 新詩 新小說 等을 檢討하면 有格品이 몇 개가 될는지?[29]

自來로 詩人들은 그러치 못하야 外國꺼라면 忘食코 蝟集하며 自己 것은 쓴 외보듯 하엿다. 漢詩唐律(律의 오자인듯)에는 미친듯 埋頭하야 吐詞爲經을 모도 그로써 爲主하되 至於 時調詩 하여는 짐짓 弊履같이 棄抛하엿으니 그것이 웬일일이더냐. 또 보자. 現代 一派도 洋風 新潮에 다투아 沒身하야 擧足爲法을 모도 西洋으로 爲本하되 時調詩라면 氣쓰고 巴調같이 卑視하니 이것이 또한 웬일이냐. 아! 大驚小怪로다. 蠻人도 自己것이면 愛之重之하거던 吾人은 箕裘의 祖業을 일부러 破産코자 하나니 이것이 進化냐 이것이 改良이냐 나는 그의 心腸을 조곰도 알 수 없다.[30]

안확에게 신시는 두 가지 차원에서 무의미한 것이었다. 그는 시란 규칙성에 의해 규정되어야 하는 것으로 생각했으므로 규칙성이 외면화되지 않은 신시는 '詩格'을 확보하지 못한다고 생각했다. 시조 부흥론이 전개되면서부터

---

29 안확, 「時調詩의 世界的 價値 6」, 1940.2.2.
30 안확, 「時調詩의 世界的 價値 7」, 1940.2.3.

비판되었던 시조의 정형성이 안확에게는 오히려 시조의 가치를 드높이는 특성으로 여겨졌던 것은 그가 "天下의 萬事萬物은 規則 아닌 것이 없다"는 전제 하에서 그 규칙성을 과학성과 동일시하고 있었기 때문이다. 그에게 규칙적인 것은 결코 부자유한 것이 아니었다. "時調詩의 定型을 自由主義로 지어도 可오 古典主義로 지어도 可하다. 言語는 詩型 그것이 古廢라 하기는 大不可하다. 설령 古廢物이라 하여도 新으로 쓰면 新이 될 것이다"라는 말에는 시조라는 고정적 형식에 얼마든지 자유로운 사상을 담아낼 수 있다는 자신감이 내장되어 있었다. 형식과 내용이 상호 유기적이며 형식이 내용을 제한한다는 생각을 안확은 하지 못했거나 않았던 것인데, 이는 조선 문명의 우월성을 드러내는 것을 최우선의 목표로 삼았던 안확의 국학이 노정할 수밖에 없는 한계라고 할 수 있다.

또한 그는 '신시'란 조선적인 것이 아니라고 판단했으므로 우리의 시를 쓰지 않고 타국의 시를 쓰는 것은 사대주의적인 것이라고 생각했다. 마치 구국과 계몽이 절대 명제였던 애국계몽기의 신문 사설을 보는 듯한 인상을 주는 두 번째 인용문은 격정적인 목소리로 신시를 쓰는 당시의 세태를 비판한다. 일제 강점 이후 30년이 지나고 자유시가 한국 근대시의 일반적 형식으로 자리잡은 1940년에 이와 같은 인식을 가지고 있었다는 것은 안확의 국학이 현실의 복잡한 상황으로부터 일정한 거리를 두고 전개된 것이 아닌가 하는 의구심을 갖게 한다. 조선 민족의 '화려한 과거'를 재구하고 이를 통해 민족의 우월성을 드러내고자 했던 안확에게 중요한 것은 민족적 우수성을 현실에 '소환'하는 것이었다. 이는 현실의 제문제를 어떻게 해결하고 극복해야 하는가에 대해서는 소홀했다는 것을 의미하는데, 민족의 자긍심을 높이기 위해 진입한 역사의 발굴이 현재의 상황과 깊은 맥락에서 연결되지 않는 것일 때, 그 역사는 자칫 국수의 외침에 머무를 위험성을 안확의 시조론은 보여주고 있었던 것이다.

4. 결론

1920년대 중·후반에 대두된 '시조부흥론'은 두 갈래의 기본항을 중심으로 확대된 것이었다. 하나는 최남선이 주창한 바 "조선국민문학"으로서의 시조를 부흥시킴으로써 "朝鮮我", "朝鮮心"을 확립하자는 것이다. 다른 하나는 형식과 내용의 측면에서 아직 '조선의 시'로 자리 잡지 못한 자유시, 즉 "新詩"에 대한 대타적 양식이 필요하다는 것이다. 전자는 시조가 조선 민족의 고유 양식이며 정제된 양식이라는 점을 강조함으로써 당대에 반드시 부흥시켜야 할 것이라는 논의에서부터 조선이 식민지가 된 이후 그 이전의 것은 모두 버리고 새롭게 시작해야 한다는 논의까지 이어진다. 후자는 新詩는 "그런지 아닌지 모를 許多한 검불"에 지나지 않으니 이 자리를 시조로 대체해야 한다는 논의에서부터 新詩와의 연관 하에서 발전되어야 한다는 주장, 新詩·민요·시조 등의 개별적 특수성을 인정하면서 시조 역시 하나의 시로 창작될 수 있다는 주장, 그리고 새로운 시대, 새로운 경제 관계 속에서는 새로운 형식이 필요하므로 新詩만이 필요할 뿐 시조는 배격되어야 한다는 주장에까지 이어진다.[31]

최남선의 시조론은 당시 이와 같은 논쟁을 촉발한 것이었지만, 사실 그의 시조론은 시조에 대한 면밀한 검토에서 출발한 것은 아니었다. 그의 시조론은 오히려 '조선적인 것'을 발굴하고자 하는 의도의 산물이었으며, 그런 점에서 최남선이 주장하는 시조의 가치는 그가 생각하는 '조선적인 것'의 가치와 다르지 않았다. 그에게 '조선적인 것'은 '세계적인 것'과의 연관 하에서 사유될 수 있는 것이었는데 가장 조선적인 것이 가장 특수한 것이고 이는 다시

---

31 1920년대의 시조 논의에 대해서는 『신민』 제23호(1927. 3)에 특집으로 게재된 염상섭, 주요한, 손진태, 권덕규, 양주동, 정지용, 최남선 등의 시조론과 김기진(앞의 글), 김동환(앞의 글)을, 그리고 이 시기 시조 논의의 성격에 대해서는 배은희, 「1920년대 시조론 형성과정 고찰」, 『시조학논총』, 한국시조학회, 2010; 김영민, 『한국근대문학비평사』(소명, 1999), 237-248쪽을 참조하였다.

세계라는 보편성의 한 부분으로 편입될 수 있는 것이었다. 그러나 최남선은 특수에서 보편으로 진행되는 과정을 생략한 채 특수한 것이 곧 보편적인 것이라는 논리의 순환을 통해 시조를 "朝鮮색다귀, 朝鮮고갱이"의 자리에 올려 놓는다.

최남선이 시조를 '조선적인 것'과 관련지어 이해하고, 朝鮮心을 담을 수 있는 형식으로 부흥시켜야 한다고 주장한 것과는 달리 안확은 시조의 기원과 발달, 정형시적 특성과 문체를 학술적 태도로 해명하고자 하였다. 이를 통해 안확은 시조를 '時調詩'라는 명칭으로 부를 것을 주장하였고 時調詩學을 "朝鮮特有인 時調詩의 研究를 目的한 學問"으로 정의하였다. 최남선이 향토성의 획득을 통해서 세계성에 도달할 수 있다고 본 반면, 안확은 특수성 속에 이미 세계성이 내재되어 있다고 보았다. 다시 말해 시조는 조선 문학으로서의 특수성을 확보한 동시에 그 안에 이미 보편성을 선취하고 있다는 것이다. 그런 점에서 안확의 시조론은 최남선의 "조선으로 세계에"가 아니라 "세계를 내재한 조선"이었고, 이는 "세계를 넘어선 조선"이라는 논리를 내재한 것이었다.

이 같은 시조의 우월성과 절대성의 강조는 당대의 식민지 현실로부터 조선 민족의 우월성을 확보하고자 하는 것이었지만, 반대로 현실의 제문제를 捨象하는 결과를 낳는다. "조선"의 발견, 혹은 "조선"의 재구는 당대 식민지 조선이라는 패배감의 자장이 미치지 않는 것이어야 했으며, 현재 조선의 상태에 책임지지 않는 먼 과거에 있는 것이어야 했기에 시조는 당대의 복합적인 현실을 수용할 수 있는지의 여부에 대한 고민없이 무조건적으로 부흥하거나 지속되어야 할 '가치'로 추앙된 것이다. 두 국학자의 이와 같은 태도는 자연히 신시에 대한 배척으로 이어졌다.

04

대중매체와 대중문화의 기능전환: 벤야민과 브레히트

경상대학교 독어독문학과 교수 김겸섭*

1. 들어가는 글

이 글은 브레히트와 벤야민의 '매체기능전환론'에 의거하여 대중매체와 대중문화에 대한 주류적 시선을 반성하고자 쓰인 글이다. 특히 우리시대의 대표적인 대중문화인 게임을 통해 대중문화를 둘러싼 인문학 내부의 치열한 입장차를 살펴보고자 한다. 가상현실과 증강현실을 기반으로 하는 디지털게임이 어엿한 문화적 매체로 자리 잡는 과정이 순탄하게 이루어진 것은 아니었다. 영화가 초기부터 지식인들이나 예술가, 여론의 뭇매를 맞아야 했듯이 게임 역시 그러했다. 영화가 등장 초기 신기한 발명품이요 오락매체로 인식되다가 문화적 매체로 자리 잡는 과정은 이른바 좌·우파 문화적 보수주의자들

---

*   김겸섭, 경상대학교 독어독문학과 교수, 해외지역연구센터.

과의 치열한 헤게모니 싸움을 수반한 것이었다. 지금이야 영화가 문화적 매체로 인정받고 50년대부터 '영화학'이라는 분과학문이 생겨 제도권 안에 들어오게 되었지만 영화의 폭력성과 선정성은 지속적인 사회적 이슈였고 부분적으로는 지금도 그렇다. 미 의회 청문회나 보수적인 시민단체들의 할리우드 때리기는 거의 할리우드의 역사와 맞먹을 정도였고 이에 대해 할리우드는 윌 헤이즈라는 공화당 인사를 영입하여 자기 검열 시스템을 갖추어야 했다.

이는 컴퓨터 게임의 경우에도 마찬가지였다. 컴퓨터게임에 대한 사회적 담론의 대부분은 외국이나 국내 모두 게임중독이나 게임이 청소년들에게 미치는 심리적 영향, 선정성과 폭력성 등 게임이라는 매체 자체의 부작용과 관련한 것이었다. 컴퓨터 게임의 등장 전 일어났던 총기 사건의 대부분은 영화나 텔레비전과 관련된 것으로 보수적 인사들의 지탄을 받았지만, 이제 컴퓨터게임의 대중화와 더불어 그러한 사건들은 모두 컴퓨터 게임의 책임으로 돌려졌다. 유명한 콜롬바인 총기사건이나 얼마 전에 있었던 버지니아 조승희 총기 사건은 그것을 잘 보여준다. 사실 구체적으로 입증된 바 없는 게임의 부정적 효과를 둘러싼 논의들의 밑바탕에는 대중문화에 대한 뿌리 깊은 불신이 자리하고 있었다. 새로운 매체의 등장과 급부상으로 인한 기득권층들의 불안과 공포, 이러한 매체 이동이 격렬한 사회 변화를 야기하고 자신들의 가치들을 파괴하지 않을까에 대한 무의식적 신경증이 작동하고 있는 것이다. 물론 주류 영화나 컴퓨터게임들은 상품으로서의 속성, 즉 친자본적·상업주의적 본성을 갖기 때문에 사회적·정치적 문제점과 부작용이 있을 수밖에 없다. 그러나 이들 매체에 대한 비판들은 이러한 부작용을 매체 자체의 책임으로 돌릴 뿐 개별 작품들에 대한 상세하고도 공정한 분석과 평가를 결여한 것이었다.

2. 대중문화에 대한 부정적 입장들

역사적으로 새로운 매체의 등장은 늘 격렬한 찬·반 논쟁을 불러왔다. 전통적인 표현 수단들에 익숙해져 있던 이들은 새로운 매체가 전통을 파괴하고 대중들의 의식을 오염시킨다고 보기 때문이다. 어떤 이들은 전통적 가치들을 지켜내기 위해, 또 어떤 이들은 이들 새로운 매체들의 이데올로기적 오염으로부터 대중들을 '보호'하기 위해, 그리고 어떤 이들은 종교적 윤리를 위해 새로운 매체와 문화들을 비판해 왔다. 특히 19세기 말 영화와 라디오 방송 등의 대중매체의 등장과 대중문화의 대중화는 지식인들과 예술가들에게 하나의 충격으로 받아들여졌다. 대중매체에 대한 비판적·경멸적 입장은 다수 보수주의자들이나 진보주의자들에게 공통된 현상이었다. 이른바 대중문화에 반대하는 좌·우파 연합전선이 만들어졌던 것이다. 독일 철학자 하이데거는 대표적인 대중문화 비판론자였다. 뿐만 아니라 반파시즘적 입장을 가지고 있었던 독일의 유명한 소설가 토마스 만(Thomas Mann)은 대중 매체의 예술적 가능성을 '비예술적'이라고 단정 지었고, 문학적 현대성을 선취했던 카프카(Franz Kafka)의 경우에도 대중매체가 초래할 '의식의 획일화'를 우려하는 일면적인 이해를 보여주었다.[1]

문화적 보수주의자들의 시선은 이들이 행했던 '고급문화'(high culture)와 '대중문화' 혹은 '저급문화'(low culture)의 이분법적인 구분에서 여실히 드러난다. 전통적으로 문화는 문학, 미술, 음악, 철학 등의 '예술'과 관련된 것이었다. 이들은 주로 교육받은 지적 엘리트들의 전유물이었고, 이들에게 문화라는 것은 전적으로 고급스러운 정신 활동에 국한된 것이었다. 가령 아놀드(Mathew Arnold)는 문화를 '사회에서 말하고 생각되는 최상의 본질'이라고 하면서 그것의 본질을 삶과 일상으로부터의 거리에서 확보하고자 한 바

---

1 보이틴 외, 허창운 외 역, 독일문학사, 삼영사, 1989, 502쪽.

있다. '고급문화'와 '저급문화'의 구분은 바로 이러한 지적 엘리트들에 의해 생겨났고 지금도 그 권위는 많이 약해졌지만 여전히 광범위하게 확대 재생산 되고 있다. 이러한 범주에 따르면 삶과 현실로부터 일정한 거리를 두고 자율 성과 독립성을 유지하는 미술, 회화, 문학 등은 고급문화로 분류되고, 상업 적인 세속적 목표를 추구하는 영화, 텔레비전, 문화, 만화 등은 '저급문화'로 분류된다. 당연히 고급문화는 높은 질을 갖춘 문화인 반면, 저급문화는 저질 스럽고 통속적인 문화로 폄하된다.

물론 대중문화를 비판적으로 보는 이들의 견해가 이렇게 단순하지는 않다. 비판론자들이 보기에 대중문화는 19세기말에서 20세기로 넘어오면서 급격 하게 진행된 산업화 혹은 독점 자본주의화의 결과물로서 그 본질상 상업주의 적 문화이다. 엘리트주의자들이나 보수주의자들이 보기에 '대중문화'는 문화 의 생산자와 소비자를 분리시키는 문화이다. 일과 놀이, 문화적 소비와 생산 이 하나를 이루고 있던 과거의 전통적인 민중문화와 달리 대중문화는 문화적 향유를 단순한 '관람자의 경기'로 만들어 버렸고 문화를 '소비재'로 전락시켰 다. 그리고 대중문화는 매스 미디어를 통한 대량생산과 대량소비의 문화이 다. 문화의 대량 생산은 평준화된 취향의 만족을 목표로 하기 때문에 문화적 획일화를 불러올 수밖에 없다. 따라서 많이 팔리는 것을 목표로 하는 대중문 화는 다양한 취향을 지닌 개별 대중들의 문화적 욕구를 충족시키려 하기 보 다는 소비자의 평균치에 맞추어 생산된다. 대중문화 생산자들에게 관심은 소 비자의 문화적 수준을 향상시키거나 다양한 문화의 상생(相生)을 추구하기 보다는 어떻게든 소비자들의 기호에 영합한다는 것이다. 이는 문화의 질을 떨어뜨릴 뿐만 아니라 대중들의 문화적 안목을 현저하게 파괴한다는 결론으 로 귀결된다.

대중문화 비판론자들은 대중들의 예술적 향유 능력에도 의문을 품는다. 그 들이 보기에 대중들은 예로부터 학문과 예술을 좋아하지 않았으며 인간의 삶을 밝혀보려 하기보다는 늘 일상적 삶의 어려움을 잊게 해주는 것을 찾는다. 그들은 행복하고 감상적인 것들을 추구하거나 폭력적이거나 선정적인 스펙터클에 골몰하기 마련이고, 이윤추구적 대중문화는 그러한 소비자 요구를 충족시키기 위해 뭐든지 한다는 것이다. 또한 대중문화 시장의 유혹이 증대됨에 따라 생산자나 소비자 모두의 예술적 창조의 잠재력이 고갈되고 만다. 이는 대중문화 생산자와 소비자 모두의 문화적 소외를 야기한다. 대개 대중문화 창조자들은 기업주와의 계약 하에서 분업적으로 일하기 때문에 자신들의 창의성과 예술성을 표현하기보다는 주어진 역할을 수동적으로 수행할 뿐이기 때문이다. 인기 대중가요나 텔레비전의 트렌드 드라마들처럼 주류 대중문화가 산술 평균치적인 수준으로 표준화 혹은 획일화된 저질 문화를 양산하는 것은 그러한 현상의 단적인 예이다. 이른바 대중문화의 '소아주의'는 보다 광범위한 소비자들을 끌어들이기 위해 그 수준을 5세에서 13세 주체들의 감성에 맞추려는 상업주의적 전략의 또 다른 표현이다. 이는 소비자들의 경우에도 마찬가지인데 그들은 강매되는 대중문화를 수동적으로 소비하는 수동적 주체에 불과하다. 가령 비판론자들이 보기에 일본의 인기 오락 프로그램을 표절한 국내의 쇼프로들은 시청자가 원했기 때문에 제작된 것처럼 선전하지만, 사실은 대중이 그것을 필요로 하기 때문에 소비되는 것이 아니라 판매기술 덕분에 소비되는 것이다.[2]

뭐니 뭐니 해도 대중문화에 대한 비판적 입장의 본령은 정치적 의미와 관련된 논의들이다. 여기에는 대중 사회가 전체주의 사회로 전환될 위험성이 크다는 점을 경고하는 민주적 대중 사회론자들의 견해와 마르크스주의자들의 견해가 대표적이다. 이 두 진영은 공통적으로 대중문화가 대중들을 현실도피적 내용에 탐닉하게 만들어서 심리적 마취 작용을 일으키게 하여, 현실

---

2   유재천, 민중문화와 대중문화, 정지창 엮음, 민중문화론, 영남대 출판부 1993, 17-23쪽 참조.

의 문제를 직시하고 그러한 문제와 자율적이고 능동적으로 해결할 수 있는 능력을 약화시키고 있음을 지적한다. 이러한 주장의 바탕에는 대중문화가 '심리적 문맹' 상태를 초래한다거나 '불필요한 필요'를 만들어냄으로써 (자본주의) 체제에 대한 비판적 능력을 빼앗고 기존 체제의 유지에 동조하게 만든다는 인식이 자리하고 있다. 가령 대중들은 현실에 불만을 가지고 있음에도 불구하고 그것을 직접 개선하려 하기보다는 스펙터클을 통해 그러한 불만을 소비하거나 배설해버린다는 것이다. 이쯤 되면 대중문화나 현대 자본주의의 축제적 이벤트들은 현실 비판으로 연결될 수 있는 대중들의 시선을 미리 차단함으로써 체제의 '안전판' 노릇을 하는 셈이다.

가령 아도르노(Th. Adorno)를 비롯한 '프랑크푸르트 학파'의 문화산업론은 대표적인 대중문화 비판론이다. 대체로 유태인 출신들인 이들은 나치를 피해 미국에 망명하면서 대중문화의 종주국이라 할 수 있는 미국을 경험하는 가운데 대중문화의 대중동원적 · 대중 조작적 측면을 간파하고 이를 비판한다. 이들에 따르면 대중문화는 이미 대중들 자신이 자발적으로 만들어낸 문화가 아니며 조작된 욕구에 의해 생산되는 문화이기 때문에 최초에 가졌던 그 원래의 의미를 상실했으며, 소비 자본주의에 있어서 대중문화 · 여가는 문화산업을 소유하고 통제하는 사회적 이해관계의 요구에 따라 막대한 영향을 받기 때문에 '문화산업'이라는 용어로 대체되어야한다. 이들에게 더욱 큰 문제는 라디오와 영화, 그리고 텔레비전과 같은 매스 미디어가 현대 자본주의의 주요한 이데올로기적 도구로서 현행 계급 지배를 유지 · 재생산하는 것이었다.

대중문화를 정치적으로 비판하는 이들이 보기에 매스 미디어를 통해 생산되고 보급되는 대중문화는 대중에 대한 심리조작을 통해 허위의식 혹은 이데올로기적 환상을 갖게 한다. 폭력이나 섹스 혹은 그에 값하는 스펙터클을 대량 살포함으로써 대중들을 심리적으로 무력하게 만든다거나 이러한 폭력물을 통해 사회에 대한 분노와 적의가 행동으로 연결되지 않고 대리적인 폭력 경험으로 끝나고 만다는 것도 유사한 맥락의 비판이다. 특히 매스 미디어는 사회적 지식과 이미지의 선택적·조작적 구축과 구성을 통해 모든 집단과 계급에게 공통된 삶의 방식과 가치 및 관행에 대한 이미지를 형성시킴으로써 이들을 하나의 '전체'로서 묶어준다. 즉 매스 미디어는 가식적 이미지의 구축을 통해 분열된 집단과 계급을 하나의 전체로 통합시키는 작용을 한다는 것이다. 아도르노·호르크하이머의 '관리되는 사회', 마르쿠제의 '일차원적 사회'같은 개념은 문화산업에 의해 지배되는 '전체주의적' 현대사회의 우울한 자화상이다.

사실 대중문화에 대한 이러한 비판이 전혀 근거가 없는 것은 아니다. 대중문화에 대한 비판적 담론들은 모두 나름의 문화적 현실 분석에 기반하고 있기 때문이다. 특히 대규모 자본을 필요로 하고 그에 값하는 이윤을 창출해야 하는 산업으로의 속성 때문에 주류 대중문화들은 위의 문제점들에 그대로 노출되어 있다고 할 수 있다. 10대·20대의 표준화된 스타일의 댄스음악이나 발라드 음악이 주도하는 우리의 대중음악산업은 물론이거니와 유사한 상투적 스토리 구도와 구성을 반복하는 텔레비전의 드라마들은 대표적인 사례들이다. 과거 군부정권의 대중문화 정책과 그에 따른 영화나 가요들의 대중동원능력과 대중조작은 이미 정평이 나있다. 제3세계 국가들은 물론이고 선진국에서도 대중문화에 대한 통제와 견제가 이루어져 왔고 여전히 진행 중이라는 사실은 대중문화의 지배적 기능을 말해준다. 90년대 이후 (대중)문화의 시대로의 진입 이후 대학사회나 사회에서의 사회 비판적 담론의 실종 혹은 약화 역시 이러한 혐의를 강화한다.

3. 대중문화에 대한 긍정론

하지만 '감성혁명' '문화혁명' '상상력의 혁명' '에로스 혁명' 등으로 불리는 68혁명 이후 대중문화에 대한 입장은 사뭇 달라진다. 기존의 혁명이 총과 무력으로 지배 체제를 무너뜨리고 권력을 바꾸는 것이었다면, 68혁명은 기존의 혁명에 대한 문제제기에서 출발한다. 혁명의 결과 새로운 사회체제가 등장했지만 그것은 억압의 해소가 아니라 변형된 억압 혹은 억압의 심화를 불러왔을 뿐이라는 인식을 가져왔다. 물론 68혁명가들에게도 지배 권력이나 제국주의와의 싸움은 중요한 것이었고 경우에 따라 폭력적인 수단들이 동원되기도 했다. 그러나 이들에게 변혁은 사회와 개인의 심층적인 의식을 근본적으로 바꾸는 차원의 문제를 포함하고 있었다. 이를 위한 실천 행위에 있어 문화는 중요한 수단이었고 강력한 무기였다. 60년대는 지배 체제의 개나 시녀 취급을 받던 대중문화가 체제 안과 밖에서 나름의 목소리를 낼 수 있었던 '유일한' 시대였다. 기존의 주류 문화들과 새로운 청년문화들의 경쟁과 대결로 풍요로운 시대였고 처음은 아니었지만 대중문화 역시 사회적 발언의 도구가 될 수 있음을 시위한 시대였다. 록음악과 포크 음악, 자유연극운동, 다양한 뉴시네마 운동 등은 당시 '자유'와 '도전' 그리고 '해방'이라는 청년 운동의 슬로건을 적극 흡수하면서 대중문화에 대한 새로운 시각을 예고하였다. 물론 70년대의 '환멸의 시대' 이후 이러한 문화적 징후들은 급격하게 사라지지만 그럼에도 대중문화에 대한 시각을 다양화하고 문화 연구의 외연을 넓혀주었다는 점은 분명한 사실이다.

비슷한 시기에 영국 버밍햄 대학 '현대문화 연구소'의 이론가들은 '문화연구'(cultural studies)라는 이름으로 새로운 이론적 실천을 개시한다. 이들은 영국 마르크스주의의 전통과 그람시 및 알튀세르의 마르크스주의를 버무려 대중문화에 대한 새로운 접근의 길을 열어주었다. 그들은 '문화가 무엇인가' 보다는 '문화가 무엇을 하는가'에 주목한다. 이들에게 문화는 하나의 사물(예술)이나 상태(문명)라기보다는 '사회적 실천'이다. 이로써 '문화'는 의미가 한 집단에서 생산되고 교환되는 실천들의 집합으로 이해된다. 이들이 보기에 모든 사회적 행위는 상징적 차원을 갖고 있으며, '문화'가 우리에게 의미하는 것은 이 상징화와 의미의 차원이다. 이러한 정의에서 '문화적 실천'은 의미생산의 실천, 즉 '의미를 만들기' 위해 기호와 상징을 이용하는 실천이다. 결국 문화는 '의미를 만들어내는 실천'(signifying practices)이거니와, 이제 문화연구자들은 대중문화 혹은 개별 대중문화 작품 자체의 긍정성 혹은 부정성에 매달리기보다 주체 혹은 대중이 대중문화를 수용하고 향유하는 다양한 양상을 주목해야 한다는 것이었다. 물론 이러한 수용행위 역시 사회·정치적 콘텍스트 안에서 이루어진다는 점에서 정치적 의미를 띠기는 하지만 매체 자체나 작품 자체를 이데올로기적으로 재단해버리던 관행에서 벗어나는 전기가 마련된다.

'문화연구' 그룹의 대표적인 연구자 스튜어트 홀(Stuart Hall)은 문화를 집단, 공동체, 사회가 공유하는 실천으로 규정하며 문화를 사물의 고정된 상태가 아니라 개인이나 집단이 이를 이해하는 과정이나 실천으로 본다. 그에 따르면 문화는 사회나 집단 사이에 상호의미를 주고받거나 교환하는 산물이다. 무엇보다 홀이 강조하는 것은 문화를 공유하는 집단(혹은 의미를 만들어가는 과정) 사이에는 '유동적인 해석과 의미'가 존재한다는 점이다. 즉 특정한 시대별로 주어진 이슈나 사물에 관련된 다양한 해석과 의미가 존재한다는 것이다. 이를테면 유사한 가치관과 정치적 입장을 지닌 사람들이라 하더라도 똑같은 작품에서 다른 의미를 찾아내고 해독할 수 있다.[3]

이는 상호작용성이 강한 컴퓨터 게임의 경우 더욱 그렇다. 가령 〈심즈〉를 두고 어떤 이들은 미국 사회의 소비주의적인 삶의 패턴을 반복하고 있다고

---

3 마리타 스터르큰·리사 카트라이트, 영상문화의 이해, 커뮤니케이션 북스 2006, 12-15 쪽 참조.

비판하며, 어떤 이들은 그러한 패턴 자체가 미국 사회의 현실적 모순을 날 것 그대로 보여주는 것이라고 해석한다. 이는 문화적 실천과 관련해서도 그러한데, 어떤 플레이어들은 〈리니지〉에서 아이템 수집 등 자본주의적 재산 축적의 과정을 즐겨 실천하지만 어떤 이들의 경우 그곳을 대안적 커뮤니티의 공간으로 바꿔놓기도 하는 것이다. 앞서 보았던 리처드 바틀의 플레이어 유형 구분은 이미 다양한 취향의 플레이어들이 존재하고 있음을 그리고 같은 컴퓨터 게임이라 하더라도 다양한 실천과 해독의 방식들이 있음을 입증해 주고 있다.

대중문화를 긍정적으로 옹호하는 이들은 대중문화를 통해 대중이 문화적 욕구나 감수성을 보임으로써 문화적으로 깊은 잠에서 깨어났다고 주장한다. 과거 기득권과 엘리트들의 전유물이었던 문화가 이제 대중들 사이로 파고들 게 되었고 이는 이른바 대중문화의 민주화를 가져왔다는 것이다. 이로써 대중들은 대중예술들에서 보다 일반적인 문화요소들을 민감하게 알아내고 평가할 수 있게 되었고 미학적 수용이나 표현에 있어서도 좀 더 복잡한 수준으로 향상되었다고 주장한다. 심지어 어떤 이들은 저속한 주류 문화도 나름의 의미를 지닌다고 하면서 극단적 문화다원주의의 면모를 드러내기도 한다. 옹호론자들은 사람들은 누구나 나름의 경험과 예술적 기준에 따라 개인적인 문화적 취향을 가지고 있고 그러한 취향에 따라 문화를 향유할 권리와 자유가 있다는 점을 들어 대중문화를 옹호하기도 한다.[4]

하지만 이러한 입장은 앞서 소개했던 문화연구의 전통과는 사뭇 다르다. 왜냐하면 문화연구의 구성원들은 문화라는 것이 일방적으로 지배적인 구조의 산물이 아니고 계급적 표현물도 아니라는 점을 인정하지만 모든 대중문화에 대한 무장해제식의 옹호론을 주장하는 것은 아니기 때문이다. 그들이 보기에 문화는 두 가지의 힘, 즉 지배 구조의 힘과 인간의 실천적 힘이 만나

---

4   김창남, 대중문화의 이해, 한울 2003, 46–51쪽 참조.

경쟁하고 투쟁하고 타협하며 갈등하는 영역이다. 이러한 실천의 과정은 정치적 효과를 갖는다. 이들에게는 문화적 산물 자체의 정치성도 문제이지만, 그와 별개로 어떤 작품의 수용과정들에서 발생하는 다양한 의미와 실천들의 각축이 더 문제인 것이다. 특히 유시시나 채팅창, 인터넷 토론방을 게임의 요소로 끌어들이는 최근의 게임 경향은 어떤 게임에 대한 플레이어들의 적극적 해석을 보여준다. 노무현 대통령 탄핵 사건 당시 MMORPG인 〈군주〉의 '경복궁' 앞에서 탄핵관련 사이버 집회가 열린다든지, 〈천상비〉에 탄핵찬반 투표가 열린 것은 게임 디자이너들도 예측 목한 게임 기능전환의 한 예가 될 수 있을 것이다.

영국 문화연구의 이러한 입장은 이탈리아의 마르크스주의자 안토니오 그람시(Antonio Gramsci)의 '헤게모니'론에 크게 기대고 있다. 그람시에 따르면 '헤게모니'는 특정 계급이 다른 계급에게 휘두르는 물리적인 권력이나 지배적 주도권의 문제가 아니라 사회적, 경제적, 정치적으로 서로 다른 계급 구조 속에서 권력이 교섭되는 과정이다. 지배라는 개념과 달리 헤게모니는 사회의 모든 측면에서 밀고 당기는 과정에서 형성된다. 어떠한 단일 계급이 헤게모니를 점유하는 것이 아니라 사회적 관계들이 서로 관계를 맺기도 하고 투쟁을 하기도 하는 투쟁의 상태다. 어떤 문화 속에서 드러나는 이러한 관계들은 고정된 것이 아니라 끊임없는 변화를 거듭하는 상태에 있기 때문에 지배적인 이데올로기들도 사회적인 저항의식과 긴장을 형성하며 늘 문화 속에서 재규정되기 마련이다. '대항 헤게모니'(counter · hegemony)의 존재 역시 가능하며 이는 지배적 헤게모니와 상호교섭 혹은 투쟁을 하는 가운데 독자적인 의미들을 만들어 내기도 한다.[5] 상호작용성과 플레이어의 자유도가 큰 온라인 게임들은 다분히 정치적 아젠다의 토론 공간으로 활용될 수 있고,

---

5 마리타 스터르큰 · 리사 카트라이트, 영상문화의 이해, 커뮤니케이션 북스 2006, 43쪽 참조.

그런 점에서 바로 이 가상공간은 세계관들의 싸움터로 볼 수 있는 것이다.

그람시의 헤게모니를 문화연구에 원용할 경우 대중문화는 이제 '일방적 권력'의 도구나 특정 사회의 지배도구의 역할만 하는 것이 아니다. 왜냐하면 문화적 실천은 다양한 세력들이 의미화와 상징화를 통해 갈등하고 경쟁하는 과정을 의미하기 때문이다. 즉 '입장들'의 패권(hegemony)를 향한 다양한 실천들의 장이 바로 문화인 것이다. 그람시의 헤게모니 개념은 지배 권력에 의한 일방적 지배수단으로서의 문화관을 거부한다. 즉 대중들의 자발적 동의가 없는 지배란 없기 때문이다. 그런 점에서 그람시에게 헤게모니는 또한 어느 지배계급의 지도력이 '자연스럽게' 행사되는 순간이기도 하다. 그런데 헤게모니는 조금씩 뺏고 뺏기는 지속적이고 역동적인 과정이지 전부 빼앗고 빼앗기는 것이 아니다. 이런 사실에 비추어 볼 때 대중문화라는 일상적 실천을 통해 헤게모니의 바탕이 되는 '동의'가 만들어지거나 해체될 수 있다는 점에서 문화연구와 헤게모니의 관련성이 논의된다. 그람시의 헤게모니 개념은 대중문화 산업과 제작자의 정치적 의도를 읽어내는 데 있어서 뿐만 아니라 수용자 혹은 사용자의 역할을 설명하는데 매우 유용한 개념이다.

오늘날 대중문화는 타인에 대한 배려와 공동체적 관심 등의 휴머니즘적 가치들과 자본과 상업적 이윤창출이라는 도구적 차원이 뒤섞여 존재한다. 물론 컴퓨터 게임 산업이 단적으로 말해주듯 후자가 압도적인 우위를 점하고 있는 것으로 보인다. 이는 대중문화의 천형(天刑) 같은 운명인지도 모른다. 하지만 여전히 이 두 차원은 경쟁적이고 갈등적이다. 특히 문화의 장을 피지배계급의 저항력과 지배계급의 구심력 사이의 전장(戰場)으로 본 그람시의 입장은 우리에게 시사 하는 바가 많다. 문화산업이 대중조작적이고 상업화된 대중문화라는 사실, 상상적 나르시시즘에 사로잡힌 수동적인 대량 소비자 집단을 양산한다는 사실, 신자유주의적 지구화의 문화논리가 일반화되면서 전구적 문화의 양상이 '일상생활의 맥도날드화'같은 다국화된 자본과 미국식 문화를 강제하고 있다는 사실은 여전히 엄연한 현실이다.

그러나 우리는 단순히 대중문화를 수동적으로 받아들이는 것이 아니라 능동적으로 개입하는 수용자 대중을 상상해볼 수 있다. 즉 어떤 작품이나 생산자의 이데올로기를 그대로 받아들이는 '지배적·헤게모니적 해독'(dominant-hegemonic reading)에 만족하지 않고 저항적 생산이나 해독을 실천하는, 즉 '전유'(appropriation)하는 대중들의 존재 말이다. 영화 포스터를 변형한 정치 패러디, UCC의 정치적 활용, 사회적 비판과 비판적 여론 형성의 매체로 컴퓨터 게임을 활용하는 것 등 이러한 전유적 실천의 사례들은 무척 다양하다. 대중문화에 대한 단순한 낙관론이나 비관론 모두 사회적·문화적 실천으로서는 부적당한 이론들이다. 필요한 것은 자본과 도구적 가치로 점철된 현재의 문화적 장들의 틈새에서 문화적 저항 혹은 대안적 실천들을 모색하는 것이다. 우리는 컴퓨터게임의 역사가 MIT의 도전적인 해커들에 의해 시작되었음을 알고 있다. 해커의 정신을 계승한 사이버펑크(cyberpunk)는 반체제적인 대중문화 운동의 한 양상으로서 컴퓨터를 체제 유지와 자본 창출의 수단으로만 여기는 기성세대의 가치관에 반기를 든 사례이다. 물론 새로운 영화들이 할리우드에 포섭되듯이 이러한 도전들도 결국 문화산업의 품으로 체제 내화될 운명을 안고 있다. 그러나 이들의 논리와 실천은 여전히 잠재적인 가능성을 내장하고 있고 새로운 문화적 표현들의 기름진 토양이 될 수 있으며 문화적 다양성의 토대가 될 수 있다. 특히 기존 체제에 대한 도전적인 자극과 긴장은 새로운 사회적·문화적 변화 가능성을 확대할 수도 있고 획일적 대중문화의 외연을 넓히는 데에도 크게 기여할 것이다. 우리가 벤야민과 브레히트의 '기능전환'의 문제의식에 주목해야 할 이유도 여기에 있다.

4. 벤야민과 브레히트: 매체의 기능전환과 서사극

대중문화에 대한 프랑크푸르트학파의 비판적 입장은 파시즘의 등장에 따른 서구 사회의 일반적 위기의식을 반영한 것이었다. 프랑크푸르트학파의 사상가들은 현대의 대중문화가 가진 도구적 합리성을 비판하면서 대중의 진정한 의식을 말살하고 허위의식을 주입함으로써 자본주의 체제의 유지를 위한 협력자로 동원한다고 비판했다. 노동자들의 파시스트 정당 지지는 이러한 경향의 극단적 표현이었다. 이에 대한 대안으로 그들은 서구 사회에서 유일하게 남은 현실 비판과 부정의 수단으로 '자율예술'을 내세운다. 대중의 진실한 요구와는 관계없이 이윤을 위해 조작된 허위적 욕구의 산물인 대중문화와 달리, 자율예술은 기존의 문화적 형식에 물들지 않았으면서도 현실의 비판적 분석을 통해 합리적 사회의 가능성을 제시하는 예술이며 현실의 모순을 그대로 드러내 보임으로써 모순 극복의 의지를 고무하는 예술이다. 하지만 이러한 주장은 반대중적이며 엘리트주의적이라는 비판을 받는다. 왜냐하면 창조적 자율예술이라는 것은 대중의 보편적 정서와 거리가 멀며 대중의 힘을 결집시키는 데에도 한계가 있기 때문이다. 대중문화의 생산과 수용의 복잡성, 대중문화의 실천들 내에 존재하는 다양한 힘들의 투쟁과 그 가능성을 무시하고 있는 것도 한계로 지적된다.

하지만 발터 벤야민(Walter Benjamin)은 매스미디어와 대중문화의 부정적 가능성을 간파하면서도 그것의 진보적 가능성에 대해서도 이야기한다는 점에서 프랑크푸르트학파의 대중문화 비판과 다른 입장을 보인다. 사실 그는 프랑크푸르트학파의 일원으로 대접받기도 하고 아도르노 등 이 학파의 구성원들과 지속적인 관계를 맺고 있었지만 일정한 물리적·사상사적 거리를 두고 있었다. 그 중 두드러지는 것이 대중매체 혹은 대중문화의 '기능전환'에 대한 문제의식이었다. 1930년대 집중된 벤야민의 미디어 이론[6]은 복합적인 배경을 갖고 있었다. 우선 그는 '세기말' 전후에 본격적으로 출현한 다양한 매체들, 이를테면 사진, 라디오, 영화의 확산보급이 예술의 존재방식에 끼친 영향을 이론적으로 설명하고자 했다. 그리고 '정치의 미학화'로 요약되는 히틀러의 집권과 권력 강화 방식에 대한 대응이론을 마련하고자 했다. 그리고 벤야민은 자신의 사유방식을 특징짓는 알레고리적 예술론을 기술복제가 보편화된 시대의 예술에도 적용하고자 했다.

프랑크푸르트학파나 벤야민 모두 파시즘 치하에서 대중문화가 대중의 정치적 동원과 의식 조작의 수단으로 전락하는 것을 지켜보면서 비판적 입장을 가지게 되었다. 그러나 아도르노나 호르크하이머 등의 경우 해방적 이성의 활성화를 가로막는 대중문화의 이러한 도구적 이성의 면모를 대중매체와 대중문화 자체의 '본성'으로 보았다. 반면 벤야민은 다양한 예술적 수단과 현대의 미디어 기술을 동원하여 히틀러를 신비화하고 전체주의적 이데올로기를 미화하였던 나치의 '정치의 예술화' 경향과 예술 정책을 정공법적으로 비판하고 대응을 하기 위해서는 이러한 새로운 미디어들과 대중문화를 '기능전환'시켜 현실비판과 대중 의식향상의 수단으로 삼아야 한다고 본다. 즉 자본과 지배자들의 수중에 들어있는, 체제유지의 도구로 활용되고 있는 이러한 수단들을 비판만 할 것이 아니라 진보적이고 실천적인 예술가들이 나서 현실 비판이라는 새로운 '사용가치'를 위해 '달리' 활용하자는 것이었다. 그야말로 '지배'와 '억압'의 매체로부터 '해방'의 매체로 기능을 바꿔내자는 것이 벤야민의 '매체기능전환'의 문제의식이었다.

벤야민에 따르면 예술의 발전은 새로운 내용이나 형식으로 인한 것이 아니라 늘 기술의 혁명으로 인한 것이었다. 기술의 혁명이 예술의 발전을 선도한다는 이러한 견해가 '기술결정론'으로 오해되어서는 안 된다. 그가 말하고자

---

6 벤야민의 매체이론과 관련해서는 「사진의 작은 역사」(1931), 「생산자로서의 작가」(1934), 「기술복제시대의 예술작품」(1936)이 대표적인 논문들이다. 발터 벤야민, 반성완 역, 『벤야민의 문예이론』 참조.

하는 것은 기술매체의 변화가 사람들의 인지방식을 변화시키고 결국 세계에 대한 표현인 예술을 바꾼다는 것이기 때문이다. 구텐베르크의 인쇄기나 영화 등의 발명이 사람들의 지각과 세계관을 어떻게 바꾸었는지를 생각해보면 잘 알 수 있듯이 말이다. 벤야민은 사진과 영화 등 새로운 기술 매체가 인간의 세계 인지방식에 개입하면서 가져온 변화를 '대상과의 거리감 상실'로 요약한다. 즉 사람들이 복제가능한 이들 기술 매체를 통해 세계와 대면하면서 세계는 그 고유한 신비감, 즉 아우라(Aura, 靈氣)를 상실하게 되었다는 것이다.

벤야민은 '아우라'를 '공간과 시간으로 짠 특이한 조직물로, 아무리 가까이 있다할지언정, 먼곳의 일회적 나타남'이라는 다소 난해한 알레고리를 통해 설명을 한다. 공간과 시간으로 짜여진 특이한 조직물이라는 말은 예술품 고유의 '진품성'(originality)을 말하는 것이다. 이는 전통적인 예술 작품의 본질적으로 고유한 성격이다. 전통적 예술은 본래 신비한 체험이나 신과의 일체감을 맛보는데 그 목적이 있는 것이었다. 즉 원래 예술은 주술적이고 신비로운 성격과 '제의적 가치'를 가지고 있었다는 것이다. 전통예술이 이렇게 아우라를 가질 수 있었던 것은 바로 그것이 복제가 불가능한 것이었기 때문이다. 즉 유일무이한 오리지널의 진품성과 현재성, 일회성 때문에 예술작품을 대하는 수용자의 태도는 기본적으로 작품에 대한 신비감을 내포하게 되는 것이다.

애니메이션 〈플란더스의 개〉에서 주인공 네로는 소원이었던 루벤스의 그림을 보며 생을 마감한다. 이 만화영화의 마지막 장면에서 할아버지가 죽고 마을에서마저 쫓겨난 네오가 분신과도 같은 늙은 개 '파트라슈'와 껴안고 죽는 장면은 무척 비장하고 감동적인 것이었다. 바로 네오가 진품 루벤스의 그림을 보면서 느꼈던 신비한 분위기 혹은 종교적 경외감과 감동이 바로 아우라이다. 비루한 삶이고 벼랑까지 내몰린 처지이지만 작가의 혼이 담긴 오리지널 그림을 보면서 죽은 네오의 행복한 표정은 '아우라'라는 신비주의적 개념으로밖에 설명할 길이 없다. 레오나르도 다빈치의 〈모나리자〉가 감상자에게 신비한 경외감을 불러일으킬 수 있는 이유는 그것이 전 세계에 단 하나밖에 없기 때문이고 국보로 지정된 고려청자나 금관이 대단해 보이는 이유도 마찬가지다.

그러나 예술작품의 현재성('우리가 오리지널을 직접 대하고 있다니!')과 일회성('오로지 지금 여기서 딱 한 번만!')은 기술의 발달과 더불어 대량복제가 가능해지면서 무너지기 시작한다. 사진이나 영화 같은 현대 예술에서 진품이냐 오리지널이냐 하는 개념 자체가 중요하지 않다. 복제기술이 뛰어난 대중매체와 대중문화가 나타나면서 유일무이한 단 하나의 예술작품이 주는 신비감, 즉 아우라가 사라져 버리기 때문이다. 하지만 벤야민은 여타 지식인이나 예술가들처럼 전통적인 아우라의 붕괴를 슬퍼하지 않는다. 오히려 이는 기존 예술과 대중을 갈라놓았던 높은 벽을 허물고 예술의 민주화에 기여하는 측면이 있기 때문이다.[7] 아우라의 붕괴 이후 예술의 '제의적 가치' 혹은 '숭배 가치'는 사라지고 '전시가치'가 등장한다. 이는 또한 예술에 대한 대중들의 수용태도를 변화시킨다. 과거 사람들은 작품 속에 자신을 동화시키고 등장인물과 동일시함으로써 신비적 일체감을 형성하는 것을 중시했지만, 현대의 예술적 수용자들은 작품에 대해 일정한 거리를 두는 비판적 수용태도를 가질 수 있게 되었기 때문이다. 기술적 복제로 인해 가능해진 이러한 수용태도의 변화를 벤야민은 파시즘의 슬로건인 '정치의 예술화'에 대비되는 '예술의 정치화'라고 정의한다.[8]

---

7 "예술작품의 기술적 재생산(복제) 가능성은 세계 역사상 최초로 예술작품을 제의에의 기생적 존재에서 해방시켰다." 윤시향 외, 대중문화의 발달과 매체의 기능전환, 브레히트와 현대연극 제31호, 2011, 114쪽 재인용.

8 우선 '예술의 정치화'는 예술의 정신화 혹은 미학화를 주장하는 예술지상주의를 염두에 두고 있다. 하지만 벤야민에게 예술지상주의는 파시즘의 이데올로기와 친연성을 지니고 있다. 그에 따르면 파시즘은 '소유관계는 일체 건드리지 않으면서' 사회적 모순을 정신의 강조를 통해 제거하려는 특유의 정신주의를 특징으로 갖고 있다. 나아가 파시즘은

지금의 시각에서 벤야민의 이러한 견해는 지나친 낙관론이라고 할 수 있다. 왜냐하면 여전히 영화를 비롯한 복제 가능한 기술들은 자본이 장악하고 있고 강력한 이데올로기적 동일시의 장치로 활용되고 있으며 비판을 무력화하는 수단으로 기능하고 있기 때문이다. 노골적이든 대리만족의 차원이든 대중문화는 지배체제나 자본과 결탁하거나 영합함으로써 체제의 '안전판' 노릇을 하고 있는 셈이다. 물론 벤야민 당시에도 이러한 새로운 매체를 가장 잘 활용한 쪽은 파시즘 세력이었다. 벤야민도 그 사실을 알고 있었고 분명히 명시하고 있다. 하지만 벤야민의 이러한 매체 낙관론은 새로운 매체의 가능성들에 대한 언급으로 읽어야 하며 진보적인 예술가들이 이를 적극적으로 활용했을 때 새로운 실천의 가능성이 열릴 것이라는 요구 혹은 기대로 읽을 필요가 있을 것이다.

벤야민에게 영화는 대중의 인지방식의 변화를 가져오고 정치적으로 활용되고 있고 될 수 있는 가장 유력한 매체였다. 그의 영화이론을 요약하자면 영화는 구조상 장면과 장면의 결합이 몽타주에 의존하고 있다는 점, 이로써 작품의 완결성 혹은 유기적 구성이 파괴되면서 아우라가 붕괴되고 '명상적 침잠'이라는 전통적 예술 수용방식이 지양된다는 점, 그리고 이러한 수용방식으로 인해 작품과의 비판적 거리가 조성되고 비판적 판단의 계기가 마련된다는 것이다. 하지만 지금의 세계적 영화 판도를 보았을 때 벤야민의 영화이론에는 심각한 결함이 존재한다. 왜냐하면 주류 영화이든 비주류 영화이든 대부분의 영화들은 관객의 작품 속으로의 몰입을 추구하고 있고 카타르시스

예술을 미화하는 것과 더불어 현대의 최신 기술을 미화하고 신비화하면서 정치적 목적에 이용하기도 한다. 벤야민은 예술지상주의를 주장하면서 궁극적으로 예술과 현대 미디어 기술을 정치적 목적에 이용했던 이러한 경향을 '정치의 예술화'라고 주장했다. 우리의 경우 부당한 정권 정통성을 가장하기 위해 정신문화와 민족문화를 역설하면서 권력유지를 위해 대중문화를 엄격하게 통제하고 관리했던 군사독재 시절이 '정치의 예술화' 경향의 대표적 사례일 것이다. 김창남, 대중문화의 이해, 79-80쪽 참조.

적 동일시를 목표로 하고 있기 때문이다. 영화가 몽타주의 예술임을 인정하더라도, 거기에는 이른바 '연대기적 구성'과 '비연대기적 구성'이 공존하고 있음을 벤야민은 지적하고 있지 않은 것이다. 30년대 이미 안착기에 접어든 할리우드 영화뿐만 아니라 사회적 아젠다를 가지고서 현실에 개입하려 했던 영화들 역시 완결적·유기적 구성을 활용하고 있었고 이는 지금도 그렇다. 가령 〈화려한 휴가〉나 〈마리 포사〉 같은 영화들 모두 완결적 혹은 유기적 구성의 방식을 취하고 있지만 감동과 인식을 모두 주고 있음에 주목할 필요가 있다.

벤야민은 '이음새 없는 편집'과 '이음새 있는 편집'을 구별했어야 했다. 편집 혹은 몽타주의 흔적을 드러내지 않는 '이음새 없는' 구조의 영화들은 영화의 유기성과 인과 관계를 중시하면서 관객으로 하여금 영화 속의 현실에 최대한 동의하게끔 유도한다. 즉 편집의 예술인 영화에서 편집의 티를 내지 않는 전략은 대부분 주류 영화들의 전략이기도 하다. 그래야 관객들이 그 영화의 가상적인 현실을 자신의 현실로 받아들이고 감응의 폭도 커질 것이기 때문이다. 이러한 구성 전략은 할리우드의 주류 영화들이 보여주는 것처럼 영화 이데올로기의 강력한 전달수단이기도 하지만 현실 비판적인 영화들의 감동의 원천이기도 하다. 〈샌디에고에 비가 내린다〉, 〈브레스트 오프〉, 〈화려한 휴가〉 등은 연대기적 편집에 의한 동일시가 반드시 부정적 역할만 하는 것이 아님을 보여준다. 브레히트 역시 감정이입과 교육적 측면이 변증법적으로 통일되었을 때 지니는 강력한 파급력을 지적한 바 있다. 사실 벤야민이 영화에서 기대했던 것은 브레히트 '서사극'의 영화적 표출이었다. 이는 영화의 경우 에이젠슈테인의 '충돌의 몽타주'에 해당되는 이야기인데, 브레히트 역시 에이젠슈테인으로부터 영향을 받았다.

에이젠슈테인에게 몽타주는 파편과 파편의 충돌을 통해 제3의 의미를 획득하는 것이다. 그는 이를 '변증법적 몽타주'라고 부르기도 했는데, 정－반의 충돌 속에서 합의 의미를 도출하는 변증법처럼 서로 연관성이 없이 충돌하는 두 장면을 통해 관객 스스로 제3의 의미를 찾아내는 것이 에이젠슈테인 몽타주의 특징이었다. 입(口)과 새(鳥)가 합쳐져서 '울다'(鳴)라는 글자가 만들어지듯이 서로 갈등관계에 있는 두 장면이나 영상 이미지들이 충돌함으로써 관객에게 새로운 의미를 만들어 내는 것이 몽타주라는 것이다.

에이젠슈테인은 우선 자신의 몽타주를 '어트랙션 몽타쥬'(montage of attraction)라고 불렀다. 그에 따르면 어트랙션 몽타쥬는 "특정한 주제 효과를 창출하기 위해서, 임의로 선택한 독립적인 효력들(어트랙션들)을 자유롭게 몽타주(조립)한 것"이다. 여기서 '어트랙션'은 관객에게 '정서적 충격'(emotional shocks)을 주거나 감각적이거나 심리적 효력을 불러일으키기 위해 철저하게 구성된 영상의 기본 구성단위이다. 다시 말해 관객들은 영화를 볼 때, 전혀 다른, 겉으로 전혀 관련이 없는 두 장면이 결합하거나 한 장면에 완전히 이질적인 두 요소가 공존할 때 당혹해한다. 할리우드식의 연결 몽타주('이음새없는 구성')의 경우 영상의 흐름이 연속성을 띠기 때문에 자연스럽게 다가오는 반면, 이질적 요소들의 충돌은 자연스러운 흐름을 파괴하고 감독의 의도에 대해 '왜 저렇게 했을까' 혹은 '어떤 의미일까' 질문을 하게 되는 것이다. 에이젠슈테인에게 어트랙션 몽타주는 각각의 '어트랙션'(에피소드)이 독립적인 구성단위이므로 논리적으로 연결된 자연스러운 플롯을 배격한다. 물론 '충돌과 대립'의 어트랙션 몽타주가 부분들 사이의 '어떤' 관계를 전적으로 무시하는 것은 아니다. 다만 어트랙션 몽타주는 부분들 사이의 논리적 연결을 관객들이 실행하는 '이미지의 연상'으로 대신할 뿐이다. 벤야민, 에이젠슈테인, 브레히트의 만남은 바로 사용자 혹은 관객들이 지적인 능동성을 발휘하여 '상식' 혹은 '관습'을 해체하고 새로운 인식에 도달하는 '이론적 반성'의 차원에서 이루어진다.

에이젠슈테인은 당시 할리우드 영화나 대부분의 영화들이 관객들의 지적 능동성과 비판적 사고능력을 함양하는 대신 관객들을 수동적 '구경꾼'으로 전락시키고 있다는 비판을 한다. 이는 벤야민과 아리스토텔레스적 연극을 비판하는 브레히트의 친척관계를 말해주는 부분이기도 하다. "몽타주 파편들에 의해 발생하는 연상들을 관객의 머릿속에 나란히 차곡차곡 쌓아놓는 것"이라는 그의 방법론은 단편적 조각들 사이의 능동적 비교(연상적 비교associational comparison)를 통해 관객의 지적 능동성을 촉발시키려는 의도를 함축하고 있다. 왜냐하면 그의 몽타주 이론은 이야기의 자연스러운 상승과 진전에 초점을 두는 전통적인 구성 방식에서 벗어나 관객의 마음에 이미지 연상이 일어나도록 자극하여 감독의 기본 의도를 전달하는 것을 기본 목표로 하기 때문이다. 이를 위해 에이젠슈테인은 강한 정서적 반응(affect)을 일으키는 어트랙션들을 자유롭게 조립하여 대조나 유사성에 의한 '연상적 비교'를 직접 보여주지 않고 그 의미들을 관객 스스로 찾아볼 것을 요구한다. 이로써 우리는 벤야민이 추구했던 영화 미학의 경우 에이젠슈타인 몽타주의 '이미지의 연상적 사고'에서 선취되고 있었음을 알 수 있고, 이는 관객의 지적 능동성과 구성적 해석을 중시했던 브레히트의 서사극의 미학과 연결될 수 있음을 예측할 수 있다.

　벤야민과 브레히트의 관계를 두고 '가깝고도 먼' 사이라고 이야기하곤 한다. 마르크스주의자로서 두 사람이 나누었던 인간적 교분은 물론이고 이론적 측면에서도 두 사람은 늘 같이 거론되곤 한다. 특히 현대의 매체가 지닌 가능성을 충분히 활용하려는 자세, 즉 '예술의 정치화'와 '기능전환'을 통해 드러나는 매체의 진보적 가능성에 대한 믿음은 두 사람을 강하게 묶어주는 끈이었다. 하지만 둘 사이에는 건널 수 없는 간극이 존재하기도 하는 데 그 원인은 벤야민이 유태교적 신비주의에 강하게 물들어 있기 때문이었다. 사실 벤야민의 '아우라' 개념도 유태교 신비주의에서 가져온 개념으로서 브레히트는 벤야민의 이러한 태도를 두고 "신비주의를 반대하는 태도에도 불구하고 모든

것이 신비주의이다. 〈...〉 참으로 끔찍하다"고 비판한 바 있다.[9]

그러나 브레히트의 이러한 비호감에도 불구하고 벤야민은 브레히트 서사극의 구조적 특성에서 영화의 몽타주적 구성을 발견하며, 이것이 예술의 정치화에 중요한 역할을 할 것이라고 높이 평가했다. 몽타주가 연속적이고 유기적인 줄거리의 흐름을 파괴하고 관객의 사건에 대한 몰입을 막아주는 것처럼, 브레히트의 비아리스토텔레스적인 서사극도 극의 흐름을 중단함으로써 중단에 의해 드러난 사회의 상태들이 마치 영화의 정지 동작처럼 서로 비교되면서 관객의 비판적 사고를 작동시키게 된다는 것이다. 이는 관습적이고 수동적인 관객의 태도를 능동적이고 참여적인 관객으로 바꿔내려 했던 브레히트의 연극미학을 잘 말해주고 있다.

벤야민이 이론을 통해 주로 매체 기능전환의 필요성과 논리적 근거를 제기했다면, 브레히트는 라디오와 영화, 사진 등을 넘나들며 새로운 매체들이 정치적으로 다른 기능을 할 수 있음을 다양한 예술적 실험들을 통해 보여주었다. 『린드버그의 비행』등의 학습극 실험, 음반시집 『도시인을 위한 독본』, 영화〈쿨레 밤페〉, 사진시집 『전쟁교본』은 매체 기능전환에 대한 브레히트의 대표적인 실험들이다. 벤야민도 강조한 바이지만 브레히트에게 중요한 것은 소비자 대중을 '바보'로 만드는 단순 소비재가 아니라 현실에 대한 주체적 인식을 촉발하는 '생산재'로 만드는 것이었다. '생산재'라는 개념은 수용자가 현실을 구체적으로 인식하는데 사용될 수 있는 예술작품을 의미한다. 문화상품을 생산재로 활용하기 위해 브레히트는 당대의 첨단과학이 제공한 매체들을 받아들이고 그 활용 가능성을 극대화하는 가운데 그 기능을 전환시켜야 한다는 태도를 지니고 있었다. 결국 그에게 중요한 것은 이러한 매체들을 일방적 커뮤니케이션인 '주입식 교육'이 아니라 '상호작용적' 혹은 '쌍방향적' 커뮤니

---

9   김길웅, 벤야민의 매체이론과 브레히트의 서사극이론에 나타난 "예술의 정치화", 브레히트와 현대연극 제39호, 2011, 5-6쪽 참조.

케이션을 위해 활용하는 것이다. 즉 관객 스스로 현실을 변증법적으로 인식하고 재구성하며 나아가 그 현실의 변화를 위해 실천적으로 노력할 수 있도록 그들 스스로 '학습'하는 계기를 제공하는 것 말이다.[10]

브레히트의 매체실험들에는 늘 관객의 몫이 정해져 있고 관객의 참여가 필수적으로 전제되어 있다. 관객의 지적 활성화를 위한 이러한 그의 기본 입장은 서사극 구상에서 제일 잘 드러난다. 그의 서사극 이론은 앞으로 소개할 보알의 연극 실험이나 비아리스토텔레스적 컴퓨터게임을 주창하고 실험하는 프라스카에게나 모두 중요한 부분이기도 하다. 서사극이란 서사 장르의 특징인 객관성과 총체성을 연극 장르에 도입한 연극이다. 즉 아리스토텔레스의 『시학』에서 제시된 연극, 특히 '감정이입'이나 '카타르시스' 등 비극의 미학적 원리들을 깨뜨리고 연극 속에 서사적 요소를 도입함으로써 연극의 교육적 기능을 강화시키기 위한 '비아리스토텔레스적' 연극이다. 서사극의 가장 큰 특징은 관객으로 하여금 무대 위에서 벌어지는 사건에 몰입해 끌려 다니지 않고 객관적이고 냉정한 상태에서 그것을 지켜보면서 비판적 검증이나 새로운 의식의 각성, 나아가서는 행동의 변호에 도달하도록 유도한다는 데 있다.[11] 서사극의 바탕에는 전통적 서양연극의 일방적인 소통형식을 극복하고 연극을 인간 상호간의 상호작용적 커뮤니케이션 형식으로 자리매김 하려는 브레히트의 원대한 계획이 깔려 있다.

브레히트에게 연극은 사회변혁의 수단이어야 했다. "연극은 철학자들의 임무가 되었다. 물론 세계를 해석할 뿐만 아니라 변화시키기를 소망하는 그런 철학자들 말이다"[12]라는 진술은 그것을 말해준다. 이러한 연극관은 당연히

---

10 브레히트의 매체실험과 관련해서는 앞의 윤시향 외, 대중문화의 발달과 매체의 기능전환, 118-148쪽을 참조할 것.
11 김우창 외 엮음, 103인의 현대사상, 민음사, 1996, 349쪽 참조.
12 Oh Seong-Kyun, Eine Re-Rekonstruktion von Brechts Kritik am bürgerlichen Illusionstheater, 브레히트와 현대연극 32호, 2008, 79쪽 재인용.

당시의 주류 연극('부르주아 연극')과 충돌할 수밖에 없었다. 왜냐하면 브레히트가 보기에 부르주아 연극은 그 계급적 성격 때문에 사회적 실천에 부적합하기 때문이다. 이러한 맥락에서 2천년 넘게 서구 연극을 지배해온 아리스토텔레스의 연극 미학에 의존하고 있는 지배적인 부르주아 연극은 그것의 구성 원리와 더불어 극복대상이 된다. 특히 거기서는 커뮤니케이션이 부르주아 이데올로기에 충실한 '일방적 커뮤니케이션'으로 변질되고 관객과의 쌍방향적 협력은 의식적으로 배제되기 때문이다. 요즘의 주류 영화들이나 텔레비전 드라마들의 경우에서처럼 부르주아 연극들에서 관객은 수동적인 관음증 환자나 소비자의 역할로 끝나고 만다는 것이다. 브레히트는 관객의 참여가 배제된 이러한 연극에서 '독백화'의 경향을 발견하고, 서사극을 통해 쌍방향적·참여적 '대화'의 대안들을 모색하게 된다. 그는 지배 연극 특유의 삶과 현실에 대한 거리감, 인간적 교통과 접촉 능력의 상실이 이데올로기적 덩어리로 굳어져버린 부르주아적 '환상 연극'(Illusionstheater)에 그 원인이 있다고 진단했다.

브레히트에 따르면 부르주아적 '환상 연극'의 본질적 요소는 '최면 방식의 감정이입'이다. 그는 이러한 요소를 최근 대중문화의 효과와 관련해서도 자주 쓰이는 이른바 '아리스토텔레스적'(aristotellian)이라는 형용사를 통해 설명한다. '아리스토텔레스적'이라는 말은 자신의 비극론을 통해 감정이입을 최초로 이론화했던 아리스토텔레스를 염두에 둔 것이기도 하지만, 이러한 감정적 효과를 의도한 아리스토텔레스적 연극이 오랫동안 서구 연극을 지배해왔고 지배 이데올로기의 효과적인 주입을 위해 활용되었으며 현실의 억압관계를 재생산하고 유지하는 예술적 방법론으로 여전히 하나의 관행처럼 위력을 발휘하고 있음을 표현하고 있다. 브레히트가 보기에 감정이입의 본질은 관객을 카타르시스적 감정과 감상의 소용돌이로 빨아들이고 결국 관객의 비판적 이성을 마비시키는 데에 있다. 즉 감정이입 미학의 원리를 고수하는 연극은 망각과 환각, 착각을 목표로 하는 완전히 환영주의적인 예술작품을 만드는 데 그 목표가 있다는 것이다. 많은 할리우드적인 주류 영화나 많은 컴퓨터게임들이 현실과 무관한 고유한 법칙성을 갖는 세계를 만들어 놓고 관객을 그 속으로 완전히 감정이입하도록 조장하는 것처럼 말이다.

브레히트가 보기에 '환상 연극'에서 중요한 것은 무대상의 연극적 세계와 현실의 동일화이고 그로 인한 관객의 탈일상적 · 현실이탈적 황홀경 혹은 몰입이다. 왜냐하면 관객은 그럴듯하게 눈속임된 무대 위의 거짓 현실과 사건을 진짜 현실로 착각하고 자신을 상실한 채 완전히 수동적으로 무대 세계 속으로 끌려들어가고 말기 때문이다. 그 결과 관객은 주관적인 무대 세계에 맞춰 자신의 시각을 조정하고 완전히 순응해 들어간다. 마치 자신이 그 세계의 일원이라도 된 것처럼 말이다. 부르주아적 환상 연극에서 무대와 관객 사이의 소통은 감정이입에 기초하여 이루어진다. 그는 그의 감정이입 혹은 몰입 대상이었던 주인공이 본 것만큼만 볼 수 있을 뿐 그 이상을 보려하지 않는다. 왜냐하면 환상 연극에서 관객의 인지활동과 감정활동은 무대에서 행동하는 인물들의 것들과 무조건 통합되고 이로써 그는 무대와 동일시된다. 결국 관객은 자신의 판단능력을 무의식처럼 어른거리는 주관적 이미지에 맡기고 작품의 이데올로기에 맞게 조작 가능한 대상으로 전락해버릴 위험에 처하고 만다는 것이 브레히트의 결론이다.

브레히트는 지배적인 감정이입의 미학이 지배자들의 미학임을 폭로한다. 그가 보기에 감정이입은 전적으로 종교적으로 주술적인 성격을 갖는다. 벤야민은 대중문화의 등장이후 종교적인 숭배 가치가 사라졌다고 했지만 브레히트가 보기에 지배연극과 대중문화에 다양한 모습으로 살아있다. 이는 지금도 그렇거니와 '팬덤'(fandom) 혹은 '스타 숭배', '게임 아이템의 물신화' 등은 대표적인 사례들이다. 브레히트에 따르면 이러한 감정이입의 이데올로기적 기능은 현실의 모순들과 사회적 사안들을 다룸에 있어 잘 나타난다. 부르주아 연극들은 현실의 모순들을 없거나 아무 것도 없는 양 무마해버리고 사회적 조화와 안정을 가장하며 거짓 화해를 통해 현실의 이상화를 일삼는다. 그결과 현실인 것처럼 조작된 거짓 상황들에 대한 감정이입으로 인해 관객들은 비판적 거리를 상실하고 어떤 의문을 제기하는 것이 불가능해져 버리는 것이다. 30년 넘게 텔레비전 트렌드 드라마의 내러티브와 상투적 표현들이 '클리세'처럼 지속적으로 반복 재생산되고 있음에도 우리는 한 치의 의문도 없이 그것을 즐길 수 있는 것처럼 말이다. 할리우드 블록버스트 영화에 대한 감정이입적 동일시 속에서 스파르타적인 제국주의적 가치 등의 이데올로기는 당연한 것이 되어버리고(〈300〉), 〈캐피탈리즘〉같은 게임으로의 몰입 속에서 자본주의적 가치는 별 의심 없이 내면화되는 것이다.

물론 브레히트가 모든 감정이입의 계기들을 무시하는 것은 아니다. 그가 보기에 중세에서 벗어나 근대로 벗어나는 과정에서 감정이입은 개인의 발전과 감성의 해방을 의미하는 것이었다. 그런 점에서 그는 감정이입의 역사적 정당성을 인정하기도 한다. 세익스피어의 연극이나 레씽의 '시민비극'같은 성과들은 바로 감정이입의 진보적 역할과 관련하여 최고의 그리고 최대의 성과들이었을 것이다. 감정이입과 비판, 재미와 학습은 적대적인 것이 아니라 상보적인 것이었다. 감상과 감정이입에 시의적절한 사회적 역할을 부여하고 비판적 감정이입을 성취하는 것은 브레히트의 또 다른 주요 목표이기도 했다. 그런 점에서 브레히트가 동일시 미학 일반을 거부했다고 하는 것은 오해라 할 수 있다. 문제는 동일시 미학의 효과, 즉 지배와 억압에 기여하느냐 아니면 감동을 통한 배움 혹은 재미를 통한 학습을 촉진하느냐의 문제였던 것이다.

하지만 부르주아들이 사회적·경제적 지배계급으로 확고한 자리를 잡으면서 시민비극은 사회적 공공성을 상실하고 감정이입은 감상적인 가정연극 혹은 멜로드라마로 변질되며 '사회적 관계와 상황들의 일반적인 부패상태'를 없었던 것인 양 무마하기에 급급한 연극으로 돌변한다. 급기야 문화산업이 싹

트기 시작하면서 사실주의적·환영주의적 부르주아 연극은 '저녁 오락산업의 야시장'으로 전락하면서 '미식가적 향유'를 위해 무한경쟁을 벌이게 된다. 이러한 연극들은 대중들의 '학습'을 거부하고 사회적 유용성 따위에는 관심이 없다는 식으로 행동하며 이로써 '부르주아적 마약장사꾼의 지사(支社)'로 전락한다. 브레히트는 부르주아적 환상연극의 이러한 기능이 '파시즘의 연극술'을 통해 십분 활용되고 있음을 본다. 파시스트들은 감정이입 미학의 가능성을 간파하고 대중의 정치적 조작과 동원을 위해 그것을 아낌없이 활용하고 있다는 것이다. 브레히트에 따르면 '칠장이'(히틀러) 일파는 이러한 감정이입적 장치들을 통해 대중을 최면 상태에 빠트리고 '인간의 위대한 자질인 비판'을 무력화한다. 파시즘의 연극에서도 관객은 자신의 관점을 채택하는 대신 배우의 관점을 무작정 받아들이고 자신의 현실적 관심사를 망각하며 그 대신 배우의 관심사를 추종하도록 조종당한다는 것이다.

브레히트는 부르주아적 환상연극에 대한 이러한 비판에서 출발하면서 자신의 마르크스주의적 세계관에 근거한 연극 개혁 프로그램을 구상한다. 그의 서사극은 우선 사회적 연관으로부터 떨어져 나온 연극을 사회적 과정으로 재통합하려는 시도였다. 이를 위해 중요한 일차적 과제는 예술과 관객의 분리를 극복하고 기존 예술의 일방향적 커뮤니케이션을 능동적·쌍방향적 커뮤니케이션으로 바꾸는 것이었다. 이는 무대와 관객의 관계를 새롭게 정의하고 연극 개념을 확장하며 연극적 커뮤니케이션을 상호작용의 과정으로 바꿔낼 수 있는 새로운 연극술을 필요로 하는 것이었다. 이른바 '생소화 효과'(Ver-fremdungseffekt)는 이러한 고민들과 대결하면서 나온 지적·예술적 결과물이었다.[13]

생소화 효과는 아리스토텔레스적인 부르주아 연극의 감정이입과 동일시라는 심리적 메커니즘을 깨기 위한 연극적 전략이었다. 이는 관객을 어리둥절

---

13 같은 논문, 79~83쪽 참조.

하고 낯설게 만들어 지금까지 당연하고 고정 불변인 것으로 알았던 고정관념이나 상식에서 벗어나 거리감을 가지고, 즉 비판적 시각으로 사물을 바라보게 만드는 연극적 장치이다. 가령 연극의 경우 소설에서나 등장하는 화자나 해설자가 나타나 직접 논평을 가하거나 관객에게 직접 질문을 던지기도 하고 배우가 자기 배역을 벗어나 화자의 역으로 변신하는가 하면 연출가나 합창단이 직접 그런 역할을 하기도 한다. 또는 무대 전체를 환하게 평면 조명을 한다거나 무대의 전환 과정을 관객들에게 노출시키기도 한다. 심지어 배우들이 객석에서 관객들이 지켜보는 가운데 의상을 갈아입기도 한다. 배우의 연기도 자기 역에 완전히 일치시키는 '실감나는' 심리주의적 연기 대신 역을 능숙하게 연기하되 관객에게 연기를 하고 있다는 사실을 일깨워주는 '제스처의 연기' 혹은 '게스투스 연기'를 요구한다.

브레히트는 '가두장면'을 통해 생소화 효과를 설명한다. 가령 대로에서 교통사고가 났는데 그것을 목격한 사람이 다른 사람에게 사고 경위를 설명할 때 제스처를 써가며 현장감이 있으면서도 객관적으로 보고하는데 이럴 때의 연기가 서사적 연기 혹은 제스처적 연기라는 것이다. 여기서 목격자는 가해자나 피해자의 입장이나 심리적 상태에 몰입하지 않고 설명과 제스처를 곁들여 가며 사실을 보고한다. 또 어떤 경우에는 다음 장면에서 벌어질 사건의 내용을 플래카드나 간판, 슬라이드를 통해 미리 관객에게 알려줌으로써 마음 졸이며 결말을 기다리지 않고 느긋하고 냉정한 상태에서 어떻게 그런 사건이 벌어지게 되었고 그런 결말이 나타나는지를 지켜보게 만들기도 한다.[14] 이러한 생소화 효과들은 관객이 무대를 현실로 착각하지 않도록 해주며 그들에게 무대 위의 세계가 연극에 불과함을 지속적으로 환기시킨다. 이로써 극의 자연스러운 인과적 흐름이 중단되고 관객들은 이상한 느낌, 즉 지적 충격을 받게 된다. 결국 브레히트는 생소화 효과를 통해 동일시의 원천인 감정이입의

---

14 김우창 외, 103인의 현대사상, 349-350쪽 참조.

가능성을 차단함으로써 관객의 몰입을 미연에 방지하고 사건에 대해 비판적 거리를 확보하도록 해주고자 했던 것이다.

앞서도 말했듯이 브레히트는 서사극의 온전한 역할을 위하여 당시의 첨단적 과학 기술을 적극 수용하였다. 그는 낡은 연극 관습에 지배되고 있는 기존의 극장과 '소수의 속물적인' 부르주아 관객에서 벗어나고자 라디오 방송이나 영화 등의 매체를 적극 활용하였다. 하지만 브레히트가 보기에 새로운 기술은 그것의 민주적 매체로서의 활용 가능성 덕분에도 불구하고 제대로 기능을 하지 못하고 있다. 지금의 인터넷 저널리즘이 수평적이고 참여적 커뮤니케이션의 시대를 열었지만 엄청난 정보 쓰레기들을 양산하고 있고 온갖 사회적 병폐들을 야기하고 있듯이, 라디오 방송이나 영화를 장악한 부르주아는 그것의 교육적 활용가능성이나 예술적 가능성을 가로막고 있다는 것이다. 그래서 그는 라디오 청취자를 수용자가 아니라 예술의 생산자로 만들고자 하는 프로젝트를 실험하며 에이젠슈테인의 몽타주 기법과 연속성과 인과성을 파괴하는 비연대기적 내러티브를 적극 활용하여 비환영주의적인 영화를 만든다. 가령 브레히트의 영화 〈쿨레 밤페, 혹은 세상의 주인은 누구〉라는 영화는 지성보다 감정에 호소하고 관객들을 수동적으로 사건이나 주인공에게로 감정이입할 것을 요구하는 주류 '환영주의 영화'를 거부한다. 왜냐하면 영화에서도 브레히트에게는 관객이 작중인물과 동일시되지 않도록 하는 것이 중요하며 모순과 갈등에 찬 현실을 보여주는 것이 중요하기 때문이다.

5. 디지털 시대의 매체기능전환론

브레히트의 이러한 '과학시대의 연극' 구상과 매체 기능전환을 위한 다각적인 실천은 디지털 시대를 사는 우리에게도 시사해주는 바가 크다. 컴퓨터의 등장과 정보의 무한 복제 가능성은 벤야민이 사진이나 영화 등의 아날로그적 매체를 통해 예고했던 아우라의 붕괴를 가속화한다. 일회성과 유일성, 진품성에 기반 했던 완결적 예술작품의 신비적 경외감 대신 복제, 패러디, 인용 등에 무한 노출된 디지털 예술 작품에서는 작가와 독자(혹은 관객이나 사용자) 사이의 일방향적 위계관계가 무의미해진다. 사용자가 기존의 수동적 수용의 태도를 벗어나 예술적 생산의 자율적 주체가 될 수 있는 디지털 미디어의 가능성은 브레히트나 벤야민이 요구했던 매체 기능전환이나 상호작용적 커뮤니케이션을 앞당길 수 있는 절호의 기회를 제공한다. 예술에 대한 엘리트적 정신주의와 아카데믹한 상아탑 속에 갇혀 있던 '고급문화'나 문화산업의 자본논리에 종속되어 있던 주류 대중문화와는 전혀 다른 사용자 참여적인 문화 민주화의 가능성은 이제 디지털 미디어를 통해 벤야민과 브레히트의 선구적인 이론과 실험들을 넘어 구체적 실현의 비전을 얻게 된 것이다.

물론 디지털 미디어에 대한 무조건적 낙관은 경계의 대상이다. 뉴미디어는 늘 하나의 가능성이면서 미시적 억압과 지배의 수단으로 혹은 문화산업의 일방적 이윤창출의 대상으로 변질될 위험에 노출되어 있다. 본격적 대중문화산업의 100년 역사가 말해주듯이 역사적으로 새로운 미디어들은 벤야민이나 브레히트의 바람과 달리 기득권이나 자본가들에게 더 많은 기회를 제공해 온 것도 사실이다. 이를테면 인터넷을 통해 일반 시민들이 정치에 개입할 가능성이 많아졌고 사회적 토론의 영역이 확장되었으며 시민사회 공론장의 성장과 확대에 큰 기여를 한 것도 사실이지만, 이를 통해 권력을 강화하고 부를 독점하는 세력 또한 존재하는 것이 엄연한 현실이라는 사실을 부인할 수는 없다. 미국의 제퍼슨식 민주주의가 노예제를 전제로 한 것처럼 '전자 아고라'

역시 다른 이들의 고통을 전제로 하고 있고 정보 부자와 정보 빈자라는 사회 양극화를 심화하고 있는 것도 우리의 현실이기 때문이다.

이러한 맥락에서 크로커와 와인슈타인(Kroker & Weinstein)의 '가상계급론'은 디지털 뉴미디어 시대의 정치윤리와 관련하여 주목할 필요가 있는 주장이다. 가상계급론은 온라인(인터넷 ID)이나 컴퓨터게임(아바타)에서처럼 육체이탈의 욕망을 자극하는 자본주의적 욕구, 즉 '가상에의 의지'(will to virtuality)에 의해 촉진되는 범자본주의(pan-capitalism)체제로의 변화에 대한 비판적 담론이다. 이러한 변화를 추동하는 핵심 세력인 가상계급은 '가상화'(virtualization)를 가속화함으로써 이윤을 극대화하는데 몰두하며 이에 대해 물질적이고 이데올로기적인 이해관계를 갖고 있는 범자본주의 체제의 사회계급이다. 여기에는 게임의 가상 세계와 시뮬레이션들을 통해 플레이어들에게 탈현실적 힘을 과시함으로써 가상화를 부추기는 기술 유토피안들과 가상화를 통해 이윤을 추구하는 냉소적 자본가들이 포함된다. 이들에 의해 조장되는 '가상에의 의지'는 거추장스럽고 고통스러운 육신을 버리고 가상현실과 '미디어 네트'로 자신을 내던지고자 하는 문화적 욕구이다.

와인슈타인이 보기에 가상계급이 추구하는 '가상성'은 경제적 정의보다 약탈적 자본주의와 테크노크라트적 합리화를 통해 이윤 극대화를 추구한다는 점, 민주주의를 추구하기 보다는 사이버권위주의와 지적 재산에 대한 절대적 통제권을 행사하고자 한다는 점, 사회적 연대보다는 사회적 물질주의를 더욱 부추긴다는 점에서 비윤리적이다. 결국 가상계급의 가상성은 인간 경험을 디지털 데이터로 환원시키고 자아 또한 생체 해부의 대상으로 전락시킴으로써 인간 주관성과 존엄성을 부정하는 '비윤리의 가상성'(virtuality without ethics)의 위험에 늘 노출되어 있다. 가상계급은 개인주의에 근거한 테크노피아의 이데올로기이고 저항적 움직임을 억압하기 위해 유혹의 전략을 행사한다. 즉 누구나 정보에 접근할 수 있으며 다른 개인들과 상호작용할 수 있다는 유혹이다. 하지만 컴퓨터게임이 보여주듯 자유도와 상호작용성은 이데올로기적 환상에 불과하다. 우리는 컴퓨터게임에서 힘이 있다는 환상, 혹은 우리 능력에 대한 환상을 품게 되지만 이는 가상계급의 이윤창출의 전략이요 또 다른 감시와 통제의 수단일 수 있는 것이다.

가상계급론의 시각에서 보았을 때 더 큰 문제는 가상계급에 의해 주도되는 이러한 범자본주의가 그 어떤 저항세력으로부터 거의 도전을 받지 않는 초유의 자본주의라는 사실이다. 디지털 미디어나 인터넷, 컴퓨터게임의 해방적 가능성과 민주적 잠재력에 대한 기대와 낙관적 전망 또한 가상 계급의 유혹 전략일 수 있음에도 불구하고 이에 대한 문제제기를 찾아보기가 어렵다. 학계나 예술계, 정치계, 업계 모두 디지털의 상호작용성에 대한 찬가 일색이다. 크로커나 와인슈타인이 지적하고 있듯이 체제에 대한 도전이 없는 범자본주의는 가상경제의 지배원리, 즉 사이버네틱 논리를 지나치게 강요하게 되면서 자칫 파시즘의 단계로 나가게 된다고 주장한다.[15]

물론 가상계급론의 디지털 미디어에 대한 시각은 지나치게 비관적인 느낌을 주기도 한다. 분명 인터넷은 일반 대중들의 참여와 발언 기회를 확장했고 이것이 현실의 변화를 가져올 수 있음을 입증한 바 있기 때문이다. 이를테면 멕시코 반군 '사파티스타'의 인터넷을 통한 프로파간다는 널리 알려진 사건이고, 국가보안법 반대 촛불시위나 미군장갑차 희생 여중생 미선이 · 효순이 추모 광화문 촛불시위, 안티조선운동, 노무현 대통령의 당선 등은 인터넷의 힘을 단적으로 보여준다. 그러나 인터넷 자본은 접속자들의 정보를 광고회사에 넘기거나 이용자들의 자료나 커뮤니케이션 욕구를 교묘하게 팔아먹는 짓도 마다하지 않는다. 즉 거의 모든 검색 사이트들은 약관에 "회원의 별도의 허락 없이 무상으로 저작권법에서 규정하는 공정한 관행에 합치되게 합리적인 범위 내에서 회원이 등록한 게시물을 사용할 수 있는"(네이버 블로그 공동약

---

15 이재현, 인터넷과 사이버사회, 커뮤니케이션북스, 2005, 274-283쪽 참조.

관 9조) 권한을 무한정으로 이용하고 있는 것이다.

수많은 블로그에 올려진 그 많은 정보들은 블로거 개인의 것이면서 회사의 소유이기도 하다. 그 많은 사용자들의 정보와 검색사이트 상의 콘텐츠들에 대한 독점적 권리를 회사가 가질 수 있는 것이다. 인터넷은 분명 소통의 광장이기도 하지만 회사의 복잡한 회칙에 동의하는 자만이 소통에 참여할 수 있고 경우에 따라 정보가 회사 운영자에 의해 삭제되기도 한다는 점에서 쌍방향성으로 교묘하게 변장한 일방적 커뮤니케이션이라고 할 수 있다. 자본과 권력이 첨단 미디어 속에 늘 함께 하고 있음을 반증하고 있는 셈이다. 이런 점에서 가상계급론은 디지털 미디어를 둘러싸고 존재하는 현실적·가상적 빈익빈 부익부 현상의 설명에 유용한 측면이 있다.

벤야민과 브레히트가 디지털 시대에 살았다면 디지털 매체의 가능성들에 주목하고 사회 민주화와 비판적 담론 형성에 어떻게 써먹을 수 있을까 고민하고 실험했을 것이다. 실제로 지배적·억압적 구조를 극복하기 위해 이 매체를 사회운동에 활용하려는 시도는 많이 있었다. 즉 사이버스페이스를 대항적 헤게모니 형성의 장으로 만들려는 시도를 하면서 벤야민과 브레히트의 매체 기능전환의 문제의식을 실천하고 있는 이들이나 집단도 분명 존재하고 있는 것이다. 인터넷을 기반으로 기존 권력구조나 권위주의에 대한 반항적 혹은 대항적 집단으로서 새로운 반문화를 형성하는 사이버펑크(cyberpunk)나 해커(hecker), 외부세계와의 적극적인 커뮤니케이션을 시도하는 컴퓨터 전문가 집단 등은 오늘날 문화적 지형을 변화시키기 위해 매체를 기능전환하고 있는 대표적인 주체들이다. 아직은 잠재적 힘에 불과하지만 온라인과 오프라인을 오가는 이들의 실천들은 사회적·문화적 대안과 대안적 실천들을 위한 중요한 참고 대상들일 수 있다.

그러나 상대적으로 컴퓨터게임의 경우 그 매체의 사회적 기능전환에 대한 논의와 실천들은 매우 드물고 빈약했던 것이 사실이다. 여전히 게임 회사들은 대중들의 욕구와 욕망에 편승하여 스펙터클의 강도를 강화하거나 가상적 몰입을 강화하기 위한 기술적 개선에만 전력을 쏟아왔다. 게임의 테마들도 삶과 거리가 먼 것이었고 사회적 아젠다 형성에 거의 소용이 없었으며 대리 만족을 위한 오락물들의 역할에 만족하고 있는 형편이다. 우리 사회의 베스트셀러 게임들이 대개 폭력과 선정성, 사이버 재화의 축적을 위한 자본 경쟁의 논리와 관련된 것들임은 크게 노력하지 않아도 알 수 있다. 이런 상황에서 프라스카를 비롯한 'Newsgames' 그룹의 사회적 공론장으로 게임을 기능전환 시키려는 의도는 '아리스토텔레스적' 게임으로 정의되는 주류 게임의 한계를 돌파하려는 대안적 실천으로서 의미가 깊다. 정치 · 경제적인 문제점들에도 불구하고 컴퓨터게임의 가상공간은 분명 기회의 땅이다. 권력과 자본을 쥐고 있는 이들에게나 그것에 저항하려는 주체들에게나 날로 발전해가는 이 첨단 미디어는 자신들의 헤게모니 확장을 위한 다각적인 가능성들을 제공하고 있다. 그렇기 때문에 점점 이곳에서 갈등과 권력투쟁 혹은 인정싸움이 일어나기 시작하고 있는 것이다. 가상공간을 둘러싼 이러한 대립은 앞으로 더욱 가속화될 것이다.

등산과 풍경
– 워즈워스의 숭고*

경상대학교 영어영문학과 교수 주혁규**

I. 로맨티시즘과 등산의 성립

걷기와 윌리엄 워즈워스(William Wordsworth)의 창작 활동을 연관시키는 것은 새삼스럽지 않다. 그에게 다리는 가슴이나 머리 못지않게 중요한 창작 인자였다. 산으로 둘러싸인 호수 지역에서 태어나 산을 계속 오르면서 산 풍경과 상호교섭을 통해 미학 이론을 강화하고 자아와 세계 성찰의 폭을 넓히는 과정이 그의 문학적 삶이었다. 그의 시학에서 중추적 원칙인 숭고(sublime)는 산에서 조망하는 풍경 묘사에서 발전하지만, 점차 확장되어 미학 범주뿐만 아니라 정치와 공동체 영역으로 확장된다는 점이 이 글에서 제

---

* 영어영문학 62권 4호에 게재된 논문임.

** 주혁규, 경상대학교 영어영문학과 교수, 해외지역연구센터.

시된다. 논의 과정에서 관련된 인물들의 주요 저술을 살피면서, 걸어서 산을 오른다는 행위에 함의된 역사적, 물적 조건과 높은 산에서 조망하는 관찰자의 문제점과 풍경이 지니는 미학적, 정치적 의미에 관한 설명도 곁들일 것이다. 로맨티시즘 작가인 블레이크(William Blake)는 "인간과 산이 만날 때 위대한 것들이 이루어졌다"(511)고 말한다. 19세기 영문학에서 특히 워즈워스에게 등산은 자아를 발견하고 그가 살던 세계를 예술로 담아내는 활동이었다. 그에게 산은 공포, 쾌락, 아름다움, 숭고함과 이들이 서로 복합적으로 작용하는 정서적 반응을 일으키는 미학적 대상이면서, 고통과 역경을 수반하지만 동시에 이를 자초해 즐기는 육체적 모험의 대상이었다. 산을 주로 미학적 대상으로만 인식한 당대의 픽처레스크 관광과는 구분되며, 미학을 여가나 스포츠 활동으로 대체한 이후의 시대와도 구분된다.

로맨티시즘 시기에 등산은 변화된 물적 조건을 반영하는 새로운 활동이었고, 등산가는 새로운 정체성이었다. 로맨티시즘 등산에서 산업혁명과 철도를 비롯한 수송 혁명을 거치면서 19세기 중반 이후 대표적 스포츠이자 레저 활동으로 자리 잡는 과정은 인간과 산의 관계가 역사적 발전과 조건에 의해 결정된다는 점을 분명히 해준다. 산의 매력과 신비함을 창작의 소재로 자주 활용하면서 워즈워스는 숭고라는 미학적 개념을 풍경 감상에만 한정시키는 데서 벗어나 사회 구성과 정치적 인식의 기준으로 발전시킨다. 산을 소재로 하는 풍경 시에서 표현되는 그의 고유한 미학적 비전은 동시에 정치적 행위이며 당대의 삶을 규정한 물적 조건과 정치관을 담고 있다. 후기로 갈수록 이같은 경향은 더욱 강해진다. 위험을 무릅쓰고 높은 곳에 올라 탁 트인 풍경을 조망한다는 로맨티시즘 시기의 등산은 이전에는 일반화되지 않은 새로운 개념이며 활동이었다. 또한, 워즈워스는 수동적으로 풍경을 소비하는 당대의 픽처레스크 관광에서 벗어나 등산을 개인과 국가의 정체성을 찾고 새로운 비전을 갖는 행위와 관련시켰고, 신체적 감각을 활성화해 더 풍요로운 창작으로 이끄는 과정으로 간주했다.[1] 워즈워스는 산 풍경이 인간의 내면에 불러일으키는 경이로움, 아름다움, 공포와 같은 정서 작용을 기술한 토마스 그레이(Thomas Gray), 에드먼드 버크(Edmund Burke)의 숭고를 나름대로 소화하면서 도덕적 성찰과 공동체 의미를 강조한다.

『옥스퍼드 사전』(*Oxford English Dictionary*)의 "mountaineer"에 대한 정의에는 "산지에서 태어나거나 사는 사람" 그리고 "등산을 하거나 등산에 능숙한 사람"이 있다. 『서시』(*The Prelude*)에서 워즈워스는 친구 로버트 존스(Robert Jones)와 함께 "등산가"(1805, 6, 340)로 소개된다. 워즈워스가 산으로 둘러싸인 지역에서 태어나 평생 습관적으로 등산했다는 사실을 염두에 두면, 두 가지 정의는 모두 그에게 해당한다고 할 수 있다. 「1837년 4월 아콰펜덴테 근처에서 묵상」("Musings Near Aquapendente. April, 1837") 에서 그는 자신을 "습성상 산사람"(4)이라고 말한다. 실제로, 자서전적 요소가 강한 「틴턴 사원」("Lines Written a Few Miles above Tintern Abbey")에서 워즈워스는 유년 시절에 "노루와 같이"(68) 자연이 이끄는 대로 "산을 뛰어다녔다"(69)고 기록한다. 또한 『호수 지역 안내서』(*A Gide through the District of the Lakes*)에서는 자신은 "양치기와 농가로 이루어진 완벽한 공화국"인 호수 지역의 시인이며, 산 공화국으로 설정된 호수 지역은 "헌법이 자체를 보호하는 산들이 부과하고 조정하는" "순수한 코먼웰스"(*The Prose* 2, 206, 207)라고 설명한다.

워즈워스의 등산과 풍경, 그리고 숭고라는 주제는 그라스미어의 저우드 센터에서 볼 수 있는 워즈워스의 초상화에서 단서를 찾을 수 있다. 벤저민 헤이돈(Benjamin Robert Haydon)은 헬벨린(Helvellyn) 산을 배경으로 한 워즈워스의 초상화를 그렸다. 이 그림에서 72세 무렵의 워즈워스는 팔짱을 끼

---

1   워즈워스는 "경치 사냥꾼"이나 "픽처레스크 여행자"와는 자신을 구분하려 애썼다(Bohls 247).

고 산 정상에 명상에 잠긴 채 서 있다. 인물 배경이 되는 어둡게 채색된 하늘과 산 풍경은 명암 대조를 이루며 로맨티시즘 풍경화의 특색인 숭고를 인물화에서도 구현하고 있다. 헤이돈은 워즈워스가 헨리 리드(Henry Reed)에게 보낸 편지에서 언급하듯이, "단순히 사실적 초상화가 아니라 시적 인물"(Letters of the Wordsworth Family, 217)을 그리려 했다. 이 그림에서 워즈워스는 등산복이 아니라 공식적 자리에나 어울리는 차림새를 갖추고 있으며, 시선은 산 아래를 조망하는 것이 아니라 자신의 눈동자를 스크린으로 삼아 내면에서 투영된 이미지를 반사해 마음의 눈으로 이를 응시하는 듯한 효과를 연출한다. 신체적 눈으로 외부 사물을 보는 것이 아니라, 내면에 투영된 외부 사물의 이미지를 반추하면서 계시적 비전을 얻으려는 장면에 가깝다.[2] 워즈워스의 숭고는 이러한 계시적 비전의 현현과 관련되며, 단순히 미학적 범주에 한정되지 않고 정치와 생태의 영역으로 확장된다. 산 풍경을 소재로 하는 시와 산문에서 숭고는 물리적 풍경에 투영된 개인의 삶의 조건과 현실의 개별적 이미지를, 신체적 시각의 한계를 초월하여, 서로 연결하고 통합하여 생태적 공동체 비전을 제시한다.

영국에서 기록상으로 처음 등산(mountaineering)이라는 낱말을 사용한 사람은 워즈워스와 함께 창작 활동을 한 코울리지(Samuel Taylor Coleridge)이다.[3] 코울리지는 호수 지역 곳곳을 답사했고, 그 경험을 기록으로 남

---

2 저우드 센터 워즈워스 박물관(The Jerwood Centre Museum)에는 해당 초상화가 소장되어있다. 워즈워스의 눈동자와 시선에 관해서는 파멜라 우프(Pamela Woof)와 대화에서 착상을 얻었다. 그림 자료는 http://www.npg.org.uk/collections/search/portraitLarge/mw06936/William-Wordsworth참조할 것.

3 OED는 1802년에 코울리지가 최초로 동사 "mountaineer"를 사용했다고 기록하면서 그 예시를 코울리지가 1802년 8월 9일 로버트 사우디(Robert Southey)에게 보낸 편지에서 적고 있는 "다음 날은 주로 등산에 보냈다"("Spent the greater part of the next Day mountaineering") (Collected Letters 2, 846)에서 인용한다. 또한, 명사 "mountaineering"이 최초로 사용된 용례를 로버트 사우디(Robert Southey)의 1803년 편지에서 인용한다. "내 등산 기억이 다음 책에 실릴 것이다"("My mountaineer-

겼다. 그는 1802년 8월에 영국에서 두 번째로 높은 스카펠(Scafell) 봉우리를 오르는 과정에서 겪은 어려움과 특히 하산 과정에서 넘어져 곤경을 처했던 상황을 사라 허친슨(Sara Hutchinson)에게 보낸 편지에서 적고 있다.

내 사지는 온통 떨렸다. 기운을 회복하려고 등을 대고 누워 습관대로 내가 정신이 나간 사람이라고 자조하기 시작했을 때, 내 위쪽 양편의 바위들의 모습과, 바로 그 위 맹렬하게 움직이는 구름이, 북쪽으로 아주 기괴하고 황급히 이동하면서, 나를 위압했다. 거의 신들린 최면과 환희 상태로 누워서, 큰소리로 신을 찬양하면서, 남아있으면 어떤 위험도 우리를 압도할 수 없는 이성의 힘과 의지력을 구했다.

My Limbs were all in a tremble—I lay upon my Back to rest myself, and was beginning according to my Custom to laugh at myself for a Madman, when the sight of the Crags above me on each side, and the impetuous Clouds just over them, posting so luridly and so rapidly northward, overawed me. I lay in a state of almost prophetic Trance and Delight—and blessed God aloud, for the powers of Reason and the Will, which remaining no Danger can overpower us! (CL 2, 842)

---

ing recollections are to come in the next book"). 미리엄 웹스터(Merriam-Webster) 사전에는 "mountaineering"이 1803년에, 명사 "mountaineer"는 1610년에, 최초로 사용되었다고 기록한다. 시대 상황에 따른 언어의 변천을 기록한 OED를 토대로 요약하면, 영어권에서 산을 오르는 행위라는 동사적 의미에서 "mountaineer"를 최초로 사용한 사람은 코울리지이다. 그러나 코울리지가 말하는 등산은 오늘날 스포츠나 레저 활동을 의미하는 등산을 함의하며, "경제적이거나 군사적 목적보다는 쾌락을 구하여 산을 오르는" "새로운 활동을 표시하는 새로운 낱말"(Bainbridge 1)이었다. 산과 관련하여, 셸리(Percy Bysshe Shelley)는 유럽에서 가장 높은 봉우리이면서 로맨티시즘 산 풍경의 문화 아이콘인 몽블랑을 소재로 여러 편의 시를 썼다. 등산 활동이 우리의 삶의 양식으로 확립된 시기는 낭만주의 초기이며, 워즈워스와 코울리지가 이를 선도했다는 의미가 된다.

"아드레날린이 솟구쳐 흐르는"(Craig 131) 암벽 등반이라고도 할 수 있는 활동을 기록하는 코울리지의 생생한 체험담은, 압도적 자연 광경에서 느끼는 공포감을 전달하며 숭고에 가까운 심리 드라마를 만든다. 스카펠 등산 과정을 편지로 남김으로써 그는 기록상 영국에서 두 번째로 높은 봉우리에 최초로 오른 사람이 되며, 로맨티시즘 시기에 산에 대한 인간의 새로운 태도를 입증하는 예시가 된다. 예상되는 위험을 자초하면서 군사적 필요성이나 종교적 목적과 무관하게 등산이라는 행위 자체를 목적으로 정상에 오른다는 점이다.

등산에는 많은 신체적 노력이 필요하다. 워즈워스는 문학적 창작을 신체 활동이나 노동과 구분하지 않았다. 산을 힘들게 오르는 행위, 양을 몰고 들판이나 산비탈을 따라 이동하는 활동, 경작하면서 쟁기질하는 농부의 힘든 노동은 애써 지면을 채워나가는 작가의 창작 활동과 종종 비교되었고, 들판을 터벅터벅 걷는 농부의 모습은 시인 자신과 겹쳐졌다. 이러한 그를 히니(Seamus Heaney)는 "걷는 시인"으로 설명한다(68).[4] 로맨티시즘 시기에 등산은 인간이 자연을 대하는 방식에 변화를 일으켰다. 18세기에는 자연을 대체로 풍경으로 상상했고, 예를 들어 정원을 감상하듯이, 적당한 거리를 두고 감상하는 것이 관행으로 굳어졌다. 그러나 코울리지의 기록에서 알 수 있듯이, 등산은 험한 지형을 헤쳐 나가야하고, 암벽을 타는 경우 그 표면이 감각 기관과 직접 접촉하여 전체 신경계에 자극을 주게 되어, 눈과 귀에 주로 한정된 경험의 폭을 훨씬 넘어서는 인지적 반응을 초래한다. 19세기 중반 이후 본격적으로 출간되는 등산 체험 기록물은 촉각 경험을 실감 나게 서술하면서 신체활동에서 비롯한 다양한 신경계 반응을 기록한다. 워즈워스의 경우

---

4   로빈 자비스(Robin Jarvis)는 무운시의 양식과 걷기의 관련성을 워즈워스를 예시하면서 설명한다(109). 레베카 솔닛(Rebecca Solnit)은 코울리지를 예를 들면서, 걸어 다닌 기록이 많이 있는 1794년에서 1804년 기간에는 무운시가 자주 사용되지만, 기록을 찾기 힘든 그 이후 시기에는 무운시가 사용되지 않았다는 사실을 지적한다(116).

에도, 1799년 『서시』 1부의 '새 둥지 훔치기' 일화에서 "풀 묶음"(58)을 붙잡거나 "미끄러운 바위의 반 인치 틈새"(59)에 몸을 의존하여 강한 바람을 맞으며 불안정하게 까마귀 둥지 위에 매달린 상황을 서술한다. 촉각 경험을 사용하고 돌발적 상황에서 신체 균형을 유지하려는 상세한 동작 설명이다. 절벽에 매달린 신체적 불안정 상태와 정서가 활성화된 상태에서 소년은 특이한 내면적 반응을 보여준다. 강하게 부는 바람은 "낯선 발언"(64)을 하며, "하늘은 지구의 하늘이 / 아닌 듯이 보인다"(65-66). 신체적 긴장과 위기감에서 물리적 풍경은 원래의 시각 이미지를 잃어버리고 혼동을 일으키고 상상적 비전을 불러일으킨다.

18세기 후반 이후 영국에서는 산에 대해 많은 인식의 변화가 생겼다. 숭고와 미라는 미학적 범주가 산 풍경이 관찰자의 심리에 일으키는 정서적 반응을 표현하기 위해 사용되기 시작했고, 이와 함께 도시화 산업화가 가속화됨에 따라 생겨난 피폐해진 삶의 조건에서 잠시나마 벗어나는 탈출구로서 산의 존재가 영국인의 의식에 자리를 잡게 되었다. 18세기 후반부터 로맨티시즘 시기에는 등산과 관련된 활동은 전통적 생활양식을 보존하고 있는 시골 지역의 산 풍경 속에서 걷거나 산에 올라 풍경을 감상하는 데서 정신적 위안을 찾으려는 목적이 있었고, 산은 주로 미학적 숭고의 대상이었다. 프랑스와의 전쟁 시기에 산은 풍경화나 풍경시에서 정치적 알레고리로 자주 쓰였고, 산에 올라서 발아래 펼쳐진 풍경을 감상한다는 것은 정치적 의미를 내포했다.[5]

계속되는 도시로의 인구 이동과 도시의 팽창은 등산 활동의 형태와 개념을 더욱 변화시키는 요인이었다. 1815년 워털루(Waterloo) 승전 당시 런던의

---

5 당대의 풍경화가 터너(Joseph Mallord Turner)는 "인간의 허영과 만용을 질책"(schama 459)하는 산의 도덕적 의미를 화폭에 담아내었다. 그는 나폴레옹이 모스크바에서 퇴각하는 1812년에 "눈 폭풍: 알프스를 넘는 한니발과 그의 군대"를 그렸다. 워즈워스는 나폴레옹의 워털루(Waterloo) 패전을 기념하기 위해 가족과 친지와 함께 스키도(Skidaw) 산에 올라 파티를 했다(Turnbull 103).

인구는 2백만에 도달했고, 영국에서는 남부 농업지대에서 산업화 중심지인 북부지대로 대규모 인구 이동이 이루어졌다. "매연 없는 대기"(8)를 가진 이른 아침 런던 풍경을 언급하는 「1802년 9월 3일 웨스트민스트 다리 위에서 작성된」("Composed upon Westminster Bridge, September 3, 1802")은 석탄 소비로 인한 대기 오염의 실태를 이미 전달한다. 덧붙여, 하수와 산업 폐기물로 인한 수질오염과 전염병의 발생은 런던으로 대표되는 당대의 도시 삶의 실태였다. 이러한 조건에서 자본과 소비 면에서 새로운 세력으로 점차 부상하는 도시 중류층은 관광 산업과 철도를 포함하는 수송 산업의 급격한 팽창에 편승하여 휴일이면 등산에서 신체적 활력을 찾았고, 등산은 스포츠 형태가 되었다. 1848년에는 등산의 황금기가 시작되었고, 많은 수의 중하층 계급까지 알프스에서 휴가를 보낼 수 있게 되었다(Colley 22). 다시 말해, 19세기 중반 이후, 산을 주로 미학적 대상으로 삼는 낭만주의 등산과는 또 다른 개념과 형태의 등산 활동이 일반화되었고, 등산은 새로운 물적 조건을 반영하는 레저 활동이었고, 그 주체인 도시 중류층 노동자들의 계급의식을 표현하는 수단이 되었다. 등산의 의미는 역사적 발전과 물적 조건에 따라 결정되며, 사회적 변화를 표시하는 지표가 된다는 것이다.

2. 워즈워스의 등산과 숭고

등산을 풍경과 관련지어 설명하고, 산을 오른다는 행위와 정상에서 즐기는 경치 자체가 목적인 행위로서 등산을 파악하는 로맨티시즘의 세속적인 미학 관점은 1335년 몽방뚜(Mount Ventoux)에 오른 개인적 경험을 기록한 페트라르카(Francesco Petrarch)의 사례에서 그 기원을 찾을 수 있다. 등산의 목적과 의미에 관한 그의 개인적 경험의 기록을 살펴봄으로써 등산에 관한 로맨티시즘 특유의 문화사적 의미를 파악할 수 있다. 페트라르카는 "그렇게 높은 고지대에서 무엇을 볼 수 있는지?"에 대한 해답을 찾으려는 것이 유일한 등산 동기임을 말한다.[6] 등산 도중 50년 전에 정상에 이미 오른 나이든 양치기와 마주치지만, 그에게서 고통의 대가로 "피로와 후회, 바위와 가시로 찢긴 옷과 몸을 제외하면 아무것도 얻지 못했다"는 경고를 듣는다. 그렇지만 여정을 계속하여, 계속 길을 잃고 헤맨 다음, "눈앞에 더 넓게 펼쳐지는 경치"를 마주하고서 "멍하게 서 있게" 되며 발아래 구름을 마음의 눈으로 바라보면서 형언할 수 없는 갈망으로 "조국과 친지"를 다시 보려 한다. 그가 말한 "물리적 형태를 가진 사물에 관한 생각에서 추상적 생각으로 전환"의 극적인 순간은 갑자기 스승인 성 아우구스티누스(St. Augustine)의 『고백론』(*Confessions*)을 펼쳐 10권의 구절을 대하게 될 때이다.

> 인간은 경이로움을 느끼며 산 정상과 바다의 거대한 파도와 드넓게 흐르는 강들과 넓게 펼쳐진 대양 그리고 행로를 따르는 별들을 보려고 가지만, 자기 자신에 대해서는 생각하지 않는다.

> Men go to look in amazement at mountain heights and the huge waves of the sea and the broad flow of rivers and the tracts of ocean and the stars in their courses, but for themselves they take no thought. (Fordham University Internet Medieval Source Book)

등산과 풍경을 관련짓고 미학적, 세속적 목적으로 등산하며, 그 과정에서 겪는 수고와 고통을 마다치 않는다는 측면에서 페트라르카는 로맨티시즘 등산의 기본 원칙을 충분히 예견한다. 또한, 풍경을 국가와 연관 지어 풍경에 내재한 정치적 속성을 말하고, 개인의 정신적 가치의 중요성과 산의 고독을

---

6   페트라르카 몽방뚜 등산에 관한 텍스트 인용은 포담 대학(Fordham University)의 전자판 텍스트를 사용한다.

제시하고, 외적인 풍경의 아름다움보다 기억을 통한 자기 인식과 인간 마음 작용의 위대함을 전달하는 점은 워즈워스와 흡사하다.

그러나 페트라르카의 입장은 종교적 알레고리의 범위를 벗어나지 못한다. 그는 종교적 자세를 고수하며, 결국 영적 영원함으로 귀환한다. 알란 힐 (Alan Hill)이 설명하듯이, 페트라르카는 "고독한 풍경과 성 아우구스티누스 적 기억과 재생의 계시적 융합"(256)을 매개로 워즈워스와의 접합점을 제시 하고 있지만, 워즈워스는 1850 『서시』의 14권 스노돈 등산 장면 서술에서 볼 수 있듯이 자아와 대상, 마음과 자연이 각각 자율성을 지님을 인정하면서 한편으로는 모두를 통합시키는 힘에 대한 인식을 표현한다. 스노돈 등산 장 면을 기술한 1850년 판을 1805년 판과 비교 분석하면 워즈워스의 숭고 개념 의 핵심이 잘 드러난다.

> 무엇보다도, 그러한 마음의 한 기능을
> 자연은 그곳에 넌지시 비치어 두었네,
> 장엄하고 숭고한 환경에서
> 마음이 사물의 외관에 발휘하기 좋아하는
> 상호 지배를 하여,
> 상호 교환적 지배로
> 그처럼 형태를 정하고, 결합하고, 추출하여,
> 가장 둔감 사람도, 보고, 듣고, 인지하고
> 느낄 수밖에 없다.

> One function, above all, of such a mind
> Had Nature shadowed there, by putting forth,
> 'Mid circumstances awful and sublime,
> That mutual domination which she loves
> To exert upon the face of outward things,

So moulded, joined, abstracted, so endowed
With interchangeable supremacy,
That men, least sensitive, see, hear, perceive,
And cannot choose but feel. (78-86)

　마음과 대상 간의 관계를 표현하는 "상호 지배"와 "상호 교환적 지배"는
1805년 『서시』에서 사용되지 않았다. 1805 판에는 "상호 지배" 대신에 "지
배"를 사용하고, "상호 교환적 지배"라는 구절은 아예 표시되지 않았다.
1850년 판에서는 대상 간의 통일성이 그들의 다양성을 억압하지 않음이 더
욱 분명해진다. 사물의 다양성은 서로 간의 지배와 교환의 과정을 거치면서
동시에 통합된다. 대립을 초월하는 통합의 인식은 『서시』 6권 알프스 심플론
패스(Simplon Pass) 하산 과정에서 목격하는 곤도 협곡(Gondo Gorge)의
풍경 묘사에서도 드러난다.

소동과 평화, 어둠과 빛은——
모두 한 마음의 작용과 같았고, 같은 얼굴의
다른 면모들, 한 나무의 꽃들;
거대한 묵시록의 문자들,
영원의 활자들과 상징들,
처음이자 마지막, 그리고 중간, 그리고 끝없는.

Tumult and peace, the darkness and the light——
Were all like workings of one mind, the features
Of same face, blossoms upon one tree;
Characters of the great Apocalypse,
The types and symbols of Eternity,
Of first, and last, and midst, and without end. (1850, 635-40)

에드먼드 버크는 『숭고와 미에 관한 우리 생각의 기원에 대한 철학적 질문』
(*A Philosophical Enquiry into the Origin of Our Ideas of the Sub-*
lime and Beautiful)에서 숭고와 미는 "서로 간에 영원한 구분"(102)이 있
다고 정의하면서, 어둠은 숭고에, 빛은 미의 범주에 속하는 대표적 속성으로
분류한다.[7] 그러나 워즈워스는 이들을 결합하여 숭고를 산출한다. 또한, 산
악 풍경에서 소재를 취한 서로 다른 메타포를 계속 나열하고 병치시키지만,
이들이 결국 같은 의미를 표현함을 보여주며, 다양성과 통일성이 모순됨이
없이, 통일성이 이질적 모습으로 표현되는 다양성을 파괴하지 않고, 심지어
상반된 현상들도, 양립될 수 있음을 입증한다. 알프스 산 풍경이나 스노돈
정상에서 조망한 풍경은 서로 다른 감정, 상태, 특징, 모습, 소리, 그리고 색
조를 지니지만 이러한 다양성은 동시에 통합된 복합성인 것이다.

등산 행위를 풍경 감상과 연결하면서 워즈워스는 숭고라는 용어를 통해 자
연의 사물 간의 관계에서 다양성을 파괴하지 않는 초월적 통일성을 지각하고
이를 확장한다. 이러한 다양성과 초월적 통일성을 파악하는 인간의 마음에
워즈워스 숭고의 특색이 놓여있다. 그는 숭고의 원천을 자연 사물 자체보다
는 인간 내면에서 찾는다. 숭고를 경험하는 것은 인간의 상상력을 발휘하지
않고서는 불가능하다. 그러나 워즈워스가 자연을 대상화시켜 주체와 대상을
완전히 이분법적으로 대비시키는 것은 아니다. 『서정 민요집』의 「서문」
("The Preface")에서도 이미 워즈워스는 시인의 특성을 "관계와 사랑을 항

---

7 숭고와 미, 픽처레스크에 관한 선행연구는 많다. 그중에서, 올브레히트(W. P.
Albrecht)는 18세기 이후로 진행되는 숭고론을 애디슨(Addison), 데니스(Dennis)의
"enthusiasm," 베일리(Baillie), 버크(Burke), 제라드(Gerard), 휴 블레어(Hugh
Blair), 알리슨(Archibald Alison), 칸트(Immanuel Kant)를 비롯한 많은 이론가의
주장을 인용하면서 논의한다. 숭고에 관한 코울리지와 워즈워스 간의 차이점도 비교적
상세히 주어진다. 패트릭 키인(Patrick Keane)은 『서시』 6권, 14권의 산과 관련된
숭고를 설명하면서 에머슨(Ralph Waldo Emerson), 예이츠(W. B. Yeats)에 대한
논의로 확장한다.

상 지닌다"(Halmi 88)는 점에서 찾고 있으며, "인간 마음의 어떤 내재적이고 파괴할 수 없는 성질과, 마찬가지로 내재적이고 파괴할 수 없는, 마음에 작용하는 위대하고 항구적인 대상 속에 있는 똑같은 어떤 힘에 대한 깊은 인상"(Halmi 81)을 통찰한다. 인간 마음의 위대함과 외부 대상의 위대함이 상호작용하며, 대상의 힘은 마음의 힘과 마찬가지로 본래 갖추어져 있는 것이며 파괴할 수 없다. 도보 여행과 "가파르고 높은 절벽"(5)을 가진 풍경에 관한 명상을 주제로 갖는 「틴턴 사원」에서도 이점이 서술된다.

> 훨씬 더 깊게 융합된
> 어떤 것에 관한 숭고감,
> 그것의 거처는 석양의 빛이며,
> 둥근 대양이며, 활기찬 대기이며,
> 푸른 하늘이며, 인간의 마음 안에서이며,

> A sense sublime
> Of something far more deeply interfused,
> Whose dwelling is the light of setting suns,
> And the round ocean, and the living air,
> And the blue sky, and in the mind of man, (96—100)

워즈워스의 풍경 시에서 흔히 서술되는 높은 산에서 조망하면서 얻게 되는 비전과 크게 다르지 않은 장면이 제시된다. 풍경 관찰과 경험에서 느끼는 숭고의 묘사이며, 이 경우 숭고는 드러난 시각적 현상만이 아니라, 그 현상을 통찰할 때 인식되는 "훨씬 더 깊게 융합된 어떤 것"에 대한 계시적 비전이다. 워즈워스는 숭고를 인식하는 인간의 마음의 내적 작용을 전치사 "in"을 갖는 문법적 구조를 통해 표현하여, 이러한 문법적 비대칭은 병렬 나열해온 자연

현상과 인간 마음의 지위를 구분하여 특별한 의미를 부여한다. 그러나 자연
현상이나 사물이 대상화되어 주체-대상의 관계에서 주체의 주권을 보장하는
물질의 지위로 전락하는 것은 아니다. 숭고는 개별적 자연 현상을 융합시키
는 통일성에서, 또한 이러한 통일성을 인식하는 인간의 내적 작용에서 생겨
난다. 이어지는 구절에서 워즈워스는 사물을 대상과 구분하여, 사물에 에이
전시를 부여한다. 또한, 모든 사물을 강물처럼 굽이쳐 흐르는 "운동과 기운"
을 기술한다.

> 생각하는 모든 사물, 모든 생각의 모든 대상을
> 추진시키며, 모든 사물을 굽이쳐 통과하는
> 운동과 기운.

> A motion and a spirit, that impels
> All thinking things, all objects of all thought,
> And rolls through all things. (101-03)

　사물과 대상은 구분되지만, "운동과 기운"은 이들 모두를 추진시키며 관통
하여 흐르며, 연결한다. 사물과 사고의 대상은 구분되지만 결국 이러한 구분
을 넘어서 사물로 포괄된다. 사고의 주체와 대상은 구분되지만 동시에 이러
한 구분을 초월하여 통합된다. 숭고는 분리된 대상이나, 개별화된 대상의 한
계를 극복하고 생동감 있고, 유기적 사물이라는 관점으로 자연을 관찰할 때
얻는 계시적 비전이다. 인간의 마음은 사물 관계의 네트워크에서 고립되어
인간이 아닌 존재와 별도로 자신만의 절대적 주권을 가지는 것이 아니다.[8]

8　빌 브라운(Bill Brown)은 자신의 사물 이론(Thing theory)에서 사물과 대상을 구분하
　면서 "사물의 대상에로의 의미론적 환원 불가능함"을 말하지만, 한편으로는 워즈워스와
　유사하게 사물과 대상(objects) 간의 구분에 따르는 문제점을 지적한다. 우리가 생각하는

1799년 『서시』에 담긴 '시간의 점'을 담고 있는 일화에는 산과 관련된 유년 시절의 경험이 자주 나타난다. 그중에서 특히 '보트 훔치기'와 '새 둥지 훔치기' 일화는 산마을의 소년이 일탈 행위에서 쾌락을 느끼고 한편으로는 죄의식을 내재화하고, 행위 도중에 처벌의 원칙으로 등장하는 존재에 공포를 느끼게 된다는 플롯을 가진다. 이러한 경험을 서술하는 과정에서 숭고라는 당대의 미학 요소를 워즈워스가 어떻게 활용하고 있는지를 살펴볼 수 있다. 버크는 "고통과 위험에 관한 생각의 자극에 어떤 종류이건 적합한 것은, 다시 말해, 어떤 유형의 무서움이건, 혹은 무서운 대상과 상통하는 것이건, 혹은 공포와 유사한 방식으로 작동하는 것이건"(33) 그것은 숭고라고 주장한다. 버크는 두려움의 중요성을 강조한다. 대상에 대한 지식은 두려움을 약화하지만, 숨겨진 암시는 두려움을 강화한다. 버크는 밀턴의 『실낙원』(*Paradise Lost*)의 등장인물인 죽음(Death)을 설명하면서 "온통 어둡고, 불확실하며, 혼란스럽고, 끔찍하며 최대한의 숭고"(49)가 있다고 논평한다. 드러난 것이 아니라, 임시적 가림막 구실을 하는 파편적 정보의 나열이 오히려 감추어진 것의 표출 가능성을 강화하고, 공포를 증강해, 숭고를 산출한다는 것이다. 워즈워스에게 두려움은 상상력이 풍부한 생각을 자극하고 강화하는 측면이 있다. 『서시』의 '보트 훔치기' 일화나 '새 둥지 훔치기' 일화에서 쾌락과 고통, 매력과 공포라는 상반된 감정이 공존하고, 동시에 작용하는 숭고의 사례가 제시된다.

　　워즈워스의 1790년 알프스 여행은 뛰어난 시적 서술을 가진 숭고와 픽처레스크 장면을 『서시』에 남겼다. 그는 자신을 "다양한 모든 형태의 자연을

대상의 이면에는 항상 사물의 존재가 드리워져 있으며, 사물은 "대상으로 단순히 물질화되는 것을 초월하는 것"이라는 내용이다(3-7). 아담 파트케이(Adam Potkay)는 워즈워스의 사물은 물질로는 환원될 수 없으며, 주체-대상의 이분법을 넘어선다고 설명한다(391). 이러한 주장은 인간과 인간이 아닌 존재 간의 연결성을 강조하는 생태주의적 시각을 반영한다.

예찬하는 완벽한 열정주의자"(*EY* 35)로 설명하면서 심플론 고개에서는 숭고 (sublime)를, 그리고 코모 호수에서는 픽처레스크(picturesque)를 강조한 다. 그러나 그의 표현방식은 이러한 미적 범주를 정해진 관습으로 받아들여 그대로 답습하지 않는다. 워즈워스는 계몽주의 논리에 길든 논리적, 분석적 능력을 내세우는 신체적 눈이 가지는 전제적 폭력성을 벗어나 칸트의 순수 이성의 한계를 인식하면서 동시에 무한에 관한 아이디어를 형성하면서 조정 하는 능력을 활용하고, 밀턴(John Milton)이 『실낙원』에서 보여주는 창조 적 능력을 적용해, 픽처레스크의 한계를 제시하는 고유한 미학적 비전을 발 전시킨다. 버크와 비교해볼 때, 워즈워스에게 숭고는 자연의 물리적 특성에 작용하여 이를 변형시키는 인간 마음의 작용을 중시한다. 또한, 버크와는 달 리 숭고와 미라는 미적 범주에 도덕적 차원을 부과한다. 예를 들어, 1799년 『서시』의 보트 훔치기 일화에서 산은 소년의 일탈 행위에 처벌을 가하는 존 재이며 그의 성장 과정에 계속 작용하여 인간의 직접적 경험의 범위를 넘어 서는 존재를 의식하게 한다. 산으로 인해 소년의 마음이 활성화된 만큼이나, 도덕적 성장도 함께 이루어지는 것이다. 1799년 『서시』 1부의 "존재의 알 수 없는 양식에 관한 / 어렴풋하고 비결정적인 인식"(121-22)은 버크가 말하는 공포가 유발하는 숭고가 워즈워스의 도덕적 성장과 결합한 좋은 예시이다.

1971년 웨일스의 스노돈 등산 장면에서는 당대에 영향력 있던 버크의 주요 저술 『숭고와 미에 관한 우리 생각의 기원에 대한 철학적 연구』에서 설명되 는 주요 미학 범주인 "숭고"와 "미," 그리고 "공포"와 "위험"이라는 낱말이 차용된다. 또한, 페트라르카의 몽방뚜 등산과 서로 연결되어 정상에서 바라 본 파노라마를 다루며, 내적 상상력과 외적 자연 세계를 기억을 매개로 융합 하는 시인의 상상력이 서술된다. 칸트가 『순수 이성 비판』(*Critique of Pure Reason*)의 「우주론적 변증법을 해결하는 열쇠로서 초월적 이상주의」 (Transcendental Idealism as the key to solving the cosmological dialectic) 섹션에서 선언하고 있는 인식론의 새로운 방향 설정을 따르면서 (511-14), 워즈워스는 인식한 외부 사물에 형태를 부여하는 조형력을 가진 인간 마음의 작용을 설명한다.

인간의 마음이 숭고에서 결정적 역할을 한다는 워즈워스의 생각은 그가 쓴 「숭고와 미」("The Sublime and the Beautiful")에서도 확인된다. 숭고와 미의 감정은 "외적 대상들이나 그들의 힘, 성질, 특성에 의해" "본질에서" 결정되는 것이 아니라, "마음 자체에 의해, 마음이 작동되는 법칙에 의해" 결정된다(*The Prose* 2, 353). 마음의 작동을 중시함으로써, 워즈워스는 같은 시각 대상이 그것을 바라보는 사람의 마음이 특정한 순간에 일으키는 것에 따라, 숭고나 미로 효과를 발휘할 수 있다는 특이한 주장을 펼친다.[9] 호수 지역은 곳곳에 높은 산들이 있고, 그라스미어(Grasmere) 마을은 실제로 높고 당당한 산으로 둘러싸인 지형이어서 숭고를 불러일으키는 자연적 조건을 갖추었다. 「숭고와 미」에서 워즈워스는 이러한 범주들은 자연을 관찰하거나 서술하는 유용한 방식의 차원을 벗어나 자연을 "정확하게 명상"(72)하려면 자연관찰에 반드시 사용해야 할 기준으로 설명한다. 『서시』에서는 숭고와 미의 관점에서 명상한 자연 사물인 산에 의해 영향을 받아 계속 성장하는 마음을 표현한다.

마음에 주는 습관적인 영향으로
산의 윤곽과 변함없는 모습은
순수한 장엄함을 주며, 산의 존재는

---

9 코울리지는 같은 대상이 동시에 숭고하면서 미적일 수 있음을 부정한다. 미는 통일성과 다양성을 서로 관련시키면서 마음이 비교하는 힘을 충족시키지만, 숭고는 이러한 비교를 하는 것을 "유보"한다고 생각하기 때문이다(Stokes 136). 『호수 지역 안내서』에서 워즈워스는 알프스의 "숭고하고 아름다운 지역"을 언급하면서, 숭고와 미를 구분한다. 숭고는 "자연이 지구를 처음 다룬 결과"이며 미는 "밀접하게 결합한 전체 속에서 통일되는 대칭적인 부분들의 다양성"에서 비롯된다고 기술한다(*Prose* 2, 181).

영혼의 치수와 전망을
장엄하게 형성한다.

By influence habitual to the mind
The mountain's outline and its steady form
Gives a pure grandeur, and its presence shapes
The measure and the prospect of the soul
To majesty. (1850, 7, 721-25)

산과 상호작용을 통해 마음은 개별적 시각 이미지들을 초월적 통일성으로 융합시키는 비전을 만든다는 내용이 「틴턴 사원」이나 『서시』의 여러 구절을 통해 서술된다. 「숭고와 미」에서 상상력은 궁극적으로 측정 불가능한 힘을 의식하게 하여 초감각적인 존재를 인정하게 한다(*Prose* 2, 354-55). 마음은 이러한 "접근할 수는 있지만 얻을 수는 없는 어떤 것"을 사고하거나 어느 정도 공유하며, 이에 따라 확장된다(*Prose* 2, 356).

숭고는 인간의 자의식을 자연에 부여하여 얻는 것은 아니며, 인간의 상상력과 자연의 힘 간의 유사함이 표현될 때 얻어지는 정서적 반응이다. 『서시』 14권 스노돈 등산 장면은 다양한 모습 속에서, 그리고 이질적 외면을 초월하여, 작동하고 있는 통일성을 인식하는 워즈워스 시학의 기본적 자세를 보여준다. 자연의 통일성은 역설적으로 풍경의 복합성으로 표출되며, 숭고는 개별적 사물들에 선재하고 이들을 흘러넘치는 통일적 전체에 대한, 그리고 사물의 네트워크에 대한, 통찰에서 비롯된다.

이렇게 작동될 때 모두가 인정하고,
이렇게 자연이 신체 감각에 내보이는,
그 힘은 더 고귀한 존재들이 그들의 것으로

그들에 지니는 저 영광스런 능력과
유사함의 표현이다.

> The power, which all
> Acknowledge when thus moved, which Nature thus
> To bodily sense exhibits, is the express
> Resemblance of that glorious faculty
> That higher minds bear with them as their own. (*The Prelude* 1850,
> 14, 86-90)

밀턴이『실낙원』 5권에서 인간의 논증적 이성과 천사들의 직관적 이성을 구분하는 것을 따라(488-490), 워즈워스는 스노돈 등산 장면에서 논증적 (discursive) 이성과 직관적(intuitive) 이성을 구분한다. "영광스런" 직관적 이성의 작용에서, 자연의 작용과 상상력은 서로 아날로지를 이룬다. 스노돈 등산 장면에서 안개는 산 풍경을 실제 바다로 변형시키고, 이와 유사한 방식 으로, 상상력은 특정한 속성을 덧붙이거나 제거함으로써 개별적 이미지들을 변형시킨다. 자연의 이러한 변형 작용은, 상상력이 자연의 이미지에 작용하 듯이, 인간의 신체적 감각에 의존한다. 자연과 인간의 마음은 절대적으로 구 분되거나 대립하지 않는다. 주체와 대상, 마음과 자연을 서로 대립적 요소로 구분하는 것이 아니라, 상호 간의 화해와 통합을, 즉 주체에 대상을, 마음에 자연을 융합시키며, 더 나아가「틴턴 사원」에서처럼 자연과 인간을 사물의 관점에서 파악하고 이러한 모든 사물을 관통하여 흐르는 "운동과 기운"(101) 이라는 초월적 존재를 인식하는 계시적 비전이 워즈워스가 말하는 숭고일 것 이며, 이러한 인식은 산을 소재로 다루는 그의 시와 산문에서 두드러진다.
　『서시』 6권의 알프스 도보 여행의 여정은 칼레(Calais)에서 출발하여 프랑 스를 걸어 통과하고 몽블랑을 지나 이탈리아로 가는 것이다. 심플론 패스 장면에서 워즈워스는 알프스를 자기도 모르게 통과했다는 농부의 말을 듣고 실망하게 되며, 곧 자의식적 상태에서 둔감한 현실을 압도하는 상상력에 휩싸이게 된다. 물리적 자연형태를 내쫓고 대체하는 상상력의 강력한 힘이 작동하는 순간에는 "우리에게 보이지 않는 세계를 / 보여주었던 섬광 속에서 / 감각의 빛은 꺼져버린다"(the light of sense / Goes out in flashes that have shown to us / The invisible world) (1805, 6, 534)라는 구절은 물리적 시각 이미지에 작용하는 상상력의 힘을 표현한다.[10] 그러나 진정한 숭고의 순간은 감각 세계의 흔적을 완전히 지우고 이를 보이지 않은 세계에 대한 비전을 제시하는 상상력이 완전히 대체하는 것은 아니다. 숭고의 절정은 상상력의 완전한 지배가 아니라, 마음과 외부자연 간의 상호지배의 역설적 상태이다. 워즈워스는 인간의 마음이 "그가 거주하는 지상보다 / 수천 배나 더 아름답다"(1850, 14, 451-52)는 점을 선언한다. 그렇지만, 이러한 마음의 한 형태인 상상력마저도 신체 감각과 완전히 무관한 것은 아니다. 1850년 『서시』에서는 1805년 구절을 수정하여 상상력의 "찬탈력"(6, 600)이 "마음의 심연"(6, 594)에서 유래했지만, 다시 자체의 심연에 갇히는 것이 아님을 감각적 형체의 사후 삶의 가능성을 전치사 "with"를 사용해 통사적으로 연결하고 있다. 즉, "감각의 빛은 사라지지만 비가시적 세계를 드러내 준 섬광을 지니고"("the light of sense / Goes out, but with a flash that has revealed / The invisible world") (6, 600-02)라는 구절로 수정된다. 계시적 비전에서 인간 마음은 분명히 특권을 가지지만, 외부 자연 세계와 무관하

---

10 이 장면은 사후적이다. 워즈워스와 존즈는 1790년 8월에 실제로 알프스를 넘으며, 그 당시에는 심플론 패스 통과는 실망감을 안겨준다. 그러나 시간이 지나 1804년 봄에 실제 경험을 시로 옮길 시점에 워즈워스는 상상력의 위대함을 인식하고 표현하게 된다. 1790년 당시에는 적어도 문자로 설명하지 못하던 알프스 통과라는 실제 사건은 1804년 창작 당시의 글쓰기 행위를 통해 그 계시적 의미가 드러난다. 과거의 알프스 경험은 이제 창작을 통해 더 강렬한 의미를 가지게 된다.

게 작동하는 것은 아니며, 이들은 단순한 대립과 대체관계로 전락할 수 없다. 수정 전후를 검토하면, 복수형 "flashes"와 "have shown to us"를 사용하는 1805년 판은 좀 더 직접적이며 감각적이지만 1850년 판은 좀 더 계시적, 극적이며, 초감각적 경험의 폭을 더 넓힌다. 토마스 와이스켈(Thomas Weiskel)은 워즈워스가 사용한 메타포는 "칸트의 이론보다 더 섬세한데, 미학적 위대함을 뒤따르는 결과로 생겨나는 인식 상태에 두는 것이 아니라 더 분명하게 감각의 무의식적 최고점에 두기 때문이다"(43)고 평가한다. 『판단력 비판』(*Critique of Judgement*)에서 칸트는 "숭고는"("숭고를 생각하는 능력은") "모든 감각 기준을 넘어서는 심적 능력을 표시"한다고 언급한다 (66, 69). 또한 숭고의 감정은 내면에서 "우리의 초감각적 목적지에 관한 감정"(72)을 일깨운다고 설명한다. 워즈워스가 신체 감각을 포기하지 않는다는 사실은 칸트와 구분되는 점이다.

『서시』6권의 심플론 패스 장면 구성은 산 풍경의 숭고를 서술하는 과정에서 단계적 절차를 따른다. "두 명의 형제 순례자"(1805, 481)로 소개된 화자와 그 친구 로버트 존즈(Robert Jones)가 처음 실제 몽블랑을 대면했을 때 신체의 눈에 비친 "생기 없는 모습"(1805, 455)이 마음속에 상상했던 산 이미지를 치환시키는 장면이다. 그런 다음, 가파른 산길을 오르다 일행과 헤어져 길을 잃게 되고, 도중에 만난 "농부"(1805, 516)에게서 길을 찾아 "아래로 내려가야"(1805, 518)한다는 말을 듣고, 곧이 믿을 수 없어 재차 물었지만 같은 답을 얻게 되고 "이미 알프스를 넘었다"(1805, 527)는 것을 알게 된다. 이후, 사후적 기법으로 "인간 언어의 가엾은 불완전"(1850, 593)으로 어쩔 수 없이 "상상력"(1805, 592)이라 불리는 것에 관한 수사적 향연이 펼쳐진다. 이 장면에서는 시작 부분과는 정반대로 상상력의 찬탈력이 단조로운 현실을 위압하고 그 한계를 극복하는 것으로 기술된다. 그렇지만, 기대와는 다르게 이미 알프스를 넘었다는 사실에 대한 화자 자신의 실망감에 대한 약간의 보상적 심리가 가미되고 특히 1805년 판에서는 자의식적 성향이 가미된다고 할 수 있다. 계속 하산하여, 곤도 협곡에 이르러 그 풍경 묘사에서 마음과 자연이, 여러 대립체가 계시적으로 조화, 융합되는 숭고한 장면이 극적으로 기술된다.[11]

3. 숭고와 풍경의 정치학

워즈워스 숭고 미학의 특징을 이루는 이러한 조화와 융합의 비전은 그의 시작 활동에서 일관되게 유지되고 추구된다. 1815년 『시』(*Poems*)의 「서문의 보충문」("Essays Supplementary to the Preface")에서 워즈워스는 제임스 맥퍼슨(James Macpherson)을 비판하면서 "자연에서, 모든 것은 구분되지만, 어떤 것도 절대적으로 독립된 단일함으로 정의되지 않는다"(*The Prose* 3, 77)고 진술한다. 존재의 완결성은 개별적 존재의 인정과 함께 개별성을 넘어서는 통일에 대한 통찰에 있음을 시사한다. 또한 「비문에 관한 에세이」("Essays upon Epitaph")에서는 "상반되는 것처럼 보일지라도 대조보다는 더 섬세한 다른 관계를 지니는 감정"(*The Prose* 2, 53)을 설명하면서 "자연 세계와 도덕 세계에는 특성들이 알지 못하게 그들과 상반되는 것들로 넘어가고, 사물들은 서로를 중심으로 전개된다"(*The Prose* 2, 53)고 진술한다. 그의 숭고론은 이러한 관점을 재확인해주며, 숭고의 원칙이 미학에만 국한되지 않고, 인간의 조건을 구성하는 여러 차원에 적용된다는 점을 입증한다.

---

11 코울리지와 만난 이후 적어도 1800년 초반까지 워즈워스의 작품에는 스피노자(Baruch Spinoza)의 영향이 짙게 드리워진다. 『노트북』(*Notebooks*) 기록에서도 나타나듯이, "어떻게 하나가 다수가 될 수 있는지"는 코울리지 자신에게도 "영원한 수수께끼"이고 "불가능한 듯하지만," "실재하며, 곳곳에 존재한다" 수긍하면서 스피노자를 언급한다. 하나와 다수 간의 양립 불가능은 "용어상의 모순" 따름이고 실재한다는 이러한 사고는 이전에 그가 스피노자에 관해 "단일성"과 "절대적 동일성"을 언급하던 것과는 구분된다 (*Notebooks* 37, 16).

등산을 풍경 관찰 행위와 관련짓는다면, 본다는 행위는 결코 중립적이지 않으며, 여기에는 시각의 권력, 주체의 역사, 과학기술의 발전, 그리고 관찰자의 탈중심화라는 모더니즘 이후 본격적으로 부상하는 주제가 당연히 개입된다. 이러한 주제를 본격적으로 논하기는 지면상의 제약이 따르겠지만, 크래리(Jonathan Crary)가 말하듯, 보는 사람은 "규정된 가능성 내에서 보는 사람이며, 관습과 제약 체제 속에 포섭된 사람"(6)이다. 이러한 관점에서 시각을 역사적 구성물로 파악하고, 이를 토대로 풍경과 자연에 대한 인식을 새롭게 점검하여 이들이 사회적, 문화적 구성물이라는 관점을 가질 필요가 있다. 관찰자와 관찰 대상은 관습적으로 구성된다는 점을 생각하는 데서 그치는 것이 아니라, 다양한 배경과 장소에 위치된 사건의 분포로서 관찰자와 관찰 대상을 분석해야 하며, 따라서 로맨티시즘의 등산과 풍경, 그 미학적 비전에 관한 연구가 별도로 필요하다는 당위성도 성립된다. 특히 워즈워스의 경우에는 시각 경험이 조직하고 통제하려는 관찰자를 교란하는 에이전트로 작용한다는 측면이 있다. 한 예로, 「가시나무」("The Thorn")에서 화자는 "산 정상에 올라서"(185) "망원경으로 / 넓고 환한 대양을 조망"(181–82)하려 한다. 그러나 그는 갑작스러운 기상 변화로 계획을 달성하지 못한다. 또한, 마사 레이의 얼굴을 직접 대면하지만, 그 얼굴의 의미를 파악하지 못한다.

존 배럴(John Barrell)은 "풍경의 어두운 면"을 설명하면서 풍경 재현에 개입하는 도덕적, 정치적 요소들을 지적하고 있다(24–25). 문제는 이러한 요소들이 표면적 이상주의 아래에서 숨겨져 잘 드러나지 않는다는 점이다. 풍경 재현은 정치 담론과 유사한 성격을 가지며, 이면의 잘 드러나지 않는 다양한 입장을 끌어내고, 그것이 제도화되고 정당화되는 과정에서, 그리고 제도화와 정당화를 수행하는 과정에서, 침묵 되거나 침묵시키는 요소를 고려해야 한다. 다시 말해, 자체의 가독성을 와해시키는 문화적 실천 양식이 풍경의 한 측면일 것이다. 워즈워스의 풍경 미학도 마찬가지로 그것을 픽처레스크, 숭고, 혹은 미와 같이 정해진 장르로만 파악하는 대신에, 그것이 시각적 전유의 장이며, 개인과 공동체의 정체성 형성과 불가분의 관련을 맺고 있으며, 또한 교환 매체로서 유통되는 방식을 검토하는 과정을 거쳐야 할 것이다.

이와 같은 맥락에서, 풍경은 문화로 매개된 자연이며, 자연 자체가 아니라 사회적 자연이라는 점을 생각해볼 수 있다.[12] 풍경은 자신의 이러한 관습성을 관찰자가 자연스러운 것으로 받아들이도록 재현하며, 관찰자의 정체성을 자신과의 관계에서 형성시킨다. 라깡(Jacques Lacan)이 거울 단계에서 설명하는 오인 구조가 풍경과 관찰자 간에 작동한다는 내용인데, 미첼(W. J. T. Michell)은 이러한 풍경의 속성을 설명하기 위해 마르크스(Karl Marx)가 사용한 "사회적 상형문자"(*Landscape and Power*, 15)라는 용어를 사용한다. 자신의 실제적 가치의 토대를 숨기고 있는 사회적 관계의 표상이 풍경이며, 동시에 상품이 갖는 주물의 속성을 가진다는 것이다. 앤 버밍햄(Ann Bermingham)은 『풍경과 이데올로기』(*Landscape and Ideology*)에서 배럴과 마찬가지로 풍경 이해에 당대의 물질적 조건의 변화나 경제적 관심사를 반영하며, 풍경의 미학적 이상화에 따르는 문제점을 지적한다(11, 168).[13] 실제로, 워즈워스의 풍경 서술은 공유지의 인클로저와 산업 혁명의 여파로 인한 당대 농부들의 가난한 실상을 자칫 당연시하는 결과를 낳을 수 있다.

워즈워스의 풍경시는 풍경을 단순히 회화의 한 장르가 아니라, 문화 코드의 네트워크로 파악해야 함을 제시한다. 풍경과 마찬가지로, 풍경을 관찰하는 시각도 정치적 속성에서 벗어날 수 없다. 나폴레옹 전쟁이 한창이던 1811

---

12 자연을 사회나 자아가 투영된 것으로 보는 시각은 17, 18세기 정원 예술의 분석에서 많은 동력을 얻었다. 레이먼드 윌리엄스도 자연을 이 같은 시각으로 파악한다. 스캇 헤스(Scott Hess)는 이를 계승한 환경론을 제시한다.

13 레이먼드 윌리엄스(Raymond Williams)는 "노동을 하는 지역은 풍경이 되기 힘들다"(120)는 표현으로 이상화된 풍경의 문제점을 지적한다. 존 배럴도 영국 풍경에서 노동자들의 노동이 자연의 아름다움을 철학적으로 명상하는 것을 방해하기 때문에 풍경의 "어두운 면"에 감추어진다고 언급한다(13-16).

년과 1813년 시기에 창작되고 수정되어 1815년에 출간된 블랙 콤브(Black Comb) 산을 소재로 한 두 편의 시 「블랙 콤브 정상에서 조망」("View from the Top of Black Comb"), 「블랙 콤브 산허리 돌에 석필로 적은 시」("Written with a Slate-pencil, on a Stone, on the Side of the Mountain of Black Comb")는 발아래 펼쳐지는 풍경을 조망하면서 개인과 국가의 정체성에 관한 비전을 탐색하는 대표적 시들이다. 앞 시에서 워즈워스는 웨일스, 스코틀랜드, 모나 섬, 아일랜드, 영국 본토의 풍경을 각각 기술하면서 이러한 개별적 풍경과 정치적 단위를 "한 시선을 따라 이어지는"(8) 파노라마로 구성한다. 지역적으로 분리되고 이질적 개별 단위 간의 형제적, 수평적 동지 관계를 강조하면서 이를 통합하여 "영국의 평온한 행복과 권위를"(34) 드러내는 "무한한 계시"(32)로 만들어 낸다.

워즈워스가 계시적 비전으로 바라본 영국은 에드워드 사이드(Edward Said)가 제안하는 특정한 텍스트나 담론 혹은 이미지로 만들어지는 "상상된 지리"(194)와 관련되며, 유토피아적 요소가 있다. 또한, 당대의 현실을 고려하면 제국주의적 속성을 숨기는 측면도 있다. 그러나 워즈워스의 통합을 지향하는 계시적 비전이 이질적 지리, 다채로운 형태, 다양한 문화적-역사적 배경을 지닌 국토 구성요소의 개별성을 완전히 부인하거나 말살하는 것은 아니다. 오히려, 워즈워스는 국가라는 보편적 추상성의 토대를 지역적 특수성과의 관계에, 그리고 서로 해결 불가능 상태를 인정하고 이를 유지하는 개별적 특성의 아카이브에 둔다.

앨리슨 힉키(Alison Hickey)는 "통합하고 체계화하려는 충동과 이러한 충동에 대한 저항"(131)이 워즈워스의 특성이라고 언급한다. 워즈워스의 숭고는 이러한 충동과 저항을 통합시킨다. 또한, 영국이라는 국가와 호수 지역이라는 지역적 특성 간의 관계도 숭고의 원칙을 따라 설정한다. 이들 간의 "상호 지배"나 "상호 교환적 지배"의 관계는 서로 간의 절충이나 조율의 문제가 아니라, 영국이라는 국가는 호수 지역 삶의 일반화이며, 호수 지역은 영국의 삶과 물적, 정신적 조건의 축도가 된다. 시인 워즈워스의 자아와 영국과의 관계도, 그가 상정하는 이상적 국가와 그것을 구성하는 개인 주권과의 관계도 이러한 관점에서 파악할 필요가 있다.

블랙 콤브 산의 풍경을 소재로 한 두 번째 시 「블랙 콤브 산 경사면의 돌에 석필로 쓴」("Written with a Slate-pencil, on a Stone, on the Side of the Mountain of Black Comb")에서 산 정상에 오른 육지 측량부 (Ordnance Survey)의 국가 지도 사업을 수행하는 "지리 작업자"(14)는 산 아래 일반인들이 갖지 못하는 특권을 누린다.

> 그에게는
> 높은 산에서 (소심한 사람에게는
> 잘 허용되지 않는) 자연의 진행을
> 얼핏 보는 것이 최대한 주어졌다.

> To him was given
> Full many a glimpse (but sparingly bestowed
> On timid man) of Nature's processes
> Upon the exalted hills. (17–20)

시야가 트인 광활한 전망을 하는 블랙 콤브 산 정상에서 삼각 측량을 하면서, 발아래 풍경을 내려다보는 "지리 작업자"에게는 점유한 위치상의 혜택에 덧붙여 18세기 시적 전통에 따라 우월한 정치적, 도덕적 의미가 부여된다 (Barrell 35). 그는 아래에 보이는 풍경과 사람, 사물을 논평하는 자격을 암묵적으로 인정받는다. 굳이 "작업자"를 붙였다는 이유를 대면서, 그가 이러한 특권을 완전히 누리지 못한다고 비판할 수 있겠지만, 다른 한편으로는,

산 아래에 있는 "소란스러운 방문자들"(7)과 대비됨으로써 일정 부분 특권이 묵인된다. 또한, 삼각 측량과 경위의(theodolite) 사용에 필요한 "도표와 장비"(15)를 언급함으로써, 적합한 풍경 서술과 관찰 행위는 특별한 기술이 훈련을 통해 습득되어야 하며, 산 위에서 "고독한 작업"(16)을 수행하는데 갖추어야 하는 의지와 지적 능력을 암시한다. 올바른 관찰 행위는 후천적으로 학습되어야 하는 특별한 능력이라는 것이다. 윌리엄 길핀(William Gilpin)은 『와이 강 관찰기』(*Observations on the River Wye*)에서 적합한 시각은 엄격한 교육을 통해 "추구해야 하는 대상"(1)이며, 적합하게 보는 능력은 세련된 미적 취향을 얻으려는 노력처럼 자연적으로 공유되는 것이 아님을 기술한다.[14] 이러한 길핀의 시각은 워즈워스의 경우와 다르지 않다.

워즈워스가 "지리 작업자"를 자신의 동일시 대상으로 실제로 설정하고 있는지는 명확하지 않다. 그러나 작업자의 고독을 강조함으로써 그의 행위와 인물 자체를 추상화하고, 그에게 "자연의 진행 과정"(19)을 엿볼 수 있는 특권을 부여하며, 산 아래의 현실과 구분하여 이것에 직접 구애받지 않는 관찰자라는 지위를 부여하는 점은 1809년에 출간한 그의 저서 『신트라 협약에 관하여』(*Concerning the Convention of Cintra*)에서 "대중이 기준에 관여하지 않으며, 국가와 인류의 가장 소중한 것에 영향을 주는 경우를 제외하면 사태의 변화에 관심을 주지 않는"(180) 사람을 적합한 정치 논평의 대상으로 설정하고 있는 것과도 상통한다. 워즈워스는 대중에 대한 전폭적 신뢰를 유보하면서 합당한 취향 습득을 엄격한 훈련을 거친 소수 특권으로 한정시킨

---

14 조지 버클리(George Berkeley)의 1709년에 출간한 「새로운 시각 이론을 위한 에세이」("An Essay Towards a New Theory of Vision"), 길핀의 1792년 픽처레스크에 관한 세 편의 에세이도 마찬가지로 학습에 의한 적합한 풍경 취향과 바르게 보는 방법에 관해 언급한다. 길핀의 『와이 강 관찰기』는 *Observations on the River Wye, and Several Parts of South Wales, etc. Relative Chiefly to Picturesque; made in the Summer of the Year, 1770*이 원래 제목이다.

다. 이러한 행위는 자신의 계급의식과 무관하지 않다. 이러한 계급적 특권에서 비롯된 미적 취향을 가지며 현실의 이해관계에서 초연한 개인이 워즈워스의 이상적 공동체에 합당한 구성원이 되며, 숭고의 정치학은 바로 이러한 개인 주권이 공동체와의 관계에서 상호 교환적 지배를 형성하는 경우이다.

산에 대한 본격적 관심은 19세기 창작품이다. 등산은 로맨티시즘 시기에 새롭게 본격적으로 등장한 활동이며 당대의 역사적 조건과 함께 등산가라는 새로운 정체성을 산출한다. 로맨티시즘 시기의 작가들은 등산 행위를 시 창작 활동과, 등산가를 자신들의 정체성과 결부시켜 새로운 문학적 활력을 모색한다. 버크 미학에서는 숭고와 미로 뚜렷하게 구분되는 것들을 결합하면서, 워즈워스는 다양성을 파괴하지 않고 초월하는 통일성을 지각함으로써 단일한 포괄적 비전속에서 자연 사물의 다양성을 인정하는 독특한 숭고를 설정한다. 인간의 마음과 대상과의 상호 주권, 상호작용은 산을 소재로 하는 워즈워스의 숭고 미학에서 중요한 주제이다.

▌Works Cited

Albrecht, W. P. "Tragedy and Wordsworth's Sublime." *The Wordsworth Circle* 8.1 (1977): 83–94. Print.

Bainbridge, Simon. "Romantic Writers and Mountaineering." *Romanticism* 18.1 (2012): 1–15. Print.

Barell, John. *The Dark Side of the Landscape: the Rural Poor in English Painting, 1730–1840.* Cambridge: Cambridge UP, 1980. Print.

Bermingham, Ann. *Landscape and Ideology: The English Rustic Tradition, 1740–1860.* Berkeley: U of California P, 1989. Print.

Blake, William. *The Complete Poetry & Prose of William Blake.* Ed. David V. Erdman. New York: Anchor Books, 1988. Print.

Bohls, Elizabeth A. "Picturesque Travel: The Aesthetics and Politics of Landscape." *The Routledge Companion to Travel Writing.* Ed. Carl Thompson. London: Routledge, 2016. 246–57. Print.

Brown, Bill. "Thing Theory." *Critical Inquiry* 21 (2001): 1–22. Print.

Burke, Edmund. *A Philosophical Enquiry into the Origin of Our Ideas of the Sublime and Beautiful.* Ed, Paul Guyer. Oxford: Clarendon P, 2015. Print.

Coleridge, Samuel Taylor. *Collected Letters of Samuel Taylor Coleridge.* Vol 2. Ed. Earl Leslie Griggs. Oxford: Clarendon P, 1971. Print.

_____. *Coleridge's Notebooks: A Selection.* Ed. Seamus Perry. Oxford: Oxford UP, 2002. Print.

Colley, Ann C. *Victorians in the Mountains: Sinking the Sublime.* New York: Routledge, 2016. Print.

Crary, Jonathan. *Techniques of the Observer: On Vision and Modernist Century.* Cambridge: MIT P, 1990. Print.

Craig, David. *Native Stones: A Book about Climbing.* London: Martin Secker & Warburg, 1987. Print.

Gilpin, William. *Observations on the River Wye.* 2nd Edition. London: Blamire, 1789. Print.

Halmi, Nicholas, ed. *Wordsworth's Poetry and Prose.* New York: W. W. Norton, 2014. Print.

Heaney, Seamus. *Preoccupations; Selected Prose 1968–1978*. New York: Farrar, Straus and Giroux, 1980. Print.

Hess, Scott. *William Wordsworth and the Ecology of Authorship: The Root of Environmentalism in Nineteenth-Century (Under the Sign of Nature)*. Charlottesville: U of Virginia P, 2012. Print.

Hickey, Alison. *Impure Conceits: Rhetoric and Ideology in Wordsworth's Excursion*. Stanford: Stanford UP, 1996. Print.

Hill, Alan G. "The Triumphs of Memory: Petrarch, Augustine, and Wordsworth's Ascent of Snowdon." *The Review of English Studies, New Series* 57.299 (2006): 247–58. Print.

Jarvis, Robin. Romantic *Writing and Pedestrian Travel*. London: Macmillan, 1997. Print.

Keane, Patrick J. "Mountain Visions and Imaginative Usurpations: Essay." *Numéro Cinq* 10 (2012).
http://numerocinqmagazine.com/2012/10/19/mountain-visions-and
-imaginative-usurpations-essay-patrick-j-keane/

Kant, Immanuel. *Critique of Pure Reason*. Trans and Ed. Paul Guyer and Allen W. Wood. Cambridge: Cambridge UP, 1998. Print.

____. *Critique of Judgement*. Trans. J. H. Bernard. New York: Dover, 2005. Print.

Milton, John. *Paradise Lost*. Ed. Stephen Orgel. Oxford: Oxford UP, 2004. Print.

Mitchell, W. J. T., ed. *Landscape and Power*. 2nd ed. Chicago: U of Chicago P, 2002. Print.

Petrarch, Francesco. "The Ascent of Mount Ventoux. Fordham University Internet Medieval Source Book. http://sourcebooks.fordham.edu/sour ce/petrarch-ventoux.asp.

Potkay, Adam. "Wordsworth and the Ethics of Things." *PMLA* 123 (2008): 390–404. Print.

Said, Edward W. "Culture and Imperialism." *Power, Politics, and Culture: Interview with Edward W. Said*. Ed. Gauri Viswanathan. New York: Pantheon, 2001. Print.

Solnit, Rebecca. *Wanderlust: A History of Walking*. New York: Penguin

Books, 2001. Print.

Schama, Simon. *Landscape and Memory*. New York: Alfred A. Knopf, 1995. Print.

Stokes, Christopher. *Coleridge, Language and the Sublime*. New York: Palgrave Macmillan, 2011. Print.

Turnbull, Ronald. *The Book of the Bivvy*. Milnthorpe: Cicerone, 2007. Print.

Weiskel, Thomas. *The Romantic Sublime: Studies in the Structure and Psychology of Transcendence*. Baltimore: Johns Hopkins UP, 1976. Print.

Williams, Raymond. *The Country and the City*. London: Chatto & Windus, 1973. Print.

Wordsworth, William. *Concerning the Convention of Cintra*. Eds. Richard Gravil and W. J. B. Owen. Penrith: Humanities–Ebooks, 2009.

_____. *Letters of the Wordsworth Family from 1797 to 1855*. Ed. William Knight. Vol 3. New York: Haskell House Publishers, 1969. 3 vols. Print.

_____. *The Letters of William and Dorothy Wordsworth*. Eds. Ernest De Selincourt and Chester L. Shaver. Vol 1. Oxford: Oxford UP, 1967. Print.

_____. *The Prelude 1799, 1805, 1850*. Eds. Jonathan Wordsworth, M. H. Abrams, and Stephen Gill. New York: W. W. Norton, 1979. Print.

_____. *The Prose Works of William Wordsworth*. Vol. 2. Eds. W. J. B. Owen and Jane Worthington Smyser. Oxford: Oxford UP, 1974. 3 vols. Print.

Mountaineering and Landscape: Wordsworth's Sublime

Hyeuk Kyu Joo
(Gyeongsang National University)

This paper aims to explain how mountaineering and exposure to mountain landscapes contribute to consolidating Wordsworth's aes—thetic vision of the sublime. Mountaineering is conditioned by ma—terial and historical developments, as is aesthetics. Native to the Lake District surrounded with the rugged mountains, Wordsworth naturally interacts with the sights and the sounds of mountains, cultivating the sublime sense of unity which works beyond and in excess of contrarieties and divisions. For Wordsworth, the sublime is not an aesthetic category of appreciating natural landscapes so much as a poetic principle that occupies central position in his lit—erary oeuvre. Wordsworth emphasizes the power of the spectator's mind, rather than the external objects, in creating the sublime. He shows that landscape and its viewer, nature and mind must be wo—ven together, modifying each other, to set in motion the sublime effects. In his compositions of crossing Simplon Pass and climbing

Snowdon, for example, Wordsworth masterfully juxtaposes in-dividual objects to demonstrate how they, without losing their in-dividualities, cohere into a unity, creating a sense of "interchange-able supremacy" in the transformative act of the mind.

Key Words : mountaineering, aesthetic, sublime, Wordsworth, landscape

Notes on Contributor:

Hyeuk Kyu Joo is Professor of English at Gyeongsang National University, Korea. He mainly researches English Romanticism and publishes work on Milton, Emily Dickinson, Melville, Yeats, Words-worth, and critical issues relating to literary studies. He is currently working on the cultural geography of British Romanticism.

Email: hyeuk001@hanmail.net

소련의 언어정책 연구
– 중앙아시아 표기체 전환을 중심으로

경상대학교 러시아학과 교수 정경택*

1. 서론

1991년 12월 24일 소련은 해체를 공식적으로 선언함에 따라 중앙아시아 5개국과 캅카스의 아제르바이잔도 주권국이 되었다.

소련은 창건초기부터 러시아제국의 소수민족 불인정 정책을 벗어나 러시아민족 외 130개 이상의 민족이 모두 평등한 지위를 가지고 있고 이들의 모어도 러시아어와 더불어 동등하게 사용할 수 있음을 대내외에 천명했다.

그러나 실상은 이 130개 이상의 민족의 의사소통언어로서 러시아어의 기능을 강조하면서 여러 유무형의 조치와 법률로서 러시아어를 사실상의 유일한 공용어, 즉 국어로 정하여 이를 확장시키는데 많은 노력을 기울여 왔다.

---

*   정경택, 경상대학교 러시아학과 교수, 해외지역연구센터.

이러한 러시아화, 러시아어의 기능 강조와 사용영역확대, 그리고 키릴문자를 기반으로 한 표기체 강요로 인해 위 6개국은 토착주도민족의 모어와 러시아어의 이중언어사용과 러시아키릴표기체 사용지역으로 바뀌었는데, 토착주도민족에게는 자신들의 언어와 문화를 제한하고 러시아화의 강제적인 도입의 대표적인 조치로서 부정적인 인식을 가지게 만들었다.

본 연구에서는 소련시기 70여 년 간 시행된 러시아어의 민족 간 의사소통어 기능을 강화시킴으로써 러시아어를 소련의 사실상의 유일한 공용어, 국어로 만들려는 언어정책의 한 조치로서 중앙아시아의 표기체제정과 전환 과정을 살펴보기로 한다.

2. 본론

2.1. 소련시기 중앙아시아에서의 표기체 제정과 교체 정책

소련에서의 언어 구축 활동은 강화된 문화변용 영역에서 러시아 인텔리 계몽 전통에서 키워진 옛날 러어학교의 전문가—언어학자들이 수행했다. 언어학자들은 문자를 창제하면서 음운 체계에 의거했다. 1920년대에 여러 언어의 키릴, 라틴 또는 개혁된 아랍문자의 장단점에 대한 논의가 전개되었다. 소련에서 라틴표기는 독일인만이 가지고 있었고 슬라브 민족과 몇몇 정교회 신봉 민족들이 키릴을 사용하고 있었다. 아랍표기는 이슬람과 옛날 문화를 연상시켰다. 유럽화, 프롤레타리아트 연대, 세계 혁명 과정이 채택되었고 유럽은 라틴을 사용하고 있었다. 이 때문에 라틴을 도입하기로 결정했다. 라틴은 국내에서 문화를 접근시키고 동시에 소비에트 인민을 해외의 문화에 접근시켜야만했다. 라틴 전환은 동방에서의 문화 혁명으로 불렸고 라틴문자는 사회주의의 문자가 되어야했다. 세계 프롤레타리아트 단결과 국제주의의 이상은 1930년대 초 무슬림 민족들에서 라틴화로 고착되었고 아랍표기는 부르주아 민족주의의 반동적 현상으로 간주되어 공식적으로 금지되었다. 소련의 표기체 없던 민족들과 예전에 다른 기반의 표기를 가졌던 언어들을 라틴으로 전환시켰다. 이후 포볼지예(Поволжье)와 북방민족들의 제언어를 키릴로부터 라틴으로 전화시키기 시작했다. 이디쉬, 그루지야, 아르메니아, 심지어 러어를 위한 라틴문자도 만들어지게 되었다. 러어의 키릴은 정교회와 제민족의 러화 정책을 가진 짜르 체제의 유물로서 해석되었다. 라틴화의 반대자들이 체포되었다. 러시아어의 키릴은 혁명화된 동방과 서방의 통합을 방해했다. 레닌은 러시아어의 라틴 전환을 꿈꾸었다. 1931년에 북방민족을 위한 단일 문자가 제정되었는데, 이 문자를 기반으로 13개의 표기체가 만들어졌고 동방 민족을 위해 40개의 표기체가 창제되었다. 1936년에 102개 민족의 목록이 발표되었는데, 이중에서 12 민족만이 표기체를 가지지 않았다. 71개 문자가 라틴을 기반으로 전환되었다. 그러나 1930년대(레닌은 1924년에 사망했는데, 그는 러시아어의 라틴화를 찬성하고 있었다)에 국내 상황이 변하기 시작했다.

소련시기 중앙아시아에는 130여 민족이 거주하고 있었는데 가장 널리 사용되는 언어들이 투르크 제어, 이란어, 슬라브어였다.

중앙아시아의 언어상황은 지난 100년 동안 매우 역동적이고 극단성을 걸어왔다. 1920년대까지 대부분의 중앙아시아 주민들은 민속과 문학, 지역의 행정, 교육에서 페르시아어와 투르크어를 사용하며 아랍 문자를 표기체로 사용하고 있었다.

1920년 대 말까지 러시아어 사용자는 매우 적어 전 주민의 2-6%정도였는데, 이때 소련정부는 아랍문자를 라틴문자로 전환시켰다.

그렇지만 1940년대에 들어와 모든 중앙아시아 언어들은 라틴문자를 포기하고 키릴문자로 또 다시 전환했고 동시에 표준어가 제정되어 일반 대중교육은 민족어로 이루어지게 되었다.

위에서도 보았듯이 1960년대-1980년대 중반 소련 중앙정부는 모든 중앙아시아 연방 공화국에서 '민족 간 의사소통 수단'으로서 러시아어 사용을 강력하게 지원했다. 모든 층위에서의 교육은 러시아어로 시행하도록 강요했는데, 모든 행정, 기술, 군사 및 모든 문서에서 기본적으로 러시아어를 사용하도록 강제한 것으로 대개 지역 언어를 희생으로 한 것이었다.

그러나 1980년대 말-1990년대 초 중앙아시아 각 공화국정부는 고유어의 더 많은 사용을 요구했다. 모든 공화국들은 자신들의 언어만을 국어로 정하고 국가 행정과 교육을 포함한 모든 생활영역에서 모어로의 전환을 주장한 새로운 언어법을 통과시켰고 특히 투르크메니스탄과 우즈베키스탄은 키릴문자를 버리고 라틴문자를 부활시켰다.

2.3. 중앙아시아의 문자 개혁 역사

1920년대 중앙아시아가 소련의 구성국이 되기 전까지 중앙아시아 지역과 캅카스 지역에 거주하던 무슬림들은 이슬람의 전통으로 모두 아랍문자를 사용하고 있었다. 이 아랍문자도 크게 3개의 변형체를 가지고 있었다. 이들은 각각 순수한 아랍문자, 이란과 이란어 사용주민들이 사용하는 페르시아-아랍문자, 그리고 터키와 일부 중앙아시아 지역에서 사용되던 투르크-아랍문자였다.

[표 1] 아랍문자

어말	어중	어두	독립형	명칭	음가
ـا			ا	'elif	;(모음표시)
ـب	ـبـ	بـ	ب	bā'	b
ـت	ـتـ	تـ	ت	tā'	t
ـث	ـثـ	ثـ	ث	cā'	θ
ـج	ـجـ	جـ	ج	ğīm	ğ, ʤ

어말	어중	어두	독립형	명칭	음가
ح	ﺤ	ﺣ	ج	ḥā	ḥ, ħ
خ	ﺨ	ﺧ	خ	ḫā	ḫ, x
ﺪ		ﺩ		dāl	d
ﺬ		ﺫ		ḏāl	ə
ﺮ		ﺭ		ẓā	r
ﺰ		ﺯ		ẓā	z
ﺲ	ﺴ	ﺳ	س	sīn	s
ﺶ	ﺸ	ﺷ	ش	šīn	š
ﺺ	ﺼ	ﺻ	ص	ṣād	ṣ
ﺾ	ﻀ	ﺿ	ض	ḍād	ḍ
ﻂ	ﻄ	ﻃ	ط	ṭā	ṭ
ﻆ	ﻈ	ﻇ	ظ	ẓā	ẓ
ﻊ	ﻌ	ﻋ	ع	'ain	':, ʕ
ﻎ	ﻐ	ﻏ	غ	ġain	ġ, ɣ
ﻒ	ﻔ	ﻓ	ف	fā	f
ﻖ	ﻘ	ﻗ	ق	ḳāf	ḳ, q
ﻚ	ﻜ	ﻛ	ك	kāf	k
ﻞ	ﻠ	ﻟ	ل	lām	l
ﻢ	ﻤ	ﻣ	م	mīm	m
ﻦ	ﻨ	ﻧ	ن	nūn	n
ﻪ	ﻬ	ﻫ	ه	hā	h
ﻮ		ﻭ		wāw	w
ﻰ	ﻴ	ﻳ	ي	jā	j

[표 2] 페르시아-아랍문자

ا [ɑː]	ب [b]	ج [ʤ]	چ [ʧ]	د [d]	ه [ɛ]	ع [æ]	ف [f]
گ [g]	غ [ɣ]	ح,ه [h]	خ [x]	ی [ɯ]	ی [ɪ]	ژ [ʒ]	ك [k]
ق [g]	ل [l]	م [m]	ن [n]	و [ɔ]	و [œ]	پ [p]	ر [r]
ث,س,ص [s]	ش [ʃ]	ت,ط [t]	و [u]	و [y]	و [v]	ی [j]	ذ,ز,ض,ظ [z]

[표 3] 투르크-아랍문자

독립형	어말	어중	어두	현대터키문자	발음기호
ا	ﺎ	—		a, e	[a], [e]
ء		—			
ﺏ	ﺐ	ﺒ	ﺑ	b	[b]
پ	ﭗ	ﭙ	ﭘ	p	[p]
ﺕ	ﺖ	ﺘ	ﺗ	t	[t]
ﺙ	ﺚ	ﺜ	ﺛ	s	[s]
ﺝ	ﺞ	ﺠ	ﺟ	c	[ʤ]
چ	ﭻ	ﭽ	ﭼ	ç	[ʧ]
ﺡ	ﺢ	ﺤ	ﺣ	h	[ħ]
ﺥ	ﺦ	ﺨ	ﺧ	h	[x]
ﺩ	ﺪ	—		d	[d]
ﺫ	ﺬ	—		z	[z]
ﺭ	ﺮ	—		r	[r]
ﺯ	ﺰ	—		z	[z]
ژ	ﮋ			j	[ʒ]
ﺱ	ﺲ	ﺴ	ﺳ	s	[s]
ﺵ	ﺶ	ﺸ	ﺷ	ş	[ʃ]
ﺹ	ﺺ	ﺼ	ﺻ	s	[s]
ﺽ	ﺾ	ﻀ	ﺿ	d, z	[d]
ﻁ	ﻂ	ﻄ	ﻃ	t	[t]
ﻅ	ﻆ	ﻈ	ﻇ	z	[z]
ﻉ	ﻊ	ﻌ	ﻋ	', h	[ʕ]
ﻍ	ﻎ	ﻐ	ﻏ	g, ğ	[ʁ]
ﻑ	ﻒ	ﻔ	ﻓ	f	[f]
ﻕ	ﻖ	ﻘ	ﻗ	k	[q]
ﻙ	ﻚ	ﻜ	ﻛ	k, g, ğ, n	[k]
ﮒ	ﮓ	ﮕ	ﮔ	g, ğ	[g]
ﯔ	ﯕ	ﯗ	ﯖ	n	[ñ]

독립형	어말	어중	어두	현대터키문자	발음기호
ل	ل	┴	ﺟ	l	[l]
م	م	ﻤ	ﻤ	m	[m]
ن	ن	ﻨ	ﻧ	n	[n]
و	و			v, o, ö, u, ü	[v], [o], [œ], [u], [y]
ه	ﺢ	ﺛ	ﻫ	h, e, a	[h], [æ]
ی	ﻰ	ﻮ	ﻳ	y, ı, i	[j], [ɯ]

소련에서는 1917년 10월 혁명 이후 곧바로 중앙아시아와 캅카스 지역의 주요 민족 언어들인 우즈벡어, 카자흐어, 키르기스어, 투르크멘어, 타지크어 그리고 아제리어의 표기체계였던 아랍문자는 다음과 같은 이유로 수정, 보완되거나 다른 문자 체계, 즉 라틴문자로 교체하자는 주장이 대두되었다.

첫째, 아랍문자는 서체가 복잡하고 쓰기에 극히 힘들었다. 위의 문자표에서 보듯이 단어 내에서의 위치인 어두와 어중, 어말에서, 그리고 독립형태가 각각 다르고, 각각의 글자 구분이 모호하여 문자의 습득과 그 사용이 매우 어려웠다.

둘째, 아랍문자는 특히 투르크어의 음성구조를 표시하기에는 불편했다는 점이다. 특히 아랍문자의 28개 글자들 중 " ﺍ"(엘리프 'elif)만이 모음 표시 글자였기 때문에 투르크어파 언어들에 고유한 9-10개의 모음을 나타내기 위해서는 많은 수의 변음 부호들이 필요할 수밖에 없었다.[1]

셋째, 아랍어에만 고유한 자음들을 표현하는 ﺹ(ṣād), ﻅ(ẓā), ﻁ(ṭā)와 같은 글자들은 투르크어에서 필요하지 않았다.

---

[1] 예를 들어 아제리어의 바다를 의미하는 단어 "Daniz"는 "Dangiz"로, "Alini yu!"(너의 손을 씻어라!)는 "Alingi yu!"로 발음했는데, 아랍어와 페르시아어에는 " ŋ " 발음이 없었고 아랍문자에도 해당 글자가 없었기 때문이다. 따라서 " ŋ "을 위한 새로운 글자인 "saghir-nun"(little nun, "nun" being the original Arabic letter representing the "n" sound)을 만들었는데 이 음은 "kaf"("k")라는 글자 위에 세 점을 찍어 나타내었다.

이와 같이 언어학적 측면에서 아랍문자는 아랍어와 같은 셈어족의 언어들을 표기하는 데에는 적절한 표기체계였지만, 아랍어와는 완전히 다른 알타이어족과 인도유럽어족에 속하는 투르크 제어와 타지크어와는 맞지 않는다.

또한 언어학적 측면 외에 정치-이념적, 문화적 측면에서 다음과 같은 이유로 아랍문자는 거부될 수밖에 없었다.

첫째, 혁명 초 볼셰비키가 추진한 서구 프롤레타리아트와의 최대한의 접근 지향과 전통적으로 아랍문자를 사용해오고 있던 이슬람 성직자와 부르주아 상인 계층의 계급적-이질적 영향으로부터 일반 민중들의 피해를 막고 자기 편으로 만들어 보호하려는 시도 때문에 아랍문자의 사용은 거부될 수밖에 없었다.

둘째, 아랍문자는 소련 내의 중앙아시아 지역의 무슬림 주민들과 여타 지역의 비 무슬림 주민들의 교류에 장애가 되고, 더 나아가 소련 국내와 서방 세계 선진 정보 및 문화의 접촉, 도입을 어렵게 하고 폐쇄성, 후진성을 강화시키는 중요한 상징 중의 하나로 간주되었다. 더욱이 소련 밖에서 보급된, 아랍문자에 기반을 둔 새로운 문자 체계와도 맞지 않았다.

이와 같은 이유로 아랍문자에서 라틴문자로의 표기체계 전환이 중앙아시아와 카프카스지역에서 본격적으로 이루어지게 되었다.

1926년 2월 바쿠에서 아제르바이잔의 주도로 투르크어 표기체계의 라틴문자 전환 문제를 다룬 '제 1차 전 연방 투르크학 총회'가 개최되었는데, 이 총회에서 채택한 '제 1차 전 연방 투르크학 총회 결정'은 표기체계 전환을 의도한 것 이었다.[2]

---

2 그 주요 내용은 다음과 같다: '새로운 투르크(라틴)문자가 아랍 및 변형 아랍문자보다 우월하고 아랍문자와 비교하여 커다란 문화적-역사적, 발전적 가치가 있음을 확인하면서 새로운 문자의 도입과 실행 방법이 개별적인 투르크-타타르 공화국들과 주들에서 각 공화국들과 민족들의 해당 과업이라고 간주한다. 특히 아제르바이잔을 비롯한 소련 각 공화국들과 주의 라틴문자 도입과 바슈키리야, 투르크메니스탄, 우즈베키스탄 등의

이 결정은 이외에도 투르크 제어의 연구와 투르크제어와 다른 어족과의 관계, 모어 교육 방법, 투르크 제 민족 역사의 현재 상황과 연구의 근접 과제 보고서, 지역연구 보고서, 투르크제어의 정자법, 투르크제어의 학술 용어 체계에 관한 내용을 담고 있어 언어와 역사, 지역 연구 등의 전반적인 전체 투르크 민족의 정체성을 부활시키고 정립, 통합하자고 투르크 각 민족들에게 촉구하고 있다.

이 총회의 결정으로 '신 투르크문자 중앙위원회'가 결성되어 문자의 라틴 표기체계 전환 뿐 만 아니라 문자가 없었던 소수민족들에게 라틴문자에 기반을 둔 새로운 표기체계를 만들기 시작했다.[3]

이런 활동의 결과 1929년 라틴문자인 '야날리프'(Яналиф, 신 문자)가 제정되어 아제르바이잔과 모든 중앙아시아 공화국에서, 그리고 일련의 자치공화국들과 하위 주들에서의 채택이 지원되었다.

[표 4] 1929년의 야날리프

Aa	Bb	Cc	Çç	Dd	Ee	Əə	Ff	Gg	Ɵ]ɷ	Hh	Ii
Jj	Kk	Ll	Mm	Nn	Ŋŋ	Oo	Ɵɵ	Pp	Qq	Rr	S s
Şş	Tt	Uu	Vv	Xx	Yy	Zz	Ƶƶ	Ь ь	'		

1929년 전까지 아랍문자를 사용하던 무슬림 민족들의 라틴문자 전환과 또한 고유의 표기체계를 갖지 못한 대부분의 북방 소수민족 언어들의 라틴문자 표기체계 확립 정책으로 인해 소련에서는 키릴문자와 라틴문자, 그리고 그루

도입 운동의 큰 긍정적 의미의 사실을 확인한다. 각 공화국들과 주들의 라틴문자의 도입의 긍정적 활동을 환영하면서 모든 투르크-타타르 및 여타 민족들이 아제르바이잔의 경험과 방법론을 본받도록 추천한다.'

3 http://files.preslib.az/projects/remz/pdf_ru/atr_dil.pdf(검색일: 2010.04.01) 에 전문이 나온다.

지야와 아르메니아의 고유한 문자체계만 남게 되었다.

그러나 이렇게 확립된 중앙아시아 무슬림 공화국들의 라틴문자 체계와 북방 소수민족들의 라틴문자 표기체계는 1930년대 들어 다시 강제적이고 전면적인 키릴문자 전환으로 변화를 맞게 되었다.[4]

이는 국제 상황의 변화와 이에 대응하는 소련의 정책 변화에 기인하는 것이었다.

즉 1928년에 터키는 대통령 무스타파 케말[5]의 주창으로 라틴문자로 전환했다.[6] 그는 터키의 전신인 오스만 튀르크 제국이 아랍문자를 사용하고 있었기 때문에 주민 대부분이 문맹이었고 선택받은 사람들만이 교육 받을 기회를 가질 수 있어, 근대화의 장애 요인이 되어 낙후 될 수밖에 없었는데, 국가 부흥과 터키인들이 서방의 선진 문명과 기술을 얻기 위해서, 그리고 더 나아가 세계의 모든 투르크계 민족들의 단결을 도모하기 위해서는 일반 대중의 문맹을 근절하고 새로운 교육의 도입, 서구적인 국정 운용이 필수적이라고 보았다. 그는 이를 극복하는 방법 중의 하나가 읽고 쓰기 불편하고 난해한 아랍문자 대신 라틴문자를 도입하여 문맹을 근절시키는 것이라고 여겼다.

또한 이와 같은 터키의 라틴문자 도입은 당시 소련에서 아제리인들을 시작

---

4 1920년대에도 라틴문자 전환 대신 일부에서 키릴문자 전환 주장을 펴긴 했지만 절대 다수는 이를 거부했다. 폴리바노프(Е.Д.Поливанов)가 그 원인을 짧고도 명백하게 규정했다. '러시아 제국 당시 투르크 민족에 대한 식민지 지배의 부정적인 기억, 민족적 박해를 떠올리게 만드는 가장 대표적인 것이 정교회 선교사들의 러시아 키릴 문자의 사용이었다.' 이 때문에 키릴 문자의 전환은 전혀 이루어질 수 없었다.

5 터키의 국부라는 의미의 '아타튀르크'(Ататюрк)로 부른다.

6 터키는 1928년 6월 28일 '문자 위원회'(Комиссия по алфавиту)를 창설하고 7월 8일–12일 총회에서 라틴문자에 기반을 둔 문자 시안을 만들어 8월 9일 대통령이 이스탄불에서 문자 개혁 활동의 완성을 공식적으로 발표했다. 동년 11월 1일 의회인 터키 대 민족 회의(Великое национальное собрание Турции) 1차 총회에서 1928년 11월 3일부터 시행되는 '신 문자 도입 법'(Закон "О введении нового алфавита")을 채택했는데 이는 수개월의 극히 짧은 기간 동안에 이루어진 성공적인 문자 교체 사례로 볼 수 있다.

으로 중앙아시아 지역의 투르크 제 민족들이 아랍문자에서 라틴문자로 전환한 것과 호흡을 맞추기 위한 것으로도 볼 수 있다.

스탈린을 위시한 소련 정부는 이와 같은 투르크 제 민족의 맹주로서 터키의 라틴문자 전환과 범 투르크 통일 이념의 확산, 그리고 친 서방 지향 정책의 시행 등의 대외적인 변화를 위협으로 인식하면서, 동시에 소련이 세계 공산화 혁명 본부라는 시각을 바꿔 세계 공산화를 차후의 계획으로 정하고 국내에서의 공산체제의 확립을 최우선의 전략으로 채택한 후, 소련 내 130개 이상의 민족들을 단일 소비에트 국가의 단일한 정체성을 가진 인민으로 만들기 위한 민족-언어 정책을 시행하게 되었다.

이에 따라 1932년부터 소련 정부는 중앙아시아 및 카프카스 무슬림 주민들의 라틴문자 사용으로 가능해진 터키를 비롯한 서방과의 교류 가능성을 타파하기 위해 라틴문자 전환 운동과 함께 키릴문자 전환 과정을 시행하기 시작했다.

라틴문자에서 키릴문자로의 본격적인 전환 정책은 1935년 6월 1일에 제정된 '북방 민족 언어들을 위한 표기체계의 키릴문자 전환 법령'이 시발점이 되었다. 이 법령은 비록 북방 민족에 해당하는 것이었지만 라틴문자 전환이 포기되기 시작되었음을 공식적으로 보여주는 분명한 증거이다.[7]

결국 전면적인 키릴문자의 도입과 전환은 일종의 소비에트화(실질적으로는 러시아화)이자 단일 소비에트 체제로의 편입과 이에 대한 지역 정부와 주민들의 자발적인 충성의 상징이 되었다.

---

7 북방민족들의 키릴문자 전환이 시행되기 시작하지만 우즈베키스탄과 키르기지야, 그리고 바슈키리야에서는 1938년에 라틴문자 전환이 완성되었다.

3. 결론

1917년 혁명 후 약 70년 간 이어온 소련은 1991년 12월 공식적으로 해체되고 15개 연방공화국들은 독립국이 되었다.

소련혁명 초기 레닌의 제민족 평등과 언어와 문화에서의 자주권 부여는 많은 북방소수민족과 중앙아시아민족어의 표준화를 이루었지만 1920년대 중반이후 스탈린의 통치시기에는 제민족의 정체성과 모어사용은 소련화, 즉 러시아화 정책으로 제한받기 시작했고 이는 흐루쇼프 이후 소련해체 전까지 계속되었다.

교육에서의 러시아어의 도구화와 민족 간 의사소통언어로서의 러시아어의 지위 부여는, 비록 국어는 아니었지만 사실상 러시아어 유일한 의사소통기능을 담당케 만들었다.

130개 민족으로 구성된 다민족 국가 소련에서는 러시아어가 사실상의 국어, 공용어로서 기능하기 위해 중앙정부에서 많은 노력을 기울였으나 현재 벨라루스와 키르기스스탄에서의 제2국어, 카자흐스탄에서의 국어와 동등하게 사용하지만, 지위는 부여되지 않는 외에, 다른 11개국에서는 외국어나 소수민족어의 지위로 격하되고 사용영역도 축소되거나 제한받는 것으로 볼 때, 민족정체성의 가장 중요한 상징 중 하나인 언어는 민족이 존재하는 한 결코 소멸되지 않음을 알게 되었다.

┃ 참고문헌

Якоб М. Ландау, Барбара Келльнер-Хай нкеле. Языковая политика
в мусульманских государствах – бывших советских союзных
республиках. Москва. 2004.

_____, Языковая политика в современной Центральной
Азии: национальная и этническая идентичность и советское
наследие. Москва. 2015.

В.А.Тишкова. "Русский язык и русскоязычное население в странах
СНГ и Балтии." Вестник – РАН том 78 № 5. Москва, 2008.

В.А.Тишкова. "Русский язык и русскоязычное население в странах
СНГ и Балтии." Вестник – РАН том 78 № 5. Москва, 2008.

Конституция (Основной Закон) СССР принята на внеочередной
седьмой сессии Верховного Совета СССР девятого созыва 7 октя
бря 1977 г. http://www.hist.msu.ru/ER/Etext/cnst1977.htm#ii (검색
일: 2015.03.26.)

2부

논문요약

동아시아 문화의 동태적인 계승과 역사: 스승관계와 『學記類編』의 작자

이기상(대만불광대학)

논문 개요:

　조선시대 유학자 조식(曹植, 1501-1572)의 『學記』는 그가 살아 있었을 때 출판되지 못하였는데 사후 조식의 제자 정인홍(鄭仁弘, 1535-1623)이 이 책을 다시 편집하여 조식의 이름으로 『學記類編』을 출판하였다. 따라서 이 책은 과연 누구의 책인가에 대한 의문이 발생한다. 저자의 책인가? 편집자의 책인가? 『近思錄』는 주희(朱熹, 1130-1200)의 이름으로 출판되었는데 이 책에서 정인홍의 이름이 없었다. 이 책의 작성 및 편집 과정에서 그 당시의 스승관계, 소위 사문(師門)은 알 수 있다. 본문에서 토론할 「전술장역(傳述場域)」은 바로 이러한 개념이다.

키워드: 『學記類編』, 작자, 편집자, 사문의 개념, 계승관계.

목차:

각 부분 요약:

1. 머리말

계승관계와 사문 개념 속에 있는 스승관계는 서로 분리할 수 없는 개념으로 동아시아 문화세계에서 일종의 중요한 내용이다. 제자가 스승의 강의 내용을 기록하여 이를 책으로 정리한 것을 통해서 스승의 학문내용을 표현시키는 것이다. 『論語』는 공자의 제자들이 공자의 강의 내용을 바탕으로 정리한 책인데 지금까지 여러 가지 버전이 있다. 이렇게 보존한 사문의 학문은 바로 계승관계의 표현이라고 할 수 있다.

본고는 조선시대의 유학자 조식이 쓴 『學記類編』을 중심으로 전개한다. 이 책은 조식의 생전에 작성되었는데 그의 사후에 제자 정인홍을 통해서 출판되었다. 따라서 이 책의 최종 완성은 실상 두 사람의 공동적인 노력이었다. 그러나 정인홍의 이름은 이 책에서 쉽게 보이지 않는다. 그러나 이 책을 통해서 우리는 동아시아 문화권 속 특수한 스승 계승관계를 알 수 있다. 제자는 자기의 스승으로부터 계승한 강의내용이나 책을 재정리하고 편집함으로써 스승의 학문뿐만 아니라 자기가 속해 있는 사문(師門)의 학문을 후세 사람에게 전달하였다. 이렇게 본다면 이 책의 작자 이름이 조식이냐, 정인홍이냐는 중요한 문제가 아니라 그 안에 포함된 지식과 사상이 두 사람이 공동적으로 속해 있는 그들 사문의 학문이라는 점이다. 이렇게 생각한다면 동아시아 문화권에 있는 사문의 계승관계라는 개념에 대해서 더욱 이해할 수 있으며 책의 진정한 작자에 대한 논쟁도 점차 풀 수 있다.

2. 『學記類編』의 작성과 명칭

조식의 『남명집(南冥集)』 또는 정인홍과의 편지에서 『學記類編』에 관한 기록은 보이지 않는다. 그의 연보에서도 이 책의 그림자를 찾을 수 없다. 다만 이 책에 작성된 내용 중 정인홍의 문장에서는 찾을 수 있다. 이 문장에서 『學記類編』의 작성 경과, 조식과 정인홍의 스승관계 등의 내용들이 상세하게 기재되어 있다.

또는 조식의 제자들이 지언 묘지명에서 「학기」의 유래를 서술하는 내용이 있다. 학기는 조식이 책을 읽었을 때 중요한 부분을 따로 기록해서 형성한 것이다. 정인홍의 문장에 따르면 「학기」는 상세한 분류와 편집이 없는 책이었다. 정인홍이 조식의 허락을 받아서 송대 주희의 『近思錄』을 모방하여 「학기」를 다시 편집해서 『學記類編』을 지었다. 따라서 조식이 정인홍에게 남긴 유물은 실상 책이 아니었다. 정인홍은 그의 선생님의 말씀을 책의 형식으로 전달하여 그의 뜻과 자신의 이해와 결합하며 『學記類編』이란 책을 만들었다. 따라서 이 책은 실상 조식의 책이 아니고 그의 제자의 책이라고도 할 수 있다.

정인홍이 그의 책을 『學記類編』으로 만든 것은 조식의 말씀에 따르는 것이다. 또한 그의 문장에 의해 정인홍이 이 책을 『남명선생학기유편』으로 부른 적도 있었다. 학기라는 이름은 예기를 모방한 것이다.

3. 『近思錄』과 『學記類編』의 비교

『近思錄』과 『學記類編』은 모두 편찬한 서적이다. 전자는 주희와 여조겸이 편찬한 책이고 후자는 정인홍이 편찬한 책이다. 그러나 명대 이후 학자들이 보통 『近思錄』을 주희가 편찬한 책으로 보았다. 정인홍도 『近思錄』을 참고

하였을 때 주희의 이해와 주장을 흡수하여 그의 『學記類編』에서 반응되었다. 주희가 『近思錄』을 편찬한 목적은 북송의 이학(理學)을 선전과 발전시키는 것이다. 그러나 정인홍의 책은 대부분 그의 선생님인 조식의 주장과 사상을 위주로 작성한 것이다.

정인홍의 『學記類編』은 실상 주희의 책을 모방한 흔적이 있다. 이것은 남명학의 전파와 계승에 대해서 영향이 있었다. 『朱子語類』의 작성과 편찬은 『學記類編』과 비슷한 책이다. 두 책을 비교하면 사문 또는 계승 등 개념에 대한 이해가 심화될 수 있다.

두 책은 모두 선생님의 말씀을 기록한 책이다. 『學記類編』은 『近思錄』의 14개 분류를 모방한 책이고 『朱子語類』는 140개 분류가 있는 책이다. 그러나 『學記類編』의 기초는 조식의 유문(遺文)이고 『朱子語類』는 주희의 말씀을 바탕으로 만든 책이다. 한국과 중국 사문계승의 차이도 보인다. 하나는 문장 위주의 경전이며 하나는 언행을 위주로 한 기록이다. 한국의 경전은 원문부터 역문으로 변화한 과정이 있고 중국 경전은 말씀부터 언행까지 변화한 과정이 있다.

4. 결론: 「개념」과 「서사」의 역사적인 의미

학기는 역사와 시대적인 의미를 가진 것이며 『學記類編』은 단순한 이름의 변화가 아니었다. 이 책의 작성과 편찬의 과정은 실상 새로운 것을 만든 과정이었다. 정인홍이 주희의 책을 모방하여 그의 선생님의 언행을 경전으로 만들 의도를 가지고 새로운 책을 편찬한 것은 사문의 계승과 문화의 전파에 대해서 의미가 있는 것이다.

東亞文化傳承的動態歷史:「師門」之概念與作為「誰之書」的《學記類編》

李紀祥(臺灣佛光大學)

　　朝鮮李朝時期的儒者曹植,生前所撰的《學記》並未出版,係由在其死後方由弟子鄭仁弘「以類為編」後,出版了署名「曹植」的《學記類編》。因此我們不禁要問:《學記類編》究竟是誰的書? 作者還是編者? 為何《近思錄》可以署名編者「朱熹」而鄭仁弘之名卻從未出現於書之封面? 一部師門文本由筆札到稿本、由編輯到成書,反映的正是可供探討的「傳述場域」。

　　關鍵詞:《學記類編》、作者、編者、師門概念、傳述場域

一、前言

我們對於東亞傳統中的「師門場域」之歷史，了解其實有限。本文認為，一種由「師門」概念而來的「傳－－承」場域，必定是指向由「師－－生」所共構而成的世界。在東亞文化的多元傳統中，在人間文化的種種傳承樣態中，有一種是弟子對老師講授的內容，作出筆記性的文字性記載，復又將此記載編輯成書，以呈現師門講習授受之間的實況，或是展現老師的授課生命痕跡；這樣的成書形式，早在春秋時的孔門便已出現，《論語》便是這樣的一本書，《論語》係由孔子的弟子們，在孔子逝世之後，由部分孔門弟子所主導，構想出了此一呈現孔子生前在孔門與弟子們相互問答授受講習實況的方式，透過部分弟子的筆記與記憶，編輯出了《論語》。無論《論語》的傳世有多少版本：魯論語、齊論語還是古論語、混合多本的今論語，弟子們的筆記與記憶在達到討論共識之後，流傳下來的世界是憑藉文字保存下來的。它的在世形態，呈現著兩代之間的「傳述場域」，也是師生之間的「師門場域」。[1] 所謂兩代之間，便是其形態展現的並非以單一的自我為中心的文字書寫，而係經歷兩代方才完成的作品，既有作為「師」之身分的「授」，也有作為「生」之身分的「受」，在「授－受」之間，此類型的文本呈現了「師門傳述」。在宋明儒學的領域中，弟子們對於其師講授內容的摘錄與記錄，現存傳世比較早的作品當是出自於程門的《二程語錄》；南宋的朱熹又以二程為中心，編輯了以周濂溪、二程、邵雍、張載之本人書寫的文字為主的《近思錄》。作為記錄者與編輯

1　儘管在《論語》當中，孔子的弟子們已經被孔子直接以「弟子」、「門人」等詞彙來稱謂，但門人與弟子們卻從未以「師」來稱呼孔子，弟子們對孔子的敬稱是「夫子」、「子」或是「仲尼」，但本文中仍然使用了後起的「師－生」、「師－弟」措辭來指涉這種非血緣性的兩代關係。有關《論語》中孔子未稱「師」的研究，請參閱筆者的論文〈孔子稱「師」考〉，北京師範大學學報(社會科學版)，2012年第4期，頁59–76。

者，歷史中究竟是如何看待此種類型的書籍之歸屬？《二程語錄》的題名歸屬為誰，《近思錄》題名的歸屬為誰？我們不妨從歷代正史中的〈藝文志〉〈經籍志〉或公私藏書書目題名中考察，必然有趣。

同樣的，一本海東朝鮮時代的書籍，題名為《學記》與《學記類編》的書，亦是經歷了老師與弟子之間的兩代傳述方才形成「書」的師門場域而問世，這樣的師門傳述之書，從其題名入手進行研究，是本文思考的主軸。「誰的書」這樣的課題，不僅指向中國與東亞的一種特殊傳統，也涉入了一種「非血緣屬性」的師門脈絡，本文意圖對存於其間的「作－述」、「授－受」等傳述現象，作出更為精緻的剖析與理解。

在本文中，筆者將以海東朝鮮時代的儒者曹植(南冥)之《學記類編》為中心。這本書雖在曹植(1501-1572)生前便已撰寫，但既未成書，亦未問世。《學記類編》的刊布乃是在曹植逝世之後，方由曹植弟子鄭仁弘(1535-1623)進行「以類為編」，並在編輯完成之後出版。因此，《學記類編》由筆札到稿本、由編輯到成書，並且以正式刊刻之書的形態傳世於今，實際上是歷經了兩代人之手，兩代人之間的關係是「師弟」。這本著作在韓國(朝鮮)的流傳印象，是被視為曹植的作品，因此幾乎所有的版本封面或扉頁題名，多從「作者」的角度而刻下「曹植」或「南冥先生」，鮮有在「曹植」之下再加上「鄭仁弘」之名者，為何標示出版或身世史實況的「編者」始終未能出現在書的封面或扉頁呢，這正是筆者想要探討的。蓋一部文本的書名賦予，自是極關緊要之事，關涉到此書之大體、主意，否則作者或編者或刻者便不會賦予此名。本文撰述大旨即在於斯，筆者意圖透過「書名」與「撰／編者」的題名現象，闡述存在於師門與師弟之間的本書之成書與問世，同時，對於本書之不同異本、序文中所呈現的訊息，更是特別關注。由於筆者對南冥學接觸日淺，研讀《南冥集》與《學記類編》、《南冥編年》

等資料，時恐有違先賢著作之心，是故此文所發表，亦僅止於以「形式」分析作為進路探討之主軸，若謂涉及前人著作內容，則實不敢。

二、《學記類編》之成書與書名

(一) 成書

關於《學記類編》的成書，筆者手上所能擁有(掌握)的直接敘述此一始末因緣的第一手資料並不多，在曹植自己的《南冥集》中，包括與作為編者的弟子鄭仁弘之間的通信， 似乎完全沒有關於「學記」的記載，當然也不可能有《學記類編》的記述，因為《學記類編》是在曹植歿後才由其弟子鄭仁弘「秉遺命」所完成的；在曹植年譜《南冥編年》中，南冥易簣之際以及身後，所記也多為學術內容方面的遺言所記也多為學術內容方面的遺言， 以及南冥墓誌銘、行狀文的記載與收錄，而關於「學記」以及《學記類編》者， 在《年譜》中幾乎是無所見的。

筆者所能掌握的最直接有用的資料， 大約即是《學記類編》編者鄭仁弘的一篇敘文， 也只有在這篇敘文之中， 完整的交待出了曹植生前與死後之有關由「學記」到《學記類編》形成的敘述，以及在此敘述中所透露出的此書與曹植、鄭仁弘兩人之關係。根據《南冥編年》的記載，當曹植易簣之後，弟子紛撰墓志及銘文，當時許為第一者，實為成大谷，在成大谷的〈墓碑文〉中，也證實了有關《學記》(「學記」)之事，成氏〈墓碑文〉云：

> 每讀書，得緊要語言，必三復已。 乃取筆書之，名曰學記。[2]

2　成大谷，〈墓碑文〉，收在鄭仁弘編、曹植著《南冥集》(韓國：中央圖書館藏萬

復次，就是南冥另一弟子鄭蘊曾撰〈學記跋〉一文，並此〈跋〉之〈識語〉同收在《南冥先生文集》中，其中頗有可說者，容後分析。除此之外，就幾乎再沒有任何資料能直接證實有在於「曹植—鄭仁弘」之間的有關由「學記」到《學記類編》之記載。另外，今傳萬曆本《南冥集》，也是由鄭仁弘所纂訂並印行，這也可以證實鄭仁弘與曹植間師弟關係的親密與深厚，此本《南冥集》之前並附有一篇鄭仁弘的序文，序文中只提及南冥蒐羅遺文成集之事，並未提到《學記類編》已成書。因此，雖然一本由鄭仁弘所編輯的《學記類編》，而且是最早的刊本———萬曆本一直保存並流傳下來至今日，但是實際上，有關於此書的成書背景、因緣敘述之史料，則是其為稀少，幾乎可以說，可以用來作為依據的直接敘述之資料，其實只有一篇鄭仁弘的敘文與此書的本身而已。

以下，本節中筆者即根據鄭仁弘的敘文作一個分析，以透析《學記類編》所能傳達的學術訊息焉，在分析開始前，筆者必須要先交待者，為鄭仁弘的《學記類編》〈敘〉果是一篇重要的直接史料，那是因為此文刊行在由鄭仁弘所編、刊的《學記類編》中，只有在作為編者的《學記類編》之視野下，此篇敘文與《學記類編》才能是以鄭仁弘為中心；至於曹植的「《學記》」，則必須以一種倒敘的方式從鄭仁弘出發，才能研究出反映在《學記類編》與鄭仁弘敘文中的曹植與「學記」之原始；畢竟，刊本的編年已是編年在曹植身後的萬曆，既不是也不能編定在曹植的生前。

鄭仁弘〈南冥先生學記類編凡例〉云：

曆本，民族文化推進會刊行，1989.11)，卷首。

≪學記≫分類，依≪近思錄≫篇目，所以求端用力、 處己治人及闢異端、 觀聖賢之大略，無不備焉。[3]

又，鄭仁弘〈南冥先生學記類編敘〉云：

先生林居四十餘年，窮討經史，旁通子書，前言往行切於身心者，隨而劄記，為進學畜德之地。 有一小巷，命曰「學記」，蓋戴記中諸記之義也。 特手本一冊，字畫多有極細者，故及晚年，頗以省閱之艱為病，嘗曰：「此書若得更寫一通，稍大其字，以利老眼披覽，則幸也。 □□以繼說曰：「此記涉次散出，若依≪近思錄≫題目彙分之，似為分明，未知如何？」先生曰：「然！」□□請受而歸，與若干後 輩就為類集，總成稿本，未及淨寫，而先生罹疾，馳入山中，留侍月餘，先生易簀。[4]

鄭仁弘首言「類編」是仿朱熹的≪近思錄≫為之，這也可以證明，在曹植生前的「學記」，並沒有一個顯明的分類。至少，是沒有用≪近思錄≫的分類來「抄錄」此一在敘文中所稱的曹植之「學記手本」。

因此，曹植生前所作的以及所留給鄭仁弘的，或者是根據鄭仁弘所述的，當是一卷散出的「手本」，這個手本是曹植的讀書有得輒抄錄之者；這個抄本也被南冥之子稱之為「讀書時隨記隨劄」者，是南冥之子僅視此書之前身為南冥之讀書「劄記」， 鄭仁弘敘文中雖亦云此事為南冥之讀書劄記，但更進而述及了一卷的手本之交付。值得注意的是，在鄭蘊(1569-1641)所作的〈學記跋〉之後所另撰的〈學記跋識語〉中，轉述了南冥之子對於≪學記類編≫的意見， 雖為轉述，而實彌足珍貴。[5]〈學記跋識語〉中轉述的南冥之子的意見與看法中， 指出了≪學

3　鄭仁弘，〈學記類編凡例〉，萬曆本≪學記類編≫，卷前。
4　鄭仁弘，〈南冥先生學記類編敘〉，同前註引書。

記類編》的《編》是〈識語〉一文提及此書的一個重點，其所傳達的訊息便是：《學記類編》只能是「追補」南冥學性質的書，而不是南冥「自編」的書；因此，從「編」的意義上來說，《學記類編》容或便有不合於南冥學之處。被鄭蘊〈識語〉轉述的南冥之子此一意見所傳達的訊息甚為微妙，一種隱隱否定的意思含藏其間，正好與鄭仁弘所編的《學記類編》之萬曆刊本首葉另題為《南冥先生學記》之名稱相對，也給予了本文一個討論切入的空間。這個討論的意義並不在於「是否」《學記類編》為南冥「自定自造」上，而是我們在研究本書之時，應當正視其中所蘊藏的歷史現象與意涵。在一部師門的經典之形成過程中，有關前人、後人，師與弟子之間的由「編」到「輯」，或是由「作者」到「編者」的一種轉換，正是傳承過程中的種種訊息的累積。本書在南冥之弟子與南冥之子的〈敘〉與〈識語〉「轉述」中，不同的訊息，正好給予我們一個重新認識此書之歷史的研究。

據鄭蘊轉述，南冥之子的意見所云：

> 此記之編，非先考自編，只於讀書時隨記隨到，以自現省，其編之成，出於後生之手。階梯次序，未必皆中於理。願以此意追補，幸甚！[6]

是南冥子以為此書實是南冥之「劄記」，「編」則出於「後生」，不具鄭仁弘名字。案、鄭氏實與南冥子同輩，而南冥子如以「後生」轉喻鄭仁

5　鄭蘊之〈學記跋〉及〈學記跋識語〉俱收在天啟德川書院改校本《南冥先生文集》(韓國：韓國文獻研究所，亞細亞文化社出版)卷四中(頁134-135)。惟今人張立文先生在其《南冥性理哲學研究》中則稱南冥之子撰有此文，並將鄭蘊所轉述者逕題名為南冥之子所撰的〈學記類編後記〉，則誤。

6　見鄭蘊〈學記跋識語〉所轉述文，《南冥先生文集》(韓國：亞細亞文化社)，卷四，頁135。

弘，可見此段文字實有意味，似乎某種訊息已暗藏其間。要之，南冥子所欲言傳者，當有兩點：

其一，此書僅為一「隨記隨劄」的「劄記」，間接對應了鄭仁弘〈敘〉文中所提到的有關南冥生前即已交付以及與鄭仁弘共商的《學記類編》成書之敘事；其二，此書乃「後生」所編，非南冥「自編」，是故，談此書必須要立足於此，方能轉進南冥學之世界；換言之，不可視之為第一手南冥的親作，而必須有限度地使用，則「幸甚！」

案，這種弟子與嫡子之間，或是弟子與弟子之間，所出現的一種關於其師、其父學問的觀點之歧異，筆者已在〈清初浙東劉門的分化與劉學的解釋權之爭〉一文中指出，實牽涉到一種「詮釋」與「詮釋權」的問題，南冥之子與南冥弟子間關於《學記類編》的某種紛歧，並非一孤立的事件。在中國，黃榦與陳淳有關於《朱子語類》中朱子之「語」的歧見；陽明弟子錢緒山與王龍溪關於陽明「天泉證道」的記錄之分歧；都顯示了一個師門傳承中詮釋與詮釋權的文化現象；而更與此類似的，是劉宗周之子劉伯繩與弟子黃宗羲關於劉宗周遺文的編纂之歧見，以及章學誠之子章華紱對於王宗炎所編纂的大梁本《文史通義》之不滿而另外編纂了遺書本《文史通義》，都是類似的事件。從先師、先考「遺集」的角度來說，表現了一種後人理解前人之學的不同與詮釋的差異，尤其是對於「成文活動」的理解與詮釋的差異。筆者所謂的「成文活動」實包含了兩種類型：一種是指黃榦對《朱子語類》之中「朱子曰」的「記言」之不信任，對「陳淳所記」的不信任；一種便是指南冥之子或是章學誠之子章華紱對於南冥弟子鄭仁弘、章學誠之友人王宗炎的「編輯」之不信任。這種弟子與弟子之間或是弟子與嫡子之間對於詮釋先考、先師之學的不信任感，緣自於一種學術傳承過程中的詮釋學現象，因而透過理解活動的不同而產生了詮釋的衝突乃而至於詮釋權之爭。張立文教授對於〈識語〉中所云者，曾經作過這樣的解釋，其云：

> 即便《學記類編》為後人所編成，而為坊間流傳本，但其一依《近思錄》規模如二十四圖，當是南冥自定自造，非後人之製造，亦非隨記隨劄的不經意之作。[7]

張氏對於〈識語〉中所轉述的南冥之子所隱含的一種對《學記類編》並非南冥「自編」而係編於「後生之手」之意思的批評，我們的理解是：〈識語〉所述實突顯了後人對於前人歷史活動的理解。尤其是在「作」與「編」之間，在「原文」與「選文類編」之間，則顯然它是一個尚有可探討空間的研究議題，決非僅是一種「自作」與否的考證式定案研究。其次，以理學家的劄記為一種「不經意」之作，不啻是否定了理學家「讀書記」的意義，「讀書」在理學系統──尤其是程朱理學中，本為「自得」之「記」，「自得」方為「讀書」之第一諦；南冥之「學記」亦然，無論其為劄記或是已經完錄的手本一冊，都是南冥「讀書／學習」的見證，見證著南冥的體道活動；因此，如果以〈識語〉中視《學記類編》為劄記的說法並同意其修辭之言「隨記隨劄」為一種「不經意之作」，就有未加細繹便墮入論斷之虞，也是忽視了南冥之子的抗議與批評之意義：這個由鄭仁弘「後生」所「類編」的南冥之「學記」，當我們手捧《學記類編》時，我們如何去面對這樣的一個「歷史」之課題，如何由鄭仁弘之「類編」而能進入南冥學之世界呢？一如朱子之編《近思錄》，究竟我們是閱讀「朱子的」選編，還是必須面對《近思錄》與周、張、二程四子之「原書」的「編」與「作」之課題！

7　張立文，《南冥性理哲學研究》，頁9。

總之，無論南冥之子在〈識語〉中的說法如何，其並未另外提供一套足以抗衡鄭仁弘「類編」的刊本行世則是事實，一如劉伯繩與黃宗羲，或是章華綬與王宗炎；因此，在南冥學的研究上，後人便只能從「鄭仁弘的」《學記類編》入手，去探討「《南冥先生學記》」，南冥學的傳世歷史文本已然是如此，但我們仍可以由歷史文本中的語言訊息中去探討其間所能夠深掘出的複雜學術性，「歷史」從來就不是單數的，無論是《學記類編》或是《近思錄》，皆是如此；至少，兩部書已顯示出了鄭仁弘與曹植、朱子與北宋四子之間的對話，如果兩部書皆在今日被我們視為是一種歷史文本的性質的話！

(二) 書名

南冥之「學記」，若根據《學記類編》鄭仁弘〈敘〉文所述，當為南冥生前所自名，鄭敘所述「有一小卷，命曰學記」者即是，這也是鄭仁弘敘之萬曆刊本所以另題名為《南冥先生學記》的依據；復次，即使是鄭仁弘編的《學記類編》，從〈敘〉與〈凡例〉中可知鄭氏也有將此書稱名為《南冥先生學記類編》；再者，根據鄭氏敘文所述，此一「學記」之名即是仿取《禮記》中〈學記〉之義。然而，《禮記》中的〈學記〉之取名，若依鄭玄之題解：

> 陸曰：「鄭玄學記者，以其記人學、教之義。」[8]

孔穎達《正義》疏曰：

8　《禮記》〈學記〉，台北：大化書局，阮元校勘本十三經。

正義曰：「按鄭目錄云：『名曰學記者，以其記人學、教之義。此於別錄屬通論。⁹

　　故本篇之「學」，實以「君」為位格，故曰「古之王者，建國君民，教、學為先」，曰「君子如欲化民成俗，其必由學乎！」且其言師、言教，非單言「自學」，故又曰「教學相長」，曰「古之教者」，曰「大學之教」，曰「學者有四失，教者必知之」，以「學者」與「教者」相對為言，而其終極，則指向「人君」之「化民成俗」；此為鄭玄之所謂「學、教之義」，以為〈學記〉之「學」，其義實在此。故《禮記》中〈學記〉之「學」，其意義與《近思錄》朱子之所謂「切問而近思」者能「自學」、能「自得」、能「自德」以完成一聖賢人格境者實有不同；亦與曹植透過讀前賢書來印證自己的體悟有異。蓋《禮記》中之〈學記〉，指向「君」之「化民成俗」，而曹植的「讀書記」，若果名為「學記」的話，那麼其「學」字之義應當是指向於「曹植」自己的「學習」之「記」，指向一種曹植「為己」的生命之學習在聖域途中的「自得」歷程之「學記」；因此，曹植的學記，應當是有類魚珍稀山的西山讀書記之類的隨札筆記。一如鄭仁弘在〈敘〉文中所指出的，是南冥「當日為己畜德之意，非為後日計也。」縱然《學記類編》係仿自《禮記》而取用經典之篇名，其涵義也是不同的，蓋後者的「學」字之意義，在程朱理學的傳統中，只能是《近思錄》卷四所選錄周濂溪的：「或問：聖，可學乎？濂溪曰：可。有要乎？曰：有。請問焉。曰：一為要。」¹⁰之「自學」與「自得」之義。

9　同前註。
10　張伯行集解，《近思錄集解》(台北：台灣世界書局)，卷四，頁129。

三、與《近思錄》比較的《學記類編》

(一)《近思錄》與《學記類編》的分類

關於《近思錄》與《學記類編》的比較，已有多位學者發表了研究的論文，然而，似乎還有可以有「比較」的研究空間。

很明顯的，兩本書都是一部編輯之書，《近思錄》為朱子與呂祖謙合編，《學記類篇》為南冥弟子鄭仁弘所編；《近思錄》至明代時，已多被視為視是朱子單獨編成的書籍，事實上，這本書據陳榮捷所言，視之為朱子所主導亦無不可，然而，朱、呂的意見紛歧，根據兩篇序跋的資料反映，恰恰是在作為卷一的「道體」上，以朱子視周濂溪為理學開山而視之，似乎周濂溪的〈太極圖〉編在卷一且著為卷首，正合朱子之意；然而若根據呂祖謙之〈近思錄後語〉所云者：

> 《近思錄》既成，或疑首卷陰陽變化性命之說，大抵非始學者之事，祖謙竊嘗與聞次輯之意，後出晚進於義理之本原，雖未容驟語。苟茫然不識其梗概，則亦何所底止，列之篇端，特使知其名義，有所嚮望而已，至於餘卷所載，講學之方、日用躬行之實，具有科級，循是而進，自卑升高，自近及遠，庶幾不失纂集之指。

則將〈道體〉編在卷一，原是呂祖謙的意思，在實際的學習上，朱子是主張循序漸進、下學而上達的，因此對於周濂溪的〈太極圖〉懸為卷首，朱子是持保留意見的。而《學記類編》的編者鄭仁弘所自云此篇一依《近思錄》時，其實是將《近思錄》視之為朱子所單獨或主導編成的，一如明代多數的程朱學者然。是故，《學記類編》的卷一中，首先置入者亦是有關於周子之《太極圖》。

其次，對於兩書的輯書之用意，朱子所編的《近思錄》，是以北宋之理學先賢周、張、二程四人為主；而鄭仁弘所編，則以其師曹植的讀書學習之心得選錄為主，在鄭仁弘編輯中所反映的曹植之選錄，也依然是如此。換言之，不論是朱子、曹植、鄭仁弘，其同者，在於兩書編者、選者都是為了呈現自己心目中已印可的前賢───先儒或先師之學問。

關於《學記類編》的分類，根據鄭仁弘的敘文，自云規隨了朱子的《近思錄》，那麼，《近思錄》的分類是什麼呢？現行刊本的《近思錄》皆是十四卷，然而十四卷的標目並不相同，現存最早可見的《近思錄》刊本當是南宋葉采的《近思錄集解》本，其十四卷已各有標目，為：

> 一、道體。　二、為學。　三、致知。　四、存養。　五、克己。　六、家道。七、出處。　八、治體。　九、治法。　十、改事。　十一、教學。十二、警戒。　十三、異端。　十四、聖賢。[11]

然而，這是指的版本上的「標目」，且葉采之「卷目」與《朱子語類》卷105所言者，已多有不同。若究其原始，則朱子是不主張每卷立標題的，其云：

> 《近思錄》大率所錄雜。逐卷不可一事名。如第十卷，亦不可以「事君」之，以其有「人教小童在」一段。[12]

其弟子黃榦即在致李方子之書信中提到了對於將「標目」刊刻入正文中的作法之不以為然，其云：

11　葉采，《近思錄集解》，近世漢籍叢刊，台北：廣文書局。
12　黎靖德編，《朱子語類》(百衲本，台北：漢京文化公司)，卷105，頁1045。

《近思》舊本，二先生所其編次之日，未嘗立為門目。其初固有此意，而未嘗立為字。後來見金華朋友方撰出此門目，想是聞二先生之說，或是料想為之。今乃著為門目，若二先生之所自立者，則氣象不佳，亦非舊書所有。不若削去，而別為類語載此門目，使讀書者知其如此而不失此書之舊為佳。[13]

我們在今日已無法推知朱子與呂祖謙編成後的白鹿洞原刊本之樣貌，僅能知道原初本是沒有立題而僅有分卷的。自南宋葉采的《近思錄》以下迄於今日，《近思錄》諸版本十四卷則皆有分卷與每卷之标目，則此一分卷标目，應當是來自《朱子語類》中一段朱子言「《近思錄》逐篇綱目」的紀錄。

《近思錄》逐篇綱目：一、道侍。二、為學大要。三、格物窮理。四、存養。五、改過遷善、克己復禮。六、齊家之道。七、出處進退辭受之義。八、治國平天下之道。九、制度。十、君子處世之方。十一、教學之道。十二、改過遷善及人心疵病。十三、異端之學。十四、聖賢氣象。[14]

此一目對照於諸版本，自南宋葉采迄明清以來的集解、集註之諸《近思錄》刻本，雖分卷十四不變，而卷目立題文字則實有變異。鄭仁弘的《學記類編》題為萬曆刊本，已是入於明代的鄭仁弘，其所自云規隨於《近思錄》者，是依據什麼本子呢？是根據《朱子語類》卷一〇五的記載，還是依據葉采的刻本？ 抑或明代有什麼其他刻本傳入了朝鮮？ 這是筆者所未能掌握同時也認為是還值得繼續進一步深究者。

---

13 見黃榦《勉齋集》(台北：台灣商務印書館，文淵閣四庫本)，卷八，〈復李公晦〉。
14 黎靖德，《朱子語類》，卷105，頁1045

(三) 原文與選文

筆者在〈《近思》「錄」與《傳習》之「錄」〉一文中，　曾經對比性的指出：《近思錄》的性質，在於它是一本「輯略成文」之書。對照於《傳習錄》為一「記言成錄」之書，兩者的差異在於「言」與「文」。「輯略」的意義，是由「原文」而至於「選文」的編輯行動。所以稱「略」者，不僅在於劉向、歆父子的《錄》、《略》，也源出於《荀子》的〈大略〉篇與《淮南子》的〈要略〉篇，它們都是敘精華、提其要之義。《學記類編》的編者係有意識地採行了《近思錄》的分類，　顯然鄭仁弘有意規隨著朱熹的編輯行動而賦予其師遺留的「學記」以一種學術史上的經典意義。朱子的編輯，是從周、張、二程的「文」中，選擇了自認為對於後學有意義者，將之選擇而編纂輯成一《錄》；而曹植則由自己的學習而選抄了對其有意義的周、張、二程朱子、黃榦、陳淳、真德秀等宋元明儒之「文」，成為一部能反映曹植自身之「學記」，這也是一種由「文」至「文」的「輯略」行為；而鄭仁弘，則將已經是經過曹植之選錄、已成「輯略」的「學記」，透過其對《近思錄》模仿的「分類」，而再度地予以「編」為《學記類編》，　此一「類編」，　更是一種性質上屬於由「文」至「文」的有意識之選文行動，套用陳榮捷先生的用語，是一種「哲學選輯」的行為。[15]「學記」與《學記類編》的差異，　在於《學記類編》是經過了「二次編輯」，即「再編輯」的行動；正是這一「再」編輯，使得「師門之傳述」得以形成，確立了曹植身後有弟子傳承其學，有曹門及曹門典籍。

也正是由於鄭仁弘的「類編」是一種「再編輯」的行為，因此、相較於朱子的《近思錄》，可以說是一種由「原文」而至「選文」的「文」的轉換，在轉換中，一部朱門的新經典於焉形成；而在「類編」中的與料，卻不

15　陳榮捷，〈朱子之近思錄〉，收在氏著，《朱學論集》(台北：台灣學生書局，1988.4)，頁123.

是「原文」---而是已經歷經曹植自「原文」中「選記」了的「選文」；因此，鄭仁弘正是以作為「弟子」的身分，對其師已經「輯略」過了的「選文」，做了「再編輯」的行為，經過了「再編」的《學記類編》，如何才能被我們說是能反映曹植生前「學記」的「印跡」呢？一如前面所提過的曹植之子在〈學記類編後記〉中的質疑。也一如《近思錄》，如何才能緊扣《近思錄》，說《近思錄》中的「選文」就是周、張、二程的「原文」，我們能自此「選文」中學習到周、張、二程的學問呢？我們究竟在《近思錄》中學習到的，是朱子「選文」的印跡？還是周、張、二程的「原文」呢？

再一方面，曹植的「學記」中之「文」，都是先儒的文字被選記者，是先人的、過往者的、他者的，彷弗《近思錄》一般，周、張、二程的文字被朱子選錄了進來；朱子在此的行動是「輯略」，而曹植在此的行動則是「選記」；但到了鄭仁弘手中，此一「選記」之「學記」則又經過了一番模仿《近思錄》之「輯」的手段以「類編」其師之「選記」。至此，似乎無論是曹植還是鄭仁弘，都只能是一個「編者」、「錄者」，而尚不能視之為直接的「作者」。但是，《學記類編》中，我們不能只視讀其文字的部分，在文字之外，尚有「圖」的部分。正是由於「圖」泰半為曹植自作，使得《學記類編》中「學記」的「作者性」增強了，作者的「圖」與抄錄的「文」及編者的「分類」結合，使得《學記類編》儘管表面上是仿襲著《近思錄》的原文到選文的選輯，而其實內裏還是因著曹植自作之「圖」的佈於其「選記」的「他者／先儒之文」間，我們已不能率爾斷定此書---曹植的「學記」或鄭仁弘編的《學記類編》，究竟是曹植本人學習歷程的印跡？還是被印跡了的先儒之學問？抑或是鄭仁弘在「類編」上的「作者性」？「圖」，也使得《學記類編》乃至於「學記」，更顯示出了它與鄭仁弘所欲模仿的對象《近思錄》之間的差異性質，突顯了

「選記」與「選輯」雖然同是一種由「原文」到「選文」的行動，但是另一方面，由於《學記類編》中的曹植之「圖」，使得鄭仁弘的模仿雖特具意義，但卻不必然是曹植的原本「學記」之意義；指出這一點，是有意義的；因為它顯示出了一個重要的意涵，即存在於師弟兩代之間的「抄錄」與「類編」，實有著不同的心情與立足點。作為師者的曹植與作為弟子的鄭仁弘，其實就是從「學記」到《學記類編》的師門之傳述；而從弟子鄭仁弘所傳述的《學記類編》來看，且倒敘以觀，則曹植的「學記」果然是被「類編化」了，這仍然顯示了一種不能將《學記類編》全歸於「曹植」一人的觀點必須要提出。因此，在萬曆本《學記類編》之前的封面題字上鐫刻為《南冥先生學記》，而成大谷的〈墓碑文〉也稱鄭仁弘所編者為南冥之《學記》，正可見在曹植身後，其「學記」經鄭仁弘類編為《學記類編》之後的「書」之歸屬情形。誠然，站在弟子鄭仁弘的立場，自是兢兢業業地完成其先師遺作之成編，因此，其師之著作自必也應當成為一部師門傳授下來可以為經典者，方能使來學者可讀、來讀者可知其師之學；因此，乃有仿《近思錄》分卷門目之舉；同時，被作為經典看待的《學記類編》，也就將是一部如同朱子所云般，「以為窮鄉晚進，有志於學，而無明師良友以先後之者，誠得此而玩心焉，亦足以得其門而入矣。」同係一部為後學、為來學者所編著的師門之經典。如此，則便與其師曹植在最初的「學記」意義上產生了歧異，這也是筆者想要指出的第二點。「學記」與《近思錄》的歧異，在於《近思錄》係朱子編輯先儒之文給後學、初學「知所入」者；而根據鄭仁弘的敘文所述，《學記類編》則反映了曹植的「學記」，它是一本印跡曹植個人學習先儒前賢的選錄式的自我記錄。因之，說它是一部自傳性書寫(選抄、抄錄)性質母寧更能得其實。鄭氏敘文又云：「手本一冊，字畫多有極細者，故及晚年，頗以省閱之艱為病」，也可以反映兩者間的不同；不僅在於「圖」為曹植自作，即便就同為「選」先儒文字以「錄」之這一角度，其本質也是不同的。

不僅如此，如果就曹植個人學習歷程的所記這一點來看，曹植的「學記」其實是有類於南宋末年真西山的《西山讀書記》與明初薛瑄之《讀書錄》的，但是真、薛之書都是直接將「原文」消化成自己的語言，或是抄錄一段經典或先儒文字，再降格發揮自己的「心得」；曹植則係直接將有所自得、有所感悟於心的先儒文字直接抄錄下來。雖然，但由「圖」的自作，使得曹植消化先賢文字成自己心得、語言這一部分，也能反映出來，更能證明「學記」就是一種有類於《讀書記》、《讀書錄》性質的書。

(四)《學記類編》與《朱子語類》的比較

鄭仁弘的《類編》有學習朱子之意，此點反映在他之取《近思錄》作為編輯的模仿上；這也是一種師門關係中的文本傳述形態，也反映了曹門弟子是如何地以此種身份來面對其師的遺文，少了這一環，南冥學的傳述及其傳衍，將呈現另一狀態。因此，作為呈現「朱子學」的另一著作———除了《近思錄》之外———《朱子語類》，也就有了可資比較的一個立足點。正是立足於此，我們才能將眼光稍稍離開鄭仁弘式的《近思錄》之比較，而以「弟子」的角度，看到了傳遞師門之學的朱子學的另一類編型著作《朱子語類》，我們不妨嘗試著比較一下。

《學記類編》與《朱子語類》有其類似，有其不同，茲述如下：

(1)類似性：

兩書均是從弟子的角度，來面對師門的遺文／言，更為相同的是都經過弟子「類編」，鄭仁弘的「類編」是根據《近思錄》的14個類目，而黎靖德編《朱子語類》則更為龐大，共類編為140個卷目。

(2)差異性：

不同的是，《學記類編》乃是鄭仁弘所面對者為其師的「遺文」(或云「抄本」一卷)，可以說是其師是一個「編者」，選出了自己面對前賢的「原文」作為自己的「選文」；同時，也是一個「作者」，在自己所親自作的廿四個圖示上。

而《朱子語類》則是黎德靖所面對者為朱門第一代弟子為其師所作的「記言」，此種「記言」雖然也已經是一種「文」，係第一代弟子親炙朱子授課現場，聆聽朱子的「語」而「記錄」下來的「記言」。由於所面對者有著「遺言」與「遺文」的不同，這種不同也就成了兩種書類編時的材料來源之異：一種是「記言」式的「遺言」而成其「文」的文，一種則是「輯略」式的「遺文」而成其「文」的文；我們透過兩書之比較，便可以發現在中、韓理學世界的大傳統中，有著筆者所指出的、經由弟子所編出的兩種師門經典之類型：一是「記言」式的成文經典，一是「輯略」式的成文經典；前者是由「語」到「記言」，後者則是由「原文」到「選文」。

四、結論
---作為概念的與敘事的之歷史意義

《學記類編》中有「學記」的原型。關於《學記》，實際上是不存在的，但又是確實存在的；說其「不存在」，是因為作為「書名」的《學記》，對曹植而言，並無此「書」，有的只是一叢「學習之記」；而此「記」是以零散的「劄記」狀態而首先見世。曹植與鄭仁弘的討論，是想要將此「學記」重新編輯並且印製成書，鄭仁弘用了《近思錄》的「輯略」來進行「類編」，編印之後的成書便是《學記類編》。因此，表面上看起來，《學記類編》有一個作者、一個編者；依其成書過程，《學記類編》也可以區分為《學記》與《類編》，似乎也的確是如此。

但實際上卻沒有如此簡單，主要是「學記」這一詞彙所隱藏的複雜性。「《學記》」，有了書名號便有了本來就存在的「成書」之狀態，但《學記》是否在鄭仁弘進行「類編」之前就原來有此書呢？ 沒有的！《學記》是已經祇能存在於《學記類編》之中的存在。 我們所謂的「《學記》」，是指鄭仁弘為其師留存或交付的「學記」，是作為概念的與故事性的「學記」。說其是概念的，乃是因為鄭仁弘所指涉的、且為其師所著的《學記》，並不能以現存與見在的成書狀態而在世，祇能以被類編後的狀態而被指涉，因之「《學記》」祇能是一個概念，被鄭仁弘使用並進行著師門之傳述的責任與使命。說其是具有故事性的， 更是因為如此，源於鄭仁弘的「類編」就是一種作為門弟子的傳述，而此種傳述中， 支持鄭仁弘的， 便是在其〈學記類編敘〉中所敘述的故事---或師弟兩人之間的「歷史」，如果多數的後世人接受的話，那麼其當然是歷史，但是如果有人持有異議，且不無質疑上的說服力，那麼，此一「敘」中所敘述的，或終將有可能只是一個「故事」。我們從「《學記》」這一詞的指涉「學記」或是《學記》的探討中，窺見了的，正是鄭仁弘始終是將《學記》作為一個原本就存在的「概念」在使用著，並且以此為事實，今傳萬曆本《學記類編》之扉頁又題名為《南冥先生學記》，曰《學記》而不曰《類編》，已反映了此點：鄭仁弘的「類編」，係以「南冥」之「學記」作為概念上的主軸而進行的。但實際上，鄭仁弘的作為一個「編者」，才是使「學記」成為一部「成書」的關鍵，〈敘〉中的述說，並非只是其師的「學記」，還應當包含能夠指涉鄭氏本人的《學記類編》，由此而構成了的真正敘事，既非是單一地指向南冥，也不是單一地指向鄭仁弘，而是交代出一個「綿延兩代師弟之間的故事」，是「師門之傳述」的「敘事」，《學記類編》作為「書」與「成書」的本身，就在敘述這一段「歷史」，行動見證著「歷史」的意義，被人接受、承認，或被人質疑、或遺忘。－－－萬曆本的《學記類編》能夠在今日數百年後還在南冥的異地異時被人研究、探討，並紀念與闡揚，就已述說了此一敘事的流傳之有效性，以及其已經以歷史並且就是歷史的存在而轉化了鄭仁弘當初的敘事中之可能的故事性。今日，無論在實證主義歷史考證學的意義上，鄭仁弘的敘事是歷史還是故事，都已經是歷史的一部分；並且，無論《學記類編》中的「學記」為何，從南冥到鄭氏，經歷了時間的《學記類編》，已經是一部書寫了且銘刻著「師門之傳述」的「書」；不斷地刊行的新刻本、新式標點的點校本，都在在重複地述說此點：南冥的「作」、鄭仁弘的「編」，由「學記」(或「《學記》」)到《學記類編》。

因此，《學記類編》是弟子為傳述師門之學而「轉化」了的一本概念化的「成書」，被鄭仁弘在《學記類編》中稱之為《學記》，來指涉其師交付的「學記」；但在曹植而言，交與鄭仁弘的只是一叢「學記」，至多也只是所謂的「手本一卷」，在尚未編輯成《西山讀書記》、《讀書錄》那樣的「書」之前，曹植並未認為「學記」就是《學記》。曹植是否所望者就如同朱、呂合編的《近思錄》那樣，明確地係為了他人或後世來者所編， 至少目前筆者尚未看到明確的第一手南冥親筆資料；而根據鄭仁弘所述者， 南冥交付的目的是為了手本字小， 年邁不便閱讀， 故大其字形而刻以行之；固然刊行便有傳述學術於世之用意，而鄭仁弘請求的意義亦當在此；但是，作為南冥的「學記」，與作為鄭仁弘的《學記類編》，仍當是有所區別的。因此，我們可以看到，《學記類編》述說的，正是一個師門之中，師—弟之間傳與述的故事與對話，在兩代之間，《學記類編》扮演著師門傳與述的角色。就曹植而言，這個被鄭仁弘賦與的《學記》並不存在，並沒有真正屬於曹植的「《學記》」，那是永不在場的原型，不論是《學記》還是「學記」，在場的、在世的、流傳的，都已是「類編」了的《學記》，「類編」的企圖是指向乃師的場景，企盼將「南冥先生學記」傳下，這是一個師門間的故事版本，也是師弟間的歷史敘事。鄭仁弘在自己的〈敘〉中即言：

　　河上舍來叩於□其首，蓋以老漢知事之首尾故也。

　　《學記類編》本身就蘊有著歷史與時間的延展性。質言之，《學記類編》是不能只單一視為是版本上的題名為「南冥先生學記」的，這個版本在進入後人之世界中時，本身就已經聯繫了一種歷史的綿延，進入我們的世界或我們進入其世界；而此一世界之展現， 便是在歷史的綿延中交代著師門傳述的事件與敘事。《近思錄》也同樣如此，述說著朱子對北宋諸儒進行道統化的「四子」之書的選定及繼承之意義。鄭仁弘正是由於體悟到了這點，才希望透過成書編輯的方式，將乃師所「傳」的「學記」，在歷史綿延中透過其模仿朱子編《近思錄》的手段，意欲將乃師的「學記」予以「經典化」，並確定乃師之學能夠有這樣的定位與地位， 我們如是地看待鄭仁弘的用心， 這也是作為弟子所

230　2부

承擔的一種「師門傳述」的責任之體會與實踐，故曰「不欲沒先生事業」。顯然地，作為南冥之子的〈學記類編後記〉，始終只是將重點放在《學記類編》是不是其父的「原型」之意義上，而尚未考慮到歷史中的學術傳承與傳述的進一步意涵。

논문요약

종과고의 소리:대만 문묘(文廟) 석제전의 음악에 대한 연구와 변혁

채병형(대만예술대학)

　　문묘의 석제전은 현재 남아있는 유일한 고대 형식의 제전문화로 알려져 있다. 한대부터 사료에서 이와 관련된 내용이 있었다. 대만의 석제전 음악은 처음부터 명대 음악을 계승한 것을 사용하였으며 1644년에 청나라의 제도로 새롭게 바꾸었다. 지금도 臺南의 공묘에서 청나라의 규정으로 사용하고 있다. 본고는 주로 과거의 석제전 음악 기록을 바탕으로 분석하고 대만에 있는 문묘 석제전을 주목하여 그의 연변의 과정에 대해서 살펴볼 것이다.

　　고대 기록들에 기재된 석제전의 음악을 살펴보면 대부분은 송, 금 시대부터 시작했다는 기록이 많다. 그러나 그 당시에 기록된 내용은 상당히 적다. 명나라에 이르러 연구자가 많아지며 저술도 많아졌다. 청나라 기록에는 대만에 관한 문헌이 대단히 풍부하게 남아있다. 석제전에 관한 기록은 대부분 지방지에 있다. 한편 일제강점기 시대부터 광복 이후의 연구는 일본사람과 다른 사람들의 선행연구가 많다. 현재 양안에는 이미 많은 학자들이 이 주제를 연구하고 있지만 앞으로 더 많은 연구자가 생긴다면 분명 좋은 일이다. 본고에서는 지금 대만에서 현존하고 있는 공묘를 공묘, 공자사, 성묘/문무묘 그리고 궁각 등 4가지 종류로 구분한다. 공묘는 매년 석제전의 주요 장소이다. 지금 그들이 쓰고 있는 석제전 음악은 주로 명나라와 청나라 때 사용했던 음악인데 연습과 편집의 방법에 차이가 많다. 이 때문에 전통에 대한 계승이 부족하고 일부 문묘에서는 심지어 현대 음악을 이용한 현상도 있다.

키워드: 대만 문묘, 석제전, 음악

목차:

각 부분 요약:

1. 머리말

文廟釋奠樂은 오늘날에 볼 수 있는 고대 음악의 한 종류이다. 고대 음악의 사상은 주로 「大合樂」이었다. 그 사상은 음악 연주의 6개 형식으로 드러난다. 즉 6율(律), 6동(同), 5성(聲), 8음(音), 6무(舞)이다. 오늘날 문화의 보호를 몹시 중시하므로 문묘석전악에 대한 보호도 당연한 일이다. 본문은 오늘날 대만의 문묘석전악 변화와 유전 등을 주목한 내용이다.

2. 문묘석전악의 연구문헌

한대부터 문묘석전에 관한 문헌이 나타난다. 명대에 이르러 이런 자료가 많은데 그 중에 가장 종합적인 문헌은 만력제 시대 채복상이 지은 『孔子全書』이다. 총 35권이며 공자에 관한 사료들은 모두 수집되었다. 그러나 자료의 분류와 선택이 없어서 문헌으로서 그의 품질은 보장하기 어렵다. 명대 진호와 공윤식이 지은 『闕里志』는 총 24권이며 권 2에서 음악에 관한 사료가 많다. 청대 동치 12년(1873)에 편찬한 『文廟祀典考』에서는 역대 문묘사전의 자료들을 정리하고 그림으로 표현하였다. 그러나 이 책은 1차 사료가 아니기 때문에 참조할 때 선택과 분석이 필요하다.

3. 대만 문묘석전악의 연구 현황

대만 문묘석전악의 시작은 대남의 공묘였다. 명대 홍무 시대에 만든 대성악은 청대 음악의 기초이며 대만의 음악도 역시 청대의 음악을 사용한다. 1895년 일제시대 이후 문묘석전악은 중단되었다. 1937년 이후 대만에 있는 제사활동이 모두 금지되었다.

1945년 광복 이후 공제의 제사활동이 점차 회복되었다. 1966년 문화대혁명의 시작으로 대만은 고전문화의 회복을 강화시켜서 1967년에 「中華文化復興運動推行委員會」이 성립되었고, 이어 1968년에 「祭孔禮樂工作委員會」을 성립하였다. 蔣復璁 전 중산박물관 관장은 위원장으로 취임하였다. 이에 따라 석전악의 개혁도 시작되었다. 하나의 조치는 청나라의 음악을 폐지하여 대성악을 회복하였다는 점이다. 40년이 지나서 대만의 문묘석전악이 발전하였으며 그에 대한 연구 작업도 계속 진행하고 있다.

최근 10년 동안 중국 고전음악을 기반으로 연구한 대륙의 석.박사 논문이 많다. 석전악은 중국 고전음악의 중요한 부분으로서 향후에 무시하지 못할 부분이 되었다. 이에 비하면 대만의 연구 작업은 일찍 시작되었다. 위원회의 주도와 협력 덕분에 1985년부터 석전악에 대한 전문적인 연구가 이미 나타났던 것이다.

4. 문묘석전악의 연변

오늘날 사람들은 공자의 제사는 석전례라고 부르고 그의 음악을 석전악이라고 부른다. 선진 시대에 학교에서 예, 악을 배울 때 반드시 먼저 제사를 지내도록 하였다. 진대 이후 공자는 중국 최고의 선생이 되어서 교내의 제사들이 공자에 대한 제사 의례로 바뀌었다. 송대 이후에는 각종의 제사용 의례가 점차 완성되었다. 소위 석전음악도 송대부터 시작한 것으로 알려져 있다. 원대에 이르러 지방의 공묘들을 대부분 없애다보니 중앙에서 석전예악을 다시 편찬해야 했다. 명 홍무26년(1393)에 대성악이 실행되었는데 오늘날 대만 공묘의 음악은 대부분 명대의 음악이다.

5. 대만 문묘석전악의 현황

오늘날에 대만의 문묘석전악은 옛날에 비해 매우 다양해졌다. 대만의 공묘수가 많고 매년 지내는 제사의 의례도 대단히 많다. 음악은 제사의례의 중요한 구성부분이다. 그러나 고전 음악의 일부분은 현대에 이르러 소실되어 명확하게 알 수 없으며 현대의 악기들도 옛날의 음악을 그대로 표현하기가 힘들어서 어느 부분은 현대 악기로 연주할 밖에 없다.

鐘鼓云乎哉：臺灣文廟釋奠樂的研究與流變

蔡秉衡(國立臺灣藝術大學中國音樂學系)

文廟的「釋奠」禮樂儀節是目前較唯一可見到古代祀典儀式的文化之一，從漢代以降，相關的記載與描述多於正史中被保存，明清時期大量的專書著作豐富了此議題。臺灣從1968年「祭孔禮樂工作委員會」改革「釋奠」禮樂至今，已近五十年，從清代諸家著述歷日治時期已至近人的相關研究，蔚為可觀，其中清代多是方志類的史冊，以此構成文廟記載的主體材料。從釋奠樂的流變來看，臺灣在文廟「釋奠」的特殊性始於清代，清領時期的「釋奠樂」仍採用明制，康熙朝曾改制，然於乾隆初期，反而使用順治元年(1644年)修定的先師廟樂章，而且使用的樂譜與《頖宮禮樂疏》所載明代樂譜相同，今日台南孔廟仍沿用清制，臺灣其他孔廟則多使用明制。本文主要即是將古今對於釋奠樂記載描述與研究做一梗概探討，主要定位在臺灣的文廟釋奠，同時藉此略為梳理其流變的過程，使讀者能一覽臺灣文廟釋奠樂的情況，對於認識與瞭解現今文廟釋奠樂的研究將有所裨益。

關鍵詞： 臺灣、文廟、釋奠樂

鐘鼓云乎哉：臺灣文廟釋奠樂的
研究與流變

蔡秉衡(國立臺灣藝術大學中國音樂學系)

一、前言

文廟釋奠樂是今日可見較具古代意義的音樂形式，古代祭祀音樂思想為「大合樂」，「大合樂」主要是指一種音樂演奏的組合形式，這種形式在《周禮》〈春官宗伯下〉篇有云：「以六律、六同、五聲、八音、六舞大合樂。」[1]六律是指十二律中的六個陽律，包括有黃鍾、太簇、姑洗、蕤賓、夷則、無射等六律，六同是指十二律中的六個陰呂，包括有大呂、夾鍾、仲呂、林鍾、南呂、應鍾等六呂，兩者合稱為十二律呂，是音樂構成的基礎。五聲是指宮、商、角、徵、羽五個正聲，五聲須搭配十

---

1 《周禮注疏》，收於清·阮元校刻，《十三經注疏》(北京：中華書局，1980年9月.)，卷22，〈春官宗伯下〉，頁788。

二律始能作用，這是整個音樂在聲響高低構成上的靈魂。八音是指樂器按製作材料及發音特色所做的分類，總計分有金類、石類、絲類、竹類、匏類、土類、革類、木類等八類，由此八類多種樂器所合奏的音樂，被先民認為是音樂最完整的呈現。這種最美好的音樂用在祭祀，有對崇祀者的敬意。因此，從文廟釋奠樂的實質意義來看，樂的呈現含有尊師重道的教育意義，並非只是形式上的演奏而已。

今日對於文化資產的保存相當重視，文廟的「釋奠」儀節是目前較唯一可見到古代祀典儀式的文化之一，重要性不可言喻。從民國57年(1968)「祭孔禮樂工作委員會」至今，已四十餘年，文廟釋奠樂或有投入研究者，但仍為少數，本文希望對於現今研究概況的瞭解有所助益，且以臺灣為主。釋奠樂從東漢以降其歷史變遷的過程[2]，包含了釋奠樂的由來及其用樂思想，特別是在清代的文廟釋奠樂制曾有多次變異，其變異常通令全國一體施行，然臺灣常有特異之處，其特殊性鮮少被探討；其次，今日臺灣各地的孔廟歷經一甲子的變化，許多耆老已退，新舊交替間常有斷層，在對過去不是太了解情形下，對於未來文廟釋奠樂應抱持的態度與做法，多無所適從，本文亦希望對此流變梗概的認識有所幫助。

二、文廟釋奠樂的研究文獻

自漢代以降，文廟釋奠的禮樂著述未曾間斷，歷代皆有記載，從《史記》的「故所居堂」描述以來，歷代正史多有條記與文廟、釋奠等

2　帝王用樂祀孔則始自東漢章帝元和二年(85年)，參見劉宋・范曄，《後漢書》（北京：中華書局，2003年8月。），卷3，〈章帝紀〉，頁150。

相關的史料，包括帝王祀孔、諸侯或遣官致祭，此部分亦是主要的記載，其次則為釋奠的樂章歌詞內容，另外則是以廟、學為描述的書寫。除了正史所記載關於釋奠或孔聖之事以外，其他史冊亦有記載相關史料。宋代孔傳的《東家雜記》、南宋朱熹的《紹熙州縣釋奠儀圖》、金代孔元措的《孔氏祖庭廣記》等，明代以後撰著始豐富起來。北宋末南宋出的孔傳(生卒年不詳)是孔子第四十七代孫，其《東家雜記》屬於現存較早的孔子史志之一，[3] 其中所書寫的先聖誕辰會日、歷代崇奉頗具重要參考價值，其中記有北宋徽宗政和四年(1114)，「依諸路頒降大晟新樂，許內外族人及縣學，咸使肄習，已備釋奠家祭使用。」[4]。孔子第五十一代孫金代孔元措撰有《孔氏祖庭廣記》，該書是在孔傳的《闕里祖庭記》與《東家雜記》的基礎上，加上自己所整理而得的部分，編為十二卷，成書於金哀宗正大四年(1227)，屬於考證元代之前，關於孔氏源流、闕里遺跡與崇祀典禮等重要史冊。內文中與正史所記偶略有出入，例如提到唐玄宗開元二十七年(739)，「二京之祭，牲太牢，樂宮縣，舞八佾。」[5] 此在《新唐書・禮樂志》中是書寫「舞六佾」，[6] 本書卷五的歷代崇重，整理了史冊從西漢元帝已降至金哀宗正大二年(1225)，相關祭祀樂舞歌曲等是重要的參考。

自明代開始逐漸出現書寫釋奠的專著，或是以文廟為主要描述對象者，例如呂兆祥的《陋巷志》與《宗聖志》、李之藻的《頖宮禮樂

---

3 宋・孔傳，《東家雜記》，愛日精廬影宋刻本，收錄於郭齊、李文澤主編，《儒藏》，〈史部・孔孟史志〉，第一冊，(成都：四川大學出版社，2005年5月。)

4 《東家雜記》，卷上，頁23。

5 金・孔元措，《孔氏祖庭廣記》，影印元刻本，收錄於郭齊、李文澤主編，《儒藏》，〈史部・孔孟史志〉，第一冊，卷5，頁96。

6 宋・歐陽修、宋祁撰，《新唐書》(台北：鼎文書局，民國70年元月。)，卷15，〈禮樂志五〉，頁376。

疏》、黃佐的《南雍志》、陳鎬的《闕里志》、呂元善的《聖門志》、瞿九思的《孔廟禮樂考》、蔡復賞的《孔聖全書》、武位中的《文廟樂書》、郭子章的《聖門人物志》、劉天和的《仲志》等，清代則有、孔尚任的《聖門樂志》、金之植的《文廟禮樂考》、孔繼汾的《闕里文獻考》、孔令貽的《聖門禮誌》、宋際、宋慶長的《闕里廣誌》、沈德昌，《聖門志考略》、洪若皋的《釋奠考》、黃本驥的《聖域述聞》、曾國荃的《宗聖志》、鄭曉如的《闕里述聞》、孔貞瑄的《大成樂律全書》、藍鍾瑞的《文廟丁祭譜》、李周望的《國學禮樂錄》、邱之的《丁祭禮樂備考》、吳祖昌的《文廟上丁禮樂備考》、閻興邦的《文廟禮樂志》、龐鍾璐的《文廟祀典考》、張行言的《聖門禮樂統》等，明清兩代對於文廟釋奠的研究與考訂，燦然大備。

其中明神宗萬曆年間蔡復賞的《孔聖全書》，全書三十五卷，包羅萬象，凡是與孔子相關的史料都儘量收錄於本書，算是相當完備的一部書，也因不分材料來源皆收錄，因此也有優劣雜陳之情狀，須研究者自行省斷，卷三十三有國朝釋奠儀註。明代陳鎬纂修、孔胤植重修的《闕里志》，全書二十四卷，包羅事項相當多，其中卷二禮樂誌包含了位次圖、禮器圖、禮器說、陳設圖、樂器圖、樂器說、樂舞圖、奏樂位次圖、歌章等史料，是重要的研究參考。[7] 還有約成書於同治12年(1873)龐鍾璐的《文廟祀典考》，[8] 整理了歷代對於文廟釋奠的記載，錄有樂譜、舞譜，同時有白描圖像及圖示，包含祀位圖、陳設圖、彝器圖、禮器圖、樂縣舞佾圖、樂器圖、舞器圖等，除了專論清代祀典以外，對於釋奠的溯源也做了詳盡的整理與記錄，對於研究文廟釋奠

7　明‧陳鎬，《闕里志》(濟南：山東友誼出版社，1989年。)

8　清‧龐鍾璐撰，《文廟祀典考》(臺北：中國禮樂學會，民國66年。)

有提綱契領之效。然而在史料文獻的運用上，該書並非一手史料，在考察釋奠歷史的同時，仍須翻檢更早的文獻原書，體察前後文意，方能不失本意。上述之明清文獻，即是研究釋奠課題必備的基礎，也是基本功，但是對於明清以前的考索，此明清文獻仍只能參考，沿其路徑，仍須回到原時代文獻，前後參照閱讀，始能有自己的心得。

三、臺灣文廟釋奠樂的研究現況

臺灣在近代書寫的歷史中，仍以明清時期為主，較常談論的歷史時代約略從荷蘭西班牙時代(1624～1662)開始，此時期臺灣尚未興建孔廟，因此，並無相關記載。接續荷蘭而來的是鄭成功(1624～1662)及其家族，鄭氏家族治理的時期(1662～1683)，在諮議參軍陳永華(1634～1680)的建議下，於明代永曆十九年(1665)開始興建台南孔廟，成為臺灣第一座孔廟，[9] 爾後在清領的行政區劃上又有高雄市左營舊城孔廟(康熙23年，1684)、嘉義孔廟(康熙45年，1706)、彰化市孔廟(雍正4年，1726)，此為臺灣四座較早期的孔廟，今日舊城孔廟僅剩崇聖祠，嘉義孔廟則毀於大火，今為重建。因此，臺灣文廟釋奠的相關記載多保存在清代文獻中，其中又以方志為主，例如蔣毓英的《臺灣府志》(1685)，[10] 高拱乾《臺灣府志》(1695)、[11] 周元文《重修臺灣府志》(約1718)、[12] 陳

---

9   清·江日昇，《臺灣外記》(台北：臺灣銀行經濟研究室，民國49年5月。)，卷6，頁233～236。

10 清·蔣毓英，《臺灣府志》(北京：中華書局，1985年5月。)，卷7，〈祀典〉，頁185～186。

11 清·高拱乾，《臺灣府志》(臺北：臺灣銀行經濟研究室，民國49年2月。)，卷6，〈典秩志〉，頁175～178。

12 清·周元文，《重修臺灣府志》(臺北：臺灣銀行經濟研究室，民國49年7月。)，卷6，〈典秩志〉，頁223～226。

文達《臺灣縣志》(1720)、[13] 劉良璧《重修福建臺灣府志》(1741)、[14] 范咸《重修臺灣府志》(約1745)、[15] 王必昌《重修臺灣縣志》(1751)、[16] 余文儀《續修臺灣府志》(約1760)、[17] 王瑛曾《重修鳳山縣志》(1764刊行)、[18] 周璽《彰化縣志》(約1829~1830)、[19] 陳培桂《淡水廳志》(約1870~1871)、[20] 連橫《臺灣通史》(初刊1920~1921)[21]等書均有文廟釋奠儀注的書寫，同時也有一些釋奠活動的記載。除此以外，清代的札記、見聞等書籍，或多或少都有文廟活動或直接與釋奠相關的記載，然而其缺失之處在於重抄、擇抄之處甚多，屢屢重複，偶爾也有錯誤闕漏之處，因此，首先須清楚文獻的成書年代，再仔細考索作者的背景與書寫的情景、目的等，才能使相關研究有較好的心得。

---

13 清・陳文達，《臺灣縣志》(臺北：臺灣銀行經濟研究室，民國50年6月。)，〈典禮志六〉，頁157~160。

14 清・劉良璧，《重修福建臺灣府志》(臺北：臺灣銀行經濟研究室，民國50年3月。)，卷9，〈典禮〉，頁269~274。

15 清・范咸，《重修臺灣府志》(臺北：臺灣銀行經濟研究室，民國50年11月。)，卷8，〈學校〉，頁280~285。

16 清・王必昌，《重修臺灣縣志》(臺北：臺灣銀行經濟研究室，民國50年11月。)，卷7，〈禮儀志〉，頁220~225。

17 清・余文儀，《續修臺灣府志》(臺北：臺灣銀行經濟研究室，民國51年4月。)，卷8，〈學校〉，頁347~352。

18 清・王瑛曾，《重修鳳山縣志》(臺北：臺灣銀行經濟研究室，民國51年12月。)，卷6，〈學校志〉，頁159~162、169~172。

19 清・周璽，《彰化縣志》(臺北：臺灣銀行經濟研究室，民國51年11月。)，卷4，〈學校志〉，頁134~139。

20 清・陳培桂《淡水廳志》(臺北：臺灣銀行經濟研究室，民國52年8月。)，卷5，〈學校志〉，頁128~133。

21 清・連橫，《臺灣通史》(台北：台灣銀行經濟研究室，民國51年2月。)，卷10，〈典禮志〉，頁244~245。

臺灣文廟釋奠樂大抵以台南孔廟完成後為開端, 因此, 清代在釋奠樂上的三變(順治、康熙、乾隆)是重要的, 以此三變為前提, 則須上溯至明代洪武年間(1368~1398)所制定的〈大成樂〉, 而〈大成樂〉所依據的元代樂章與元代所承續的宋代樂章, 是需要有所研究的。臺灣文廟釋奠樂全面在使用清制釋奠樂後, 1895年臺灣為日本所統治, 日治50年的時間, 文廟釋奠樂曾被中斷一時, 時台南孔廟仍是主要指標性的孔廟, 黑澤隆朝(1895~1987)在日治晚期來台進行民族音樂的採集, 於1943年在台南孔廟觀看了釋奠並記錄了活動內容。[22] 事實上此時的釋奠並非常態, 因為在「七七事變」(1937)中日戰爭爆發後, 臺灣的孔廟釋奠被禁止活動, 台南孔廟亦同。1943年的舉辦是專為日本所組織的「臺灣民族音樂調查團」而舉行, 黑澤隆朝即在此調查團中, 因此, 釋奠樂由原已幾乎解散的「以成社」操持, 整個活動在各方支持下總算完成, 黑澤隆朝為我們記錄下的釋奠活動, 雖說是今日窺見日治時期文廟釋奠的重要材料, 然因為是在特殊狀況下所倉促舉行, 其完整性仍有所不足。從黑澤隆朝的紀錄中, 可見今日「以成書院」在日治時期仍是台南孔廟釋奠樂的主要角色, 在當時物力及人力的協調中, 總算能勉強順利舉辦, 當時關於孔廟的型制以及釋奠過程的位置記錄, 也是黑澤隆朝的貢獻。在日治時期透過日人的觀察記錄尚有山田孝史的《臺南聖廟考》[23]、池田蘆洲的〈祭孔子記〉[24]、片岡巖的《臺灣風俗誌》等。片岡巖在《臺灣風俗誌》中描述了日治時期二O年代台南孔廟的概況, 並記載了廟中設有「樂局」,[25] 釋奠樂當時稱為

22　日‧黑澤隆朝, 〈臺南孔子廟的樂舞〉, 收錄於東洋音樂學會編《三十周年記念：日本東洋音樂論》(東京：音樂之友社, 1969), 頁21~60。

23　日‧山田孝史, 《臺南聖廟考》(台南市：高昌怡三郎, 1918年。)吳三連基金會。

24　日‧池田蘆洲, 〈祭孔子記〉, 《臺灣教育會雜誌》, 1907年, 第67期, 頁14~15。

25　日‧片岡巖著, 陳金田、馮作民合譯, 《台灣風俗誌》(台北：大立出版社, 民國

「聖樂」,「樂局」即擔任「聖樂」的演奏工作, 另外該書還記載了「樂局」所使用的「十三腔」音樂, 今日台南孔廟所留存的樂局「以成書院」即是片岡嚴所提及的對象。近年日人二階堂善弘撰有〈關於民間寺廟祭孔的狀況——以ミン台地区為主〉,[26] 該文是針對閩台地區百姓的祭拜習慣與民間寺廟孔子作為從祀的角色探討, 正統文廟在閩台地區皆乏人問津, 而民間寺廟的文昌帝君香火又略勝於孔子, 並簡述了民間書院、鸞堂等與儒家之關係, 並無對祭孔「釋奠」有所著墨。

1945年臺灣光復之後逐漸恢復祭孔, 大陸文革興起後, 臺灣則加強推動文化復興, 民國56年(1967)成立「中華文化復興運動推行委員會」, 民國57年(1968)成立「祭孔禮樂工作委員會」。由當時任中山博物院院長蔣復璁先生擔任主任委員, 分年設立了禮儀研究組、服裝研究組、樂舞研究組、祭器研究組等四組, 其中在音樂的部分做了許多改革, 釋奠樂在第一年的改進主要有兩點, 其一:廢除過去所使用的清制樂章, 改採明代洪武年間的大成樂章, 並參照古譜, 每句間敲擊鐘鼓四拍, 使各句分明;其二:鐘鼓仍用清代節奏, 但省去內外鐘鼓所奏的三通鼓, 並在望燎時按古禮加擊外鼓、外鐘。樂器則由莊本立師仿周制改進製作的編鐘、編磬, 同時也將塤、篪、搏拊重製, 琴、瑟改用絲弦, 簫、笛、排簫亦校準, 並且將過去演奏清代樂章無歌的狀態, 改為用男生歌唱。[27]「祭孔禮樂工作委員會」在第二年又增加了一些樂器, 有晉鼓、建鼓、鎛鐘、鏞鐘等, 鐘上又著有「復興中華文化, 發揚民族

———————————
　　70年1月。)

26　日・二階堂善弘,〈關於民間寺廟祭孔的狀況——以ミン台地区為主〉,《東アジア文化交渉研究》, 2012年, 別冊8, 頁61~68。

27　祭孔禮樂工作委員會編印,《祭孔禮樂之改進》(台北:祭孔禮樂工作委員會, 民國59年9月), 頁3。

精神」，此四件大型樂器，均由莊本立師設計監製，編制上也略為擴充，如笙、笛各由四把增為六把，鳳簫、鼗鼓也都增加兩個，由於樂器的增加，樂隊編製也擴大，樂生從36人擴充為54人，今天台北孔廟的釋奠樂生，也在52人至60人之間作調配。第三年在樂器上又增加特磬及應鼓各一，亦是由莊本立師設計製造，特磬是仿商代虎紋大石磬而製，樂器增加，樂生又較前年多五人，成為59人的編制。樂章將亞獻、終獻之「百王宗師」改為「萬世宗師」，[28] 此釋奠樂章曾在民國68年(1979年)，由陳立夫先生修定過，並由內政部核定，然而卻一直未用，主要仍是以明代大成樂章為藍本。

在「祭孔禮樂工作委員會」的整理推動下，今日臺灣的釋奠樂大至上具有一定的規模，40餘年來，世界與兩岸均逐漸重視文廟釋奠的議題，並開始投入更多的研究工作，臺灣過去的成果，也成為今日研究的基礎，同時也是再商榷的基礎，以文廟最多的大陸，現今投入更多的人力在此領域研究，希望能有所超越。例如江帆、艾春華賢伉儷合著的《中國歷代孔廟雅樂》，江帆專注於樂的研究，艾春華則專擅於佾舞的研究，本書整理了歷代釋奠樂舞的記載，書中錄有樂譜、舞譜等，對於釋奠樂舞具有相當大的貢獻，也屬大陸學者研究此議題的先行者，也因為議題廣大，書中對於歷代的史料釋義與解讀，筆者認為有許多錯誤之處，甚至錯置材料。文啟明的〈祭孔樂舞歷史價值的再認識〉[29]與〈祭孔樂舞的形成和對外傳播〉，[30] 前文主要在八十年代

---

28 《祭孔禮樂之改進》，頁4~10。

29 文啟明，〈祭孔樂舞歷史價值的再認識〉，《中國音樂學》，1999年，第2期，頁33~43。

30 文啟明，〈祭孔樂舞的形成和對外傳播〉，《中國音樂學》，2000年，第2期，頁71~83。

中期起，曲阜及北京逐漸恢復祭孔，由此而引發作者爬梳釋奠樂舞的歷史，該文對於釋奠樂舞在歷代的情形有概況的梳理，對於民國時期的祭孔頗不以為然，認為對於祭孔行為及其樂舞，「都足以表明這是一種嚴重脫離社會、脫離群眾，脫離生活的僵化、刻板，而又缺乏競爭活力的御用官辦藝術，無疑從思想內容到藝術形式都非常落伍。」[31]其第二篇文章則較站在肯定的面向來探討，認為祭孔樂舞能「凸現出中國古代雅樂博大精深的思想意蘊……集中展示了孔子及儒家宣導的『仁』、『和諧』、『禮讓』的人文價值，這在今天仍具有特殊的現實意義。」[32]然作者在後文中介紹韓國、日本、越南的崇孔、祭孔歷史脈絡，倒是頗值得參考，也代表今天東亞文廟釋奠的研究開始受到重視。

近十年來大陸的碩博士論文有許多的研究，首先是以中國古代雅樂的研究為開端，例如，邱源媛的《唐宋雅樂的對比研究》(2003)、[33]遲鳳芝的《朝鮮半島對中國雅樂的接受、傳承與變衍》(2004)、[34]鄭月平的《從歷史文化學的角度解讀北宋之雅樂》(2005)、[35]孫琳的《唐宋宮廷雅樂之比較研究》(2006)等，[36]開始陸續對於古代雅樂進行整理與研究，今日所能見到較接近古代的雅樂可能要以文廟釋奠樂為主了，因此，往後的教師帶領與研究方向也逐漸重視到釋奠樂，例

---

31 文啟明，〈祭孔樂舞歷史價值的再認識〉，頁42。

32 文啟明，〈祭孔樂舞的形成和對外傳播〉，頁81。

33 邱源媛，《唐宋雅樂的對比研究》，成都：四川大學碩士論文，2003年。

34 遲鳳芝，《朝鮮半島對中國雅樂的接受、傳承與變衍》，上海：上海音樂學院碩士論文，2004年。

35 鄭月平，《從歷史文化學的角度解讀北宋之雅樂》，西安：西北大學碩士論文，2005年。

36 孫琳，《唐宋宮廷雅樂之比較研究》，武漢：武漢音樂學院碩士論文，2006年。

如，尹君的≪中國古代祭孔雅樂的發展概況及對近現代音樂的影響≫
(2007),[37] 朱茹的≪宋代江西孔廟研究≫(2008),[38] 柳雯的≪中國文廟
文化遺產價值及利用研究≫(2008),[39] 孫茜的≪祭孔樂舞舞蹈的文化
研究≫(2008),[40] 章瑜的≪瀏陽祭孔音樂探源≫(2008),[41] 羅超的≪越
南國子監文廟研究≫(2009)、[42] 遲鳳芝的≪朝鮮文廟雅樂的傳承與變
遷≫(2009),[43] 房偉的≪文廟祀典及其社會功用≫(2010),[44] 劉袖瑕的
≪甘肅省孔廟遺存狀況研究≫(2010),[45] 賈楠的≪20世紀以來祭孔樂
舞研究的歷史回顧與思考≫(2011),[46] 聶叢竹的≪中國雅樂在朝鮮半
島的傳播與流變研究≫(2011)等,[47] 上述的研究約可見到文廟釋奠受
到大陸學界的關注，但以研究的量與深度來說，相較於其他學門或
課題，仍顯不足，研究的文廟也開始關注到地方性文廟，大陸有許多
地方文廟，且多有深遠的歷史，筆者在關注此課題時，發現許多關於
文廟修復等文章出現，顯見各地方文廟開始在進行文化資產的保存，
同時也在恢復古代釋奠的禮樂，地方文廟與北京文廟以及曲阜文廟

37 尹君，≪中國古代祭孔雅樂的發展概況及對近現代音樂的影響≫，青島：青島
　　大學碩士論文，2007年。

38 朱茹，≪宋代江西孔廟研究≫，南昌：江西師範大學碩士論文，2008年。

39 柳雯，≪中國文廟文化遺產價值及利用研究≫，濟南：山東大學博士論文，
　　2008年。

40 孫茜，≪祭孔樂舞舞蹈的文化研究≫，北京：中國藝術研究院碩士論文，2008年。

41 章瑜，≪瀏陽祭孔音樂探源≫，湖南：湖南師範大學碩士論文，2008年。

42 羅超，≪越南國子監文廟研究≫，南寧：廣西民族大學碩士論文，2009年。

43 遲鳳芝，≪朝鮮文廟雅樂的傳承與變遷≫，上海：上海音樂學院博士論文，
　　2009年。

44 房偉，≪文廟祀典及其社會功用≫，曲阜：曲阜師範大學大學碩士論文，2010年。

45 劉袖瑕，≪甘肅省孔廟遺存狀況研究≫，蘭州：蘭州大學碩士論文，2010年。

46 賈楠，≪20世紀以來祭孔樂舞研究的歷史回顧與思考≫，河北：河北師範大學
　　碩士論文，2011年。

47 聶叢竹，≪中國雅樂在朝鮮半島的傳播與流變研究≫，濟南：山東大學碩士論
　　文，2011年。

在等級上是有區別的，在互相學習中也須有相對的研究投入。另外，對於韓國、越南也都有研究者初步探索，然東亞來看的話，韓國可能要比日本更重要，韓國現今在釋奠上仍保持堂上樂與堂下樂的形式，並強調其釋奠樂是傳承自宋代而來。

相對於大陸來看，臺灣研究文廟釋奠樂可謂是先驅者，近一甲子以來，除了「祭孔禮樂工作委員會」以外的研究整理，蘇麗玉的《臺灣祭孔音樂的沿革研究》(1985)[48]與王秀美的《韓國文廟雅樂之研究》(1985)[49]兩論著已開始對臺灣及韓國的文廟釋奠樂進行研究。蘇麗玉所談論的祭孔音樂，主要以台北孔廟的明制釋奠樂為主，兼論及台南孔廟的清制釋奠樂，主要是做為比較性研究，「祭孔禮樂工作委員會」負責音樂的莊本立師為其指導教授之一，因此論文也頗多參照莊師在釋奠樂改革的想法，文中較多是介紹性，論文的研究具有議題的先驅性與重要性，時至今日仍有許多值得再深入的探討。王秀美的文廟釋奠樂研究主要以韓國的文廟為主，論文中比較了韓國成均館文廟與台北孔廟，成均館文廟號稱有六百年歷史，是韓國最重要的文廟，其釋奠樂具有一定的代表性，兩位研究者皆是由莊本立師所共同指導，其論著在八零年代有其歷史意義。林勇成的《臺灣地區孔子廟「釋奠佾舞」之研究》(2001)則專注於文廟佾舞的研究[50]劉娳娜的《儒家雅樂舞之身體思維的藝教反省》亦是；[51]杜潔明的《台南孔

---

48 蘇麗玉，《臺灣祭孔音樂的沿革研究》，台北：台灣師範大學碩士論文，74學年度。

49 王秀美，《韓國文廟雅樂之研究》，台北：台灣師範大學碩士論文，民國74年。

50 林勇成，《台灣地區孔子廟「釋奠佾舞」之研究》，中國文化大學，90學年度舞蹈研究所碩士論文。

51 劉娳娜，《儒家雅樂舞之身體思維的藝教反省》，台北：華梵大學碩士論文，2007年。

廟樂局—以成書院之研究》具有其特殊性，[52] 作者本身即是以成書院的成員，然而以成書院又是屬於台南孔廟的「樂局」，專門負責每年春秋二仲的釋奠禮樂，其書寫有近距離觀察，對於了解台南孔廟的釋奠樂有較大貢獻，同時以成書院又傳承了臺灣傳統音樂的「十三腔」音樂，此在台南孔廟的祭孔音樂中也摻雜使用，此為特殊處。另外，杜美芬的《祀孔人文暨禮儀空間之研究————以台北孔廟為例》(2003)，[53] 作者在撰述論文期間屬於台北孔廟實際的管理者，對於台北孔廟有實際操辦祭孔釋奠的經驗，因此，文中非常詳實地記錄台北孔廟的釋奠禮，同時也回顧臺灣早期的釋奠歷史，其中有一小部分為釋奠樂的描述，其重要性在於空間與釋奠儀節的討論，因此，釋奠樂並非其論述重點。

孫瑞金的《祭孔音樂的回顧與前瞻》(2006)，[54] 作者本身及長年負責台北孔廟的釋奠樂並擔任樂長一職，從組織、培訓到每年的秋祭大典，由於具有實際操作經驗，因此對於台北孔廟的描述具有重要參考價值，文中對於釋奠樂歷史的研究可能非作者所擅長，因此有許多尚待商榷之處，作者對於新創釋奠樂有一定的肯定性，文中將所創作的新式祭孔音樂放入討論，希望開創祭孔樂有新時代意義，文中並收錄許多版本的祭孔音樂，頗有貢獻。上述研究大多圍繞在台北孔廟與台南孔廟，另外還有林珮瑩的《臺南孔廟的研究》。[55] 李詩

---

52 杜潔明，《台南孔廟樂局—以成書院之研究》，嘉義：南華大學碩士論文，2002年。

53 杜美芬，《祀孔人文暨禮儀空間之研究————以台北孔廟為例》，中壢：中原大學建築學系，92學年度碩士論文。

54 孫瑞金，《祭孔音樂的回顧與前瞻》，台北：台灣師範大學碩士論文，民國95年。2006。

55 林珮瑩，《臺南孔廟的研究》，台南：國立成功大學碩士論文，2010年。

國的《桃園孔廟釋奠儀禮之研究》,[56] 開始對於台北孔廟與台南孔廟以外的地方孔廟進行研究，主要以桃園孔廟的釋奠禮為主，另外對於臺灣孔廟的描述還有劉栩彣的《臺灣孔廟之敘事分析研究》;[57] 洪子舒的《九年一貫國小階段之古蹟教學–以大龍峒保安宮及台北孔廟為例》,[58] 雖非圍繞在釋奠樂研究上，但是也從另一個面向上探討台北孔廟;謝怡君的《傳統祭孔音樂之特色在江文也作品中的實踐–以《孔廟大晟樂章》為分析對象》[59]與王婉娟的《現代音樂中儒道思想的體現—以江文也《孔廟大晟樂章》、尹伊桑《禮樂》、潘皇龍《禮運大同篇》為例》兩文,[60] 主要都探討江文也(1910~1983)所創作的《孔廟大晟樂章》，這是江文也從日本到北京任教時期所創作的作品，江文也對孔子有極深的敬意，對儒家思想也非常嚮往，在日本時期即寫作了《孔子的樂論》一書,[61] 顯見對孔子孔廟有深切的體認，其《孔廟大晟樂章》具有莊嚴穩重且不失為單調的音響，上述兩論文分別探討此作品在祭孔或儒家思想上的特色之處，別有一番風貌。

四、文廟釋奠樂的流變

子曰:「禮云禮云!玉帛云乎哉? 樂云樂云!鐘鼓云乎哉?」[62]玉之貴

56 李詩國，《桃園孔廟釋奠儀禮之研究》，桃園:銘傳大學碩士論文，2006年。

57 劉栩彣，《台灣孔廟之敘事分析研究》，雲林:雲林科技大學碩士論文，2008年。

58 洪子舒，《九年一貫國小階段之古蹟教學–以大龍峒保安宮及台北孔廟為例》，台北:臺北市立教育大學碩士論文，2006年。

59 謝怡君，《傳統祭孔音樂之特色在江文也作品中的實踐–以《孔廟大晟樂章》為分析對象》，台北:臺灣大學碩士論文，2008年。

60 王婉娟，《現代音樂中儒道思想的體現—以江文也《孔廟大晟樂章》、尹伊桑《禮樂》、潘皇龍《禮運大同篇》為例》臺北:臺北藝術大學碩士論文，2011年。

61 江文也著，楊儒賓譯，《孔子的樂論》(上海:華東師範大學出版社，2008年1月。)

重者為圭璋之屬，帛為束帛，屬於絲織品類，兩者皆為古代行禮之物，禮之本不僅止於玉帛之物而已，主要在於「安上治民」；鐘與鼓皆為樂器品類，樂之本也不是只有樂器所發的鏗鏘樂聲而已，其主要所貴者在於「移風易俗」，此即是孔子所闡述的「移風易俗，莫善於樂；安上治民，莫善於禮。」[63]，禮樂之本義不僅僅是行禮之物與樂器等物質而已，還需注重在行禮與奏樂的行為與過程上，衍伸而為教化的功能，古代的祭祀典禮即蘊含孔子教化具體而微的體現。這種體現在孔子卒後，[64] 逐漸投射在其鼓吹的學術理想中，在孔子卒後幾年，其弟子及魯人，「往從冢而家者百有餘室，因命曰孔里。魯世世相傳以歲時奉祠孔子冢，而諸儒亦講禮鄉飲大射於孔子冢。孔子冢大一頃。故所居堂、弟子內，後世因廟，藏孔子衣冠琴車書，至于漢二百餘年不絕。」[65]以孔子舊宅處所立廟紀念並奉祠，從奉祀孔子冢到舊宅奉祠，對於孔子的祭祀從此開端並延續至今，雖在行禮奏樂中迭有變化，然不改其孺慕聖人教化的祭祀本意。

專門祭祀孔子的廟在古代名為「孔子廟」，《史記》提及以孔子舊宅故所居堂「後世因廟」，但不曾名為「孔子廟」或「孔廟」，西晉史家陳壽(233~297)在《三國志》中書寫到「魯相上言：『漢舊立孔子廟，褒成侯歲時奉祠，辟雍行禮，必祭先師，王家出穀，春秋祭祀。』」[66]此處所

62 魏·何晏集解，宋·邢昺疏，《論語注疏》，收錄於清·阮元校刻，《十三經注疏》(下)，卷17，〈陽貨〉，頁2525。

63 唐·玄宗御注，宋·邢昺疏，《孝經注疏》，收錄於清·阮元校刻，《十三經注疏》(下)，卷6，〈廣要道〉，頁2556。

64 「經十有六年……夏，四月，己丑，孔丘卒。」參見晉·杜預注，唐·孔穎達疏，《春秋左傳正義》，收錄於清·阮元校刻，《十三經注疏》(下)，卷60，頁2177。

65 漢·司馬遷撰，《史記》(北京：中華書局，1982年11月)，卷47，〈孔子世家〉，頁1945。

言，在漢代可能已有「孔子廟」之稱，至遲則不晚於魏晉時期。到沈約(441~513)寫《宋書》、[67] 魏收(507~572)寫《魏書》時，[68] 以「孔廟」為正式書寫的稱名也開始出現。因之，至遲在南北朝時期已出現「孔子廟」與「孔廟」之名稱。然「文廟」之名至遲在南宋時期即已出現，[69] 此後，對於專門奉祀孔子的廟即有「孔子廟」、「孔廟」、「文廟」等名稱，明清時期的文獻則更多使用「文廟」之名。臺灣在明清文獻的書寫上，主要以「文廟」與「孔廟」來稱呼，以「文廟」為名書寫者，其材料約有六百六十餘則，以「孔廟」為名書寫者，約有三十一則左右，因此，臺灣對於專門奉祀孔子的廟，主要還是以「文廟」書寫為主。[70]

今日對於祭祀孔子的儀節多名之為釋奠禮樂，在祭孔的禮儀上稱為「釋奠禮」，在祭孔音樂上則稱為「釋奠樂」「釋奠」一詞本非專用於祭祀孔子的專稱，其名稱可上溯自先秦，周代時，學習禮樂詩書的教化或始立學官，必先釋奠於先聖先師，「凡學，春官釋奠于其先師，秋冬亦如之。凡始立學者，必釋奠于先聖先師，及行事，必以幣。凡釋奠者，必有合也，有國故則否。」[71]鄭玄(127~200)認為先聖為「周公若孔子」，[72] 孔穎達(574~648)疏文認為：「云先聖周公若孔子者，以周公孔

---

66 晉・陳壽撰，《三國志》(北京：中華書局，2002年2月，)，卷24，〈魏書〉，頁681。

67 「以太元十年，遣臣奉表。路經闕里，過觀孔廟。」參見梁・沈約撰，《宋書》(北京：中華書局，1974年10月)，卷14，〈禮志一〉，頁366。

68 「丁未，改諡宣尼曰文聖尼父，告諡孔廟。」參見北齊・魏收撰，《魏書》(北京：中華書局，1974年6月，)，卷7下，〈高祖紀〉，頁169。

69 「縣故堡寨，無文廟學舍，天寵以廢署建。」參見元・脫脫等撰，《金史》(北京：中華書局，1975年7月，)，卷105，〈任天寵傳〉，頁2323。

70 蔡秉衡，〈「台灣文獻叢刊」關於文廟釋奠樂的論述〉，《中國歷史學會史學集刊》第43期，2011年11月，中國歷史學會，頁49~84。

71 漢・鄭玄注，唐・孔穎達疏，《禮記正義》，收錄於清・阮元校刻，《十三經注疏》，卷20，〈文王世子第八〉，頁1405~1406。

72 漢・鄭玄注文，《禮記正義》，收錄於清・阮元校刻，《十三經注疏》，卷20，〈文王世子第八〉，頁1406。

子皆為先聖，近周公處祭周公，近孔子處祭孔子。故云，若若是不定之辭。[73]因此，對周公或孔子的祭祀皆稱為「釋奠」。先秦時的「釋奠」除了用在對周公孔子的祭祀外，也用於他處，例如軍旅爭戰凱旋歸來，「反釋奠於學，以訊馘告。」[74]或「釋奠於先老。」等。[75] 唐太宗貞觀二年(628)封孔子為「先聖」，高宗永徽年間(650~655)封孔子為「先師」，爾後逐漸將「釋奠」之名用於祭孔上。今日已無封建王朝的存在，在古代祭祀典禮中，較具有古代儀軌儀節的祀典，祭孔的「釋奠禮樂」可算是較具規模的代表性祭儀。

對於孔子祭祀的淵源自先秦已有之，秦代以降，天子帝王祀孔則可以漢高祖十二年(前195年)以太牢親祀孔子為濫觴，[76] 同時也開啟帝王祀孔的首例。派遣代表帝王的官員祀孔，則從後漢光武帝建武五年(29)開始，[77] 至此，對於孔子的祭祀皆僅止於曲阜的闕里，直到東漢明帝永平二年(59)，開始於國學與郡縣道等地方皆祀孔子，[78] 祭祀孔子的範圍開始擴大，對日後各地「文廟」的建立有了良好的基石。東漢章帝元和二年(85)「帝東巡狩還，過魯幸闕里，以太牢祠孔子及七

---

73 唐・孔穎達疏文，《禮記正義》，收錄於清・阮元校刻，《十三經注疏》，卷20，〈文王世子第八〉，頁1406。

74 《禮記正義》，收錄於清・阮元校刻，《十三經注疏》，卷12，〈王制第五〉，頁1333。

75 《禮記正義》，收錄於清・阮元校刻，《十三經注疏》，卷20，〈文王世子第八〉，頁1410。

76 「十一月，行自淮南還，過魯，以大牢祠孔子。」參見漢・班固撰，《漢書》(北京：中華書局，1962年6月)，卷1下，〈高帝紀〉，頁76。

77 「冬十月還，幸魯，使大司空(宋弘)祠孔子。」參見劉宋・范曄，《後漢書》，卷1，〈光武帝紀〉，頁40。

78 「三月，上始帥群臣躬養三老，五更于辟雍，行大射大禮，郡、縣、道行鄉飲酒于學校，皆祀聖師周公、孔子，牲以犬。」參見《後漢書》，卷15，〈禮儀志上〉，頁3108。

十二弟子，作〈六代之樂〉，大會子氏男子二十以上者六十三人，命儒者講論。[79]此為目前所見，帝王開始用樂舞來祭祀孔子，也是「釋奠樂」較早的淵源。這裡所指的〈六代之樂〉又名〈六樂〉、〈六舞〉，最早見於《周禮》：「凡六樂者，文之以五聲，播之以八音。」[80]〈六舞〉是指六代樂舞，「以樂舞教國子舞〈雲門大卷〉、〈大咸〉、〈大韶〉、〈大夏〉、〈大濩〉、〈大武〉。」[81]雖然開始用樂舞來祭孔，但並非為祭孔而專門製作的「釋奠樂」。對於「釋奠」的樂舞規模與編制，在南齊武帝永明三年(485)，曾依王儉(452～489)之議，開始使用軒縣之樂與六佾之舞，[82]隋文帝時首先創製了祀先聖先師的歌辭，[83]這也是目前所見，現存最早的「釋奠」樂章，唐代繼之，另外創制了兩首「釋奠」樂章，分別有〈迎神〉及〈送神〉樂章，[84]在太宗貞觀四年(630年)，「詔州、縣學皆作孔子廟。」[85]，此舉，具體化地開啟各地州縣立孔子廟的濫觴。

宋代以降，對於「釋奠」樂章的製作益發完備，歷元、明、清三朝，皆有許多「釋奠禮樂」的創制與改革，今日能追尋到較古老的「釋奠禮樂」，大抵仍是以宋代為尊。北宋仁宗景祐年間(1034～1038)創製有釋奠文

79 《後漢書》，卷79上，〈儒林傳〉，頁2562。

80 漢・鄭玄注、唐・賈公彥疏，《周禮注疏》，卷22，〈春官〉第三，收錄於清・阮元校刻，《十三經注疏》，頁789。

81 《周禮注疏》，卷22，〈春官宗伯下〉，收錄於清・阮元校刻，《十三經注疏》，頁788。

82 「今金石已備，宜設軒縣之樂、六佾之舞，牲牢器用，悉依上公。」參見梁・蕭子顯，《南齊書》(北京：中華書局，1972年1月，)，卷9，〈禮志上〉，頁144。

83 「經國立訓，學重教先。三墳肇冊，五典留篇。開鑿理著，陶鑄功宣。東膠西序，春誦夏弦。芳塵載仰，祀典無騫。」參見唐・魏徵、令狐德棻撰，《隋書》(北京：中華書局，1973年8月)，卷15，〈音樂志下〉，頁366。

84 後晉・劉昫等撰，《舊唐書》(北京：中華書局，1975年5月，)，卷30，〈音樂志三〉，頁1124。

85 《新唐書》，卷15，〈禮樂志五〉，頁373。

宣王的〈凝安〉、〈同安〉、〈明安〉、〈成安〉、〈綏安〉等樂章, 在北宋徽宗大觀三年(1109), 又另外作了六首「釋奠」樂章, 樂章名稱與仁宗朝相同, 但是歌詞不同, 屬於新創作的, 同時又由大晟府擬撰了「釋奠」樂章十四首。[86] 北宋對「釋奠禮樂」的重視與實踐, 成為後世效法的傳統, 今日韓國亦保存著祭孔的儀式, 同時在傳統認知上, 咸認其「釋奠禮樂」是傳承宋代遺風而來, 是今天較具古意的「釋奠禮樂」。

元代時期, 當時地方孔廟荒廢甚多, 因此, 在元成宗大德十年(1306)完成新的「釋奠禮樂」製作, 「京師文宣王廟成, 行釋奠禮, 牲用太牢, 樂用登歌, 製法服三襲。命翰林院定樂名、樂章。」[87]同時在浙江一帶製造一批「釋奠」樂器, 仍然使用宋代的樂章。[88] 繼元代之後, 明代對於「釋奠」的重視又更甚前代, 明太祖洪武四年(1371)訂定祀孔樂生60人, 舞生48人, 後來又在孝宗弘治九年(1496), 增加樂舞為72人的編制, 「如天子之制。」[89]世宗嘉靖九年(1530), 在張璁(1475~1539)建議下, 將釋奠中的樂舞改回六佾, 此後成為明代祀孔的固定編制, 明太祖洪武二十六年(1393)時, 「頒〈大成樂〉於天下。」[90]成為明代主要的「釋奠樂」, 明代的「釋奠」樂章, 是從北宋徽宗朝大晟府所撰寫的釋奠樂章中摘選出, 總計有迎神的〈咸和之曲〉、奠帛的〈寧和之曲〉、初獻的〈安和之曲〉、亞獻與終獻的〈景和之曲〉、撤饌的〈咸和之曲〉、送神的〈咸

86　元·脫脫等撰, 《宋史》(北京: 中華書局, 1985年6月。), 卷137, 〈樂志十二〉, 頁3234~3235。

87　明·宋濂等撰, 《元史》(北京: 中華書局, 1976年4月。), 卷21, 〈成宗紀四〉, 頁471。

88　元代雖有新製的釋奠樂章, 但是當時的文獻紀載敘述上說未見使用, 因此, 元代可能仍以宋代樂章為主。

89　清·張廷玉等撰, 《明史》(北京: 中華書局, 1997年4月。), 卷50, 〈禮志四〉, 頁1298。

90　《明史》, 卷50, 〈禮志四〉, 頁1297。

和之曲〉等樂章，明代歌詞與大晟府的歌詞僅有幾字之差，其餘皆同。因此，一般認為明代釋奠樂譜可能是繼承宋代樂譜而來，今日台北孔廟所使用的釋奠樂譜即是明代樂譜。此也是民國57年(1968)以來，莊本立師(1924～2001)在整理文廟釋奠樂上所提出的作法。

五、臺灣文廟釋奠樂的現況

臺灣於民國57年(1968)成立了「祭孔禮樂工作委員會」，當時大陸正處於文革時期，歷史文化摧毀嚴重，有鑑於此，因此，臺灣更加強對於復興中華文化的具體作為，「總統於民國五十七年二月二十二日手諭，對於孔廟雅樂，祭孔之樂器、舞蹈、服裝之製作與研究，應加以注重，以恢復我國古有禮樂之基礎。」[91]，此「祭孔禮樂工作委員會」，從民國57年(1968)至民國59年(1970)期間，分年設立了禮儀研究組、服裝研究組、樂舞研究組、祭器研究組等四組，其中在音樂的部分，莊本立師(1924～2001)是主要的推手，其所考訂、研究、整理的釋奠樂，其規制與樂譜、樂器等，主要依據為明代的釋奠樂規制，採用明代洪武六年(1373)間定祀先師孔子廟的樂章，[92] 同時並仿製古樂器，翻譯明代釋奠樂譜，成為今日臺灣文廟釋奠樂的主體，影響相當大。

---

[91] 《祭孔禮樂之改進》，頁2。
[92] 明太祖洪武六年(1373)曾命詹同(生卒年不詳)、樂韶鳳(生年不詳～1380)等重新製作釋奠樂章，詹同與樂韶鳳兩人，直接從宋代大晟府擬撰釋奠樂章歌詞中，挑選出六首樂章，其中或有一、二字之差異，然大抵相同或類似，同時將樂章名更換，「迎神」演奏〈咸和〉之曲，樂章取自宋〈凝安〉；「奠帛」演奏〈寧和〉之曲，樂章取自宋代奠幣〈明安〉；「初獻」演奏〈安和〉之曲，樂章取自宋代文宣王位酌獻〈成安〉；「亞獻」、「終獻」演奏〈景和〉之曲，樂章取自宋代〈文安〉「徹饌」演奏〈咸和〉之曲，樂章取自宋代徹豆〈娛安〉；「送神」演奏〈咸和〉之曲，樂章取自宋代〈凝安〉。參見《明史》，卷61，〈樂志一〉，頁1502。

台北孔廟是首都孔廟，雖不是臺灣最早的孔廟，然因其所在位置與日治時期(1895~1945)以來的沿革而有其重要性，經過「祭孔禮樂工作委員會」的改良與意見，台北孔廟在禮器、祭器、服飾、釋奠儀節、釋奠樂、佾舞等方面均有重要變化，其中在「釋奠樂」的樂器、樂生編制、樂譜等均採用明制，此與之前所採用的清代「釋奠樂」有所不同。台北孔廟的改制有其指標性，臺灣各地方的孔廟，在整體的「釋奠」儀節上，多學習台北孔廟的樣式，有全採用，有學習部分，此情形或有許多複雜因素，經費問題、場地空間、禮生、樂生、佾生等組織與培訓，以及地方傳統與地方結合等，皆影響整體的「釋奠」運作。相較於台北孔廟的首都性質，台南孔廟是臺灣第一座建立的孔廟，始建於明代永曆十九年(清康熙四年，1665年)，素有「全臺首學」之稱。台北孔廟為官方所管理，臺南孔廟不全然屬於官方所管理，其管理者亦非由政府支薪，孔廟的收入主要靠清代流傳下來的學田為主，目前的型態可算是半官方色彩的孔廟，[93] 其「釋奠樂」並不採用台北孔廟的明制「釋奠樂」，從過去至今仍沿襲清代制度的「釋奠樂」，其歷史傳承中「釋奠樂」的變化，主要在於康熙朝與乾隆朝之「釋奠樂章」的變化，其中在日治時期也有一些應時的作為，綜觀今日台南孔廟所保有的清制「釋奠樂」，也成為臺灣最特殊的釋奠樂形式。

臺灣在鄭氏家族(1662~1683)至清代治理期間(1683~1895)始建立文廟，首座孔廟為台南孔廟，屬於府學孔廟，清代治理初期將臺灣分為一府三縣，臺灣府、臺灣縣、諸羅縣、鳳山縣，[94] 臺灣府與臺灣縣均設

---

93 臺南孔廟目前正在籌備改為「臺南孔廟文化基金會」或其他相關的名稱，如能順利改制完成，將會全然地轉為民間管理，這在臺灣孔廟的管理制度上也是很特殊的。

94 「設府一，曰：臺灣。縣三，附郭曰臺灣，外曰：鳳山、諸羅。」參見清・蔣毓英修，

置在今日之台南，諸羅縣設置在今日嘉義一帶，鳳山縣設置在今日之高雄一帶，這四個行政區域形成了臺灣初期的四所文廟。臺灣縣學原任知縣沈朝聘在康熙二十四年(1685)，將前朝房屋改建為文廟；鳳山縣知縣楊芳聲也在同年，將前朝房屋改建為文廟，諸羅縣學也由原任知縣季麒光草創茅茨，[95] 因此，臺灣最初文廟的崇奉，都在康熙二十四年完成，皆分別為府學與縣學之所在，四個地方也都在春秋二祀，舉行「釋奠」之禮。

臺灣在文廟「釋奠」的特殊性始於清代，臺灣進入清領時期，文廟「釋奠樂」仍採用明制，此是特殊之一；臺灣於乾隆初期，不顧康熙朝的改制，反而使用順治元年(1644年)修定的先師廟樂章，而且使用的樂譜與≪頖宮禮樂疏≫所載明代樂譜相同，[96] 此是特殊之二；乾隆七年(1742年)清廷已改訂先師廟樂章，但是從臺灣的方志書來看，例如范咸的≪重修臺灣府志≫、王必昌總纂的≪重修臺灣縣志≫、王瑛曾總纂的≪重修鳳山縣志≫、黃佾等纂輯的≪續修臺灣府志≫、周璽總纂的≪彰化縣志≫等所記載的釋奠用樂，[97] 雖然都改用新訂的樂章歌詞，但是樂章名仍沿用明代之名稱，僅將其「和」字改為「平」字，[98] 此是

≪臺灣府志≫(北京：中華書局，1985年5月)，卷1，頁9。

95　清・蔣毓英修，≪臺灣府志≫，卷6，頁120。

96　清・劉良璧、錢洙、范昌治，≪重修福建臺灣府志≫(台北：成文出版社，民國72年3月)，卷9，〈典禮志〉，頁737～741。

97　清・范咸，≪重修臺灣府志≫(台北：成文出版社，民國72年3月)，卷8，〈學校志〉，頁614～618。清・魯鼎梅主修、王必昌總纂，≪重修臺灣縣志≫(台北：成文出版社，民國72年3月)，卷7，〈禮儀〉，頁589～594。清・余文儀等主修、王瑛曾總纂，≪重修鳳山縣志≫(台北：成文出版社，民國72年3月)，卷6，〈學校志〉，頁473～476。清・余文儀主修、黃佾等纂輯，≪續修臺灣府志≫(台北：成文出版社，民國72年3月)，卷8，〈學校志〉，頁649～652。清・李廷璧主修、周璽總纂，≪彰化縣志≫(台北：成文出版社，民國72年3月)，卷4，〈學校志〉，頁511～514。

特殊之三。對於這些現象的探索與研究，過去並未被提出，同時亦未被關注，筆者近年研究此一課題，認為此間必有臺灣在近四百年發展史上的一段特殊性。

文廟釋奠樂既有如此之意義，然今日臺灣之釋奠樂已呈現多元的面貌，臺灣崇祀孔子的廟宇相當多，筆者將之區分為孔廟、孔子祠、聖廟與文武廟、宮閣等四種，其中建築規制較具規模的孔廟是今日臺灣文廟的主體，每年所舉行的祭孔釋奠禮樂也以孔廟為主，包含台南孔廟、高雄孔廟、嘉義孔廟、彰化孔廟、澎湖孔廟、新竹孔廟、宜蘭孔廟、臺北孔廟、屏東孔廟、臺中孔廟、旗山孔廟、南投孔廟、桃園孔廟、苗栗孔廟等，這些孔廟或有舉行釋奠禮樂，其釋奠樂仍存在有傳統八音齊奏的明制版本與清制版本，樂生來源與培訓方式差異甚大，八音樂器無法具足，甚或樂器毀壞或音準失調等諸多問題，甚而使用他種樂器來替代，形成不傳統亦不現代的情形。因此，有些文廟的「釋奠樂」就乾脆使用現代國樂來演奏，不應經法現像普遍存在。

六、結論

回顧古代記載釋奠禮樂相關的史料，多從正史而來，其後在宋金時代開始對於孔子相關的釋奠及其他史料有專書出現，然僅為少數，例如宋代孔傳的《東家雜記》、金代孔元措的《孔氏祖庭廣記》等，進入明代後，研究的專書變得相當豐富，清代的諸家相關的著述益豐。清代記載臺灣的文獻算是相當多，與釋奠相關的史料有許多都是方志類的史冊，以此構成文廟記載的主體材料，另一部分則從日治到

---

98 明代洪武年間樂章名為「咸和」、「寧和」、「安和」、「景和」、「咸和」、「咸和」。

臺灣光復之後，日人的研究與近人的研究成果，對於文廟釋奠的論述亦有許多貢獻，足資參考。臺灣在文廟釋奠研究上已有部分基礎，環顧兩岸的學術研究情況，還可鼓勵更多學者多投入此領域的研究工作。

現今臺灣所使用的釋奠樂是由莊師本立所研古再製，其各項改制大抵上是：「集鏗鏘明亮和氣勢宏偉的周制鐘磬，古雅調和的宋明服裝，和平搏大的明代樂舞，及莊嚴肅穆的清代鼓樂，融合了歷代祭孔樂舞的優點於一堂。」[99]由此可了解其研古之思考來源為綜合性之釋奠樂，然今日對於可蒐羅到的樂譜或佾舞等材料，對於目前的現況可再重新討論與進行研究，例如韓國所認定的宋代樂譜及儀軌，以及唐至宋代的古籍文獻，都應再重新進行省視，或可對今日之釋奠樂有一新的認識。

---

99 莊本立，〈祭孔樂舞之改進與比較〉，中國傳統音樂學會第九屆年會，1996年9月，頁1~10。

＊＊＊
＊＊

논문요약

한무제의 대 조선 침략과 기자조선의 유래

오예(중국사회과학원역사연구소)

「箕子王朝鮮」이라는 것은 전한(前漢)시기부터 우연히 발생한 전설이었으나 고힐강(顾颉刚, 1893-1980)은 이것이 진실이 아니라고 말하였다. 그가 말하는 진상은 고대 중국인들이 화란을 피하기 위해 한반도로 몇 번 간 것이 이러한 전설로 만들어지게 되었다는 것이다. 본고에서 기자왕조선은 전한 시대의 유생(儒生)들이 한 무제의 대 조선 침략을 감추기 위해 만들어 낸 것이었다. 게다가 이 단어는 유가사상 속에 멸망과 계승의 이상을 위해 맞춘 것이다. 기(箕)는 봉지의 이름이고 그의 위치는 조선이 아니라 오늘날에 산서(山西) 지역 일대이다. 서주 초기 분봉의 상황에 따르면 가장 북쪽에 있는 나라는 연(燕) 나라였으며 그의 위치는 오늘날에 북경의 남부지역인 房山区琉璃河 일대지역이며 요동이나 조선과 상당히 멀다. 따라서 한무제가 기자를 조선의 땅에서 분봉하는 것은 불가능한 일이다. 한반도 사람들이 기자조선이란

학설을 믿고 있는 이유는 실상 토번(土蕃)과 몽골사람들이 불교를 믿으며 본인들이 불교의 고향인 인도에서 온 민족이라는 것을 주장한 것과 비슷하다. 고대 한반도 사람들이 중국문화의 영향을 계속 받고 있었기 때문에 중국에서 온 유명한 사람들이 조선인을 가르친다는 학설은 쉽게 전파될 수 있었다. 이것은 역사에 대한 잘못된 인식이다.

키워드: 기자조선, 한 무제, 유가

목차:

각 부분 요약:

1. 전한 시대의 기자조선 전설

기자(箕子)와 관한 기록은 『尚書.洪範』에서 처음으로 보인다. 기자가 우(禹)의 치수(治水)에 대한 이야기를 서술하였다. 『史記』에서 기자와 주 무왕의 이야기도 출현하였다. 이것은 기자란 사람이 중국 정사에 처음으로 등장하는 부분이다. 기자가 만약에 정말 은 나라 주왕의 친척이라면 귀족의 신분을 가진 사람이 된다. 무왕이 기자에게 조선을 분봉하였다는 이 내용은 전한 시대 초기에 갑자기 나타난 소문이다. 전국시대에는 중국과 오늘날 한반도 지역 사이에 무역 교류가 없어서 정치적인 관계도 있을 수가 없었다. 따라서 무왕 시기 기자에게 조선을 분봉한 것은 사실이 아닐 수도 있다. 더불어 기자가 중국에게 「不臣」하고 「來朝」하였다. 이러한 모순적인 기록도 의문이 많다. 그러나 전한에 이르러 학자들이 이런 기록을 그대로 받아들였다.

2. 기자 분봉지의 위치

중국 고대의 규칙에 따르면 기자의 이름은 그의 분봉지 지명과 일치해야 한다. 춘추시대에 「箕」라는 지명이 있다. 그의 위치는 태곡현(太谷縣)이며 오늘날에 山西省 太原시 주변 어느 곳이다. 주 나라 때 주왕(周王)이 이 지역을 왕족과 강(姜)성 제후국에게 분봉하였다. 『左傳』에 따르면 기는 주 나라 이전부터 이미 진(晉)나라의 범위에 속한 곳이다. 이에 따라 기를 분봉한 것은 주무왕이 아니고 紂王이 하는 일이다. 또한 『史記.宋世家』에서 기자의 무덤에 대한 기록이 있다. 그러나 중국 고대 유명한 사람들의 무덤 위치에 관한 기록은 원래 믿을 만한 내용이 없어서 이 기록도 믿기가 힘든 내용이다. 게다가 이 기록이 만약 진실라면 기자는 한반도까지 도달한 적이 없다는 추측도 할 수 있다.

3. 고힐강의 해설

고힐강 선생님은 기자조선의 전설에 대해 실상 중국 사람이 국내의 혼란을 피하기 위해 한반도로 도망한 것이라고 보았다. 이는 진나라 말기에 연나라, 제나라, 조나라 지역의 백성들이 전쟁을 피해서 한반도로 갔던 예를 들 수 있다. 한반도는 중국과 바다를 두고 있는 등 거리 상의 장애가 있어서 안전한 곳이다. 또한 당시 한반도는 안정된 환경이었고, 중국과 비슷한 문화 환경으로 중국 사람들이 이곳을 선택하기에 적합하였다.

중국 사람들의 진입 덕분에 한반도와 중국 사이의 관계도 점차 가까워졌다. 특히 전쟁을 피하고 싶은 사람들은 한반도의 안정된 생활을 부러워하며 기자의 이야기를 한반도의 역사와 결부시켜 기자왕조선의 이야기를 만들어냈다. 더불어 조선 왕준을 죽이는 연나라 사람 위만이 한반도의 지배자로 나타났다. 위만은 원래 한족 사람이라서 한반도의 역사 중국의 역사와 합류될 수 있었다. 사마천 등 당시 중국 사학자들은 이러한 야사를 믿고 그들을 정사로 편입하였다. 무제는 한반도를 정복하고 그 곳을 중앙의 지배로 납입하였다. 이에 따라 기자는 한반도 역사의 시조가 되었다. 그의 목적은 한반도를 쉽게 지배하는 것이며 그의 영향은 오늘날에도 존재하고 있다.

4. 「箕子王朝鮮」은 한무제의 조선에 대한 침략을 왜곡하기 위해 위조한 것이다.

한무제 시대의 유생들은 한반도의 동쪽 바다를 태양이 오르는 곳이라고 믿었다. 따라서 한반도는 세상의 동쪽 변계로 알려져 있었다. 이에 따라 한반도는 한무제가 정복하고 싶은 목적이 되었다. 그러나 당시 한나라는 한반도와 선전할만한 이유가 없었다. 한무제는 주 무왕의 공을 상속하고 싶었기에 기자에게 조선을 분봉한 것이라 보고 한반도는 원래 중국의 영토임을 주장하였다. 이에 따라 한반도를 정복한 것은 옛날의 영토를 회복한 것이라고 보았다. 그 이후 무제가 한반도를 지배하는 것도 한반도 사람에게 인정(仁政)을 가르치는 것이라고 한반도 역사책에 기록되었다. 양국의 사람들은 오늘날에도 이 내용을 믿고 있다.

5. 티베트, 몽골과의 비교

티베트는 인도와 가까운 곳이라서 민족의 기원과 관한 전설에는 불교의 그림자가 보인다. 몽골 사람들도 마찬가지로 불교를 믿으므로 민족의 기원을 불교의 영향에서 찾았다. 한반도의 상황은 이와 비슷하다. 역사상 한반도 옆에 강대한 국가는 중국 밖에 없었다. 이 때문에 중국의 영향을 받아서 자신 기원의 전설을 만든 이유가 충분하다.

漢武帝侵略朝鮮與
箕子王朝鮮之說的發生

吳銳(中國社會科學院歷史研究所)

〔摘要〕 "箕子王朝鮮"是西漢突如其來說法，顧頡剛先生認爲不可信，推測可能因爲中國人多次到朝鮮避難，造成古史的訛傳。 本文認爲可能是西漢儒生爲粉飾漢武帝侵略朝鮮而編造的，又符合儒家存亡繼絕的理想。箕是封地之名，在今天的山西，與朝鮮無關。西周初年的大分封，最北端的是燕國，分封在今天北京市最南端的房山區琉璃河，遠遠達不到遼東和朝鮮，武王封箕子於朝鮮是不可能的事情。 至于朝鮮人認同箕子王朝鮮之說，其原因類似吐蕃人和蒙古人因爲崇奉佛教，愛屋及烏，乾脆認同自己的民族也來自佛教的故鄉——印度。古代朝鮮深受中國文化的影響，很容易相信中國的名人

* 吳銳，中國社會科學院歷史研究所研究員。xuankuwu@gmail.com

來到朝鮮，教化朝鮮，總之都是歷史的錯覺。

一、西漢突如其來的箕子王朝鮮之說

朝鮮歷史與中國有一個公案，就是著名的箕子王朝鮮之說。

箕子其人最早見于《尚書·洪範》。流傳至今的《尚書》共二十八篇，《洪範》是其中一篇，"洪"的意思是"大"，"範"的意思是"法"，《洪範》共九疇，也就是九章。《洪範》開頭說：

> 惟十有三祀，王訪于箕子。王乃言曰：
> "嗚呼！箕子。惟天陰隲下民，相協厥居，我不知其彝倫攸敘。"

文中的"王"，即西周的武王。接著箕子講述禹的父親治理洪水，由于沒有得到上帝的洪範九疇，所以遭到失敗。禹得到了上帝的洪範九疇，所以成功。這九疇是：

初一曰五行；
次二曰敬用五事；
次三曰農用八政；
次四曰協用五紀；
次五曰建用皇極；
次六曰乂用三德；
次七曰明用稽疑；
次八曰念用庶徵；
次九曰嚮用五福。

《洪範》是《尚書》二十八篇中最有思想性的篇章，歷代解釋、發揮《洪範》的著作非常多，形成"演範"的風氣。 以"韓國經學資料集成"145冊(成均館大學出版部，1996)爲例，關於《洪範》的就有：

洪範月行九道

箕子陳洪範于武王

洪範羽翼

洪範衍義

易範通錄—洪範說

皇極衍義

雜著—洪範傳

經簡—洪範五傳

洪範九疇天人合一圖

皇極經文釋義

洪範九疇皇極圖說

洪範直指

洪範傳

洪範演

洪範節氣解

洪範五行

洪範九疇之圖

箕範衍義

經義袞辨—洪範衍義

漢武帝時的司馬遷(公元前145年？－？)所著≪史記≫對周武王咨訪箕子的背景有如下記載：

> ≪殷本紀≫："箕子佯狂爲奴，紂又囚之。周武王伐紂，釋箕子之囚。"
>
> ≪周本紀≫："武王十一年十二月，師渡孟津；二月，至於商郊牧野。已而，命召公釋箕子囚。乃罷兵西歸"。"武王已克殷，後二年，問箕子殷所以亡，箕子不忍言殷惡，以存亡國宜告。武王亦醜，故問天道。"
>
> ≪宋世家≫："箕子者，紂親戚也。紂爲淫佚，箕子諫不聽，乃被髮佯狂而爲奴。武王旣克殷，訪問箕子。……箕子對……鴻範九等。……于是武王乃封箕子于朝鮮而不臣也。"

這是正史裏首次出現武王封箕子于朝鮮的說法。 如果箕子是商國末代國王紂的親戚，那他必然是貴族。≪左傳≫三次引用≪洪範≫之文(襄公三年、文公五年、成公六年)，稱爲≪商書≫，就是因爲箕子是商國[1]人。

武王克殷的年代，至今爭議很大，我主張是公元前1027年。[2] 此時西周還沒有大分封。 此後的大分封，燕國分封在今天北京市最南部的房山區琉璃河，是西周分封的最北端，遠遠達不到遼東和朝鮮，武王封箕子于朝鮮是不可能的事情。

≪尚書大傳≫相傳是西漢伏生一派解釋≪尚書≫的著作,據東漢鄭玄≪尚書大傳·序≫，伏生是秦朝的博士，到漢文帝時快一百歲了，張生、歐陽生從其發學。伏生死後，門徒各論所聞，"以己意彌縫其

1　像商朝、商代這樣的叫法出自後人，也是受儒家歷史觀影響的結果。
2　相關討論，見吳銳編≪古史考≫第九卷，海南出版社，2003年版。

缺，別作《章句》，又特撰大義，因經屬指，名之曰《大傳》。"《尚書大傳》記武王克殷之後：

> ……釋箕子之囚。箕子不忍周之釋，走之朝鮮。武王聞之，因以朝鮮封之。箕子既受周之封，不得無臣禮，故于十三祀來朝。"鄭玄《注》："誅我君而釋己，嫌苟免也。"（《太平御覽》七八〇引。十三，《御覽》誤作"十二"。）

周武王封箕子于朝鮮，正如顧頡剛先生所說，"這是西漢時代突如其來的傳說"，因為在戰國時，中國和朝鮮間國際往來祇有通商，並沒有政治上的宗主與隸屬的關係，為什麼到了西漢時代就成為武王封箕子于朝鮮這一說呢？ 而且既由武王所封，為什麼又說"不臣"？ 既經不臣了，為什麼又說"不得無臣禮"而"來朝"？ 這都是無法解釋的矛盾。 再把《大傳》和《史記》對看，《大傳》說箕子被釋以後自己跑到朝鮮去，武王祇做個順水人情，把那塊地方封給他，而《史記》則說武王因箕子答對鴻範而欽佩他，特意封他到朝鮮去。又《大傳》說武王封後，箕子于"十三祀來朝"，即是在克殷二年之後，武王因而問鴻範(武王的紀元，據《史記·周本紀》，是順着文王紀元數下來的，文王"受命"後九年死，武王的元年為"十年"，十一年克殷。殷稱年為"祀"，周初也沿用這個稱謂。但在《逸周書》裏，則武王獨自紀元，故《柔武》有"維王元祀"，《大開武》有"維王一祀"，均指武王元年)，《史記》則說克殷那一年，武王就親自去訪問他，他對以鴻範，然後武王封他。顧先生指出，在這短短的記載裏，如此矛盾重重，可見這個說在司馬遷時代還沒有凝固，所以一說出來就暴露了馬腳。 因此，要解決箕子封國實際在哪裏，就不可能靠西漢以下的書，因為西漢以下的書統統受了當時傳說的影響，搞迷糊了。[3]

二、箕子封地所在

按照上古地名的一般規律，箕子可能是因爲受封在箕這個地方而
得名。也就是說，箕是采邑之名。春秋時代還保存著"箕"的地名。≪春
秋·僖公三十三年≫："晋人敗狄於箕。"≪左傳≫："狄伐晋，及箕。八
月戊子，晋侯敗狄於箕。郤缺獲白狄子。"僖公三十三年相當于公元
前647年。古代注疏家都說箕在太谷縣，位于今太原市正南。楊伯峻
先生同意清代江永所考，認爲在今山西省蒲縣東北，過去有箕城。[4]
西周建立之後，慷慨地把原住民的地盤分封給王室的同姓國(姬姓)
和結盟國(姜姓)，鼓勵受封國武裝殖民，晋國的封地本來是狄人的
地盤，≪左傳·莊公二十八年≫："狄之廣莫，于晋爲都。晋之啓土，
不亦宜乎！"因此，雙方勢必發生戰爭。"廣莫"是形容狄人土地面積
之廣大。≪春秋·文公十二年≫記載晋國和秦國在河曲開戰。≪左傳·
成公十三年≫記晋厲公使呂相絶秦，說到："君亦不惠稱盟，利我有
狄難，入我河縣，焚我箕、郜。"劉文淇(1789—1854)懷疑這裏的"河縣"
是前面的"河曲"是變文[5]，這是有道理的。黃河從陝西北流、經過河套
大拐彎，史稱"河南"，最早是匈奴的聚居地。再向南流的河段，就是
西河。黃河流到今河南浚縣，折而北流，經過今河南安陽東，自南向
北直貫今河北省西部太行山麓，直達河北省北境，折而東流，至今
天津之北入海。這一河段就是東河。如果把河套至入海口的黃河畫成
凵的形狀，那麽左邊那一豎就是西河，右邊那一豎就代表東河。 西
河與東河之間是南河(圖一)。

---

3 以上見≪顧頡剛全集·顧頡剛古史論文集≫卷十(下)，中華書局，2011年版，
第754頁。

4 楊伯峻≪春秋左傳注≫，中華書局，1981年版，第493頁。

5 劉文淇≪左傳舊注疏證≫，科學出版社，1959年版，第891頁。

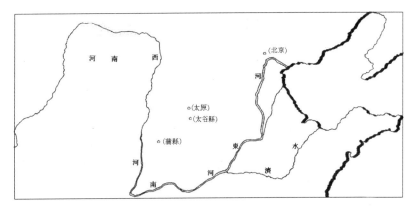

圖一 黃河分段名稱

《尚書‧禹貢》記冀州的位置在兩河(東河、西河)之間。《呂氏春秋‧有始覽》: "兩河之間爲冀州，晋也。" 西河之西是秦國，西河之東是晋國，同時西河兩邊也是狄人的大本營，難怪說"狄之廣莫"。狄伐晋，對晋人來說是狄難；如果晋伐狄，對狄人來說就是晋難。 從《左傳‧成公十三年》可以看出，此時的箕已經屬晋國，而且靠近黃河，應該在今山西省的西部，最早可能就是箕子的封地。 封給他的應該是商紂王而不是周武王。

《史記‧宋世家‧集解》引杜預曰: "梁國蒙縣有箕子冢。" 蒙縣故城在今河南商丘縣東北。 後世關於上古歷史名人墓葬的記載很多不可靠，如果此說可信，更可以說明箕子是封於內地而又葬於內地的，不會遠到朝鮮。[6]

6　古代各民族由于相隔太遠，語言不通，極容易產生訛傳。 例如敦煌藏文寫卷《北方若干國君之王統叙記》，約爲公元8-9世紀作品。 它記載北方各國國情，自稱是由五名回鶻人前往各國偵察的結果，其中講到高麗國，說高麗境内之人，上額垂于胸口，吃人肉，還將父母年邁者及其他老邁之人的衣服剥光殺死。 這明顯是以訛傳訛。 商、周之人，恐怕還不知道朝鮮的存在。

三、顧頡剛先生的解釋

顧頡剛先生(1893-1980)認爲箕子王朝鮮的傳說，與中國人多次到朝鮮避難有關。 按≪三國志·濊傳≫云："陳勝等起，天下叛秦，燕、齊、趙民避地朝鮮數萬口。" 裴≪注≫引≪魏略≫說朝鮮王準"立二十餘年而陳、項起，天下亂，燕、齊、趙民愁苦，稍稍亡降準。"從這裏可以知道，當陳勝起義，天下叛秦，在繼續八年的大戰裏，沿海的燕、齊人民，以及雖不沿海而居于太行山東麓的趙國人民，他們爲了免罹兵刃，大量逃難到朝鮮。 他們爲什麼選定朝鮮作爲避難的場所？正因朝鮮有着最適宜的條件。第一，航海不像陸路的易于阻兵， 既保安全，又省運輸的勞動力。第二，朝鮮政治清明，人民生活安定，看≪漢書≫說的"其民終不相盜，無門戶之閉"可知。 第三，那時中、朝兩國的文化大體相同，"田、蠶、織作"，"飲食以籩、豆"，雖然遠離家鄉，一切生活也不會感覺不習慣。更看≪三國志·辰韓傳≫云："辰韓在馬韓之東。其耆老傳世，自言古之亡人，避秦役，來適韓國；馬韓割其東界地與之。……其言語不與馬韓同，名'國'爲'邦'，'弓'爲'弧'，'賊'爲'寇'，'行酒'爲'行觴'，相呼皆爲'徒'，有似秦人，非但燕、齊之名物也。……今有名之'秦韓'者。"當秦始皇統一六國之後，用奴隸社會的殘暴手段役使封建社會的人民，他興建各種大工程，長城呵，馳道呵，阿房宮呵，驪山陵寢呵，徵發的人數動輒數十萬，數百萬，又北禦匈奴，南略越南，給養線過長，男丁不足，補以婦女，把人民當作奴隸看待，驅入死亡的邊緣，人民受不了這樣無限止的壓迫，惟有相率逃亡，所以征令西來，黔首便東奔，直奔到了朝鮮半島的南端，得到馬韓君主的保護而定居下來。等到楚、漢連兵之際，燕、齊、趙的人民再一次避地朝鮮，走得比第一次近了一點。其時上距商紂王的儿子武庚北奔已經九百年了，跟隨武庚到東北建立新國的殷民已經傳子至孫約曆三十代了，他們一定記得自己民族的歷史，他們忘不掉被紂王監禁起來的地位崇高的箕子，作為稱頌的代表人物，而在周人北征滅亳之後，他們在周政權高壓下也不敢提出武庚這個名字，于是箕子的傳說就長期盛傳在東北。《大傳》說的"箕子不忍周之釋"，《史記》說的"不臣"，就透露了遷流東北的殷遺民對于周人的反感。傳說本是隨時、隨地、隨人而變的，秦、漢易代的時候既有大量的中國人民流亡到朝鮮和馬韓，就容易把東北的箕子故事和朝鮮統治者的歷史有意或無意地結合起來。何況燕人衛滿恩將仇報，搶奪了朝鮮王準的政權，也許他為了減輕朝鮮人民對他的惡感，故意誇耀中國人過去統治這塊地方的政績，抬出一個在東北久享盛名的箕子來替他自己分擔責任。 衛滿是漢族人，這故事宣傳到中國，司馬遷父子和《尚書》學家們不懂得傳說和歷史的分野，就信筆寫上了歷史。及至漢武帝憑籍武力，東辟四郡，為了他們的官僚集團和商人們的惟利是圖，一時秩序大亂，為安定人心計，又涂改了這故事，使得箕子包辦了古朝鮮的經濟、法律和文化的一切活動，目的是要使當地人民對于漢皇朝的統治者發生一些幻想，好騙取他們的服從。 兩千年來，兩國人民在他們層層錮弊之下，永遠被蒙在鼓裏，妨害了真誠的團結。 我們回顧古代的歷史，懂得把過去的傳說細細地分析，開始認識了在武庚北奔後醞釀起來的箕子傳說，及至秦民為了避役和避亂而兩度東移，又發展了這一傳說，此後在衛滿篡國和漢武帝侵略之下有意識地為了政治作用而大大地歪曲了這一傳說，于是我們可以尋求歷史的真實，清掃"箕子王朝"這一筆僞史。[7]

7　以上見《顧頡剛全集·顧頡剛古史論文集》卷十(下)，第759–760頁。

四、箕子王朝鮮可能是爲粉飾漢武帝侵略朝鮮而編造的

漢國建立的時候，經濟凋敝，將相乘坐牛車。官方提倡黃老之學，與民休息，好不容易出現"文景之治"，哪知道出現了個敗家子漢武帝。他北面與匈奴鏖戰，西面侵略西域，南面侵略越南、西南夷，東面侵略朝鮮。 元封二年(公元前109年)，漢武帝發兵攻打朝鮮，次年滅之，以其地爲樂浪、臨屯、玄菟、真番四郡。《漢書·地理志》記玄菟郡之下有高句驪等三個縣，樂浪郡之下有朝鮮等二十五個縣。 樂浪郡，王莽曰樂鮮。顏師古注引應劭曰："故朝鮮國也。" 高句驪，又作"高句麗"，它北接夫餘，南接朝鮮。

漢武帝時的淮南王劉安召集賓客編著的《淮南子》一書，有一篇《時則》，類似《呂氏春秋》之首《十二紀》和《禮記·月令》，講的是在每個季節應該做什麼，五行色彩十分濃厚。其中講到"五位"是：

> 東方之極，自碣石山過朝鮮，貫大人之國，東至日出之次，榑木之地，青土樹木之野，太皞、句芒之所司者，萬二千里。
> 南方之極，自北戶孫之外，貫顓頊之國，南至委火炎風之野，赤帝、祝融之所司者，萬二千里。
> 中央之極，自昆侖東絕兩恆山，日月之所道，江、漢之所出，眾民之野，五穀之所宜，龍門、河、濟相貫，以息壤堙洪水之州，東至于碣石，黃帝、后土之所司者，萬二千里。
> 西方之極，自昆侖絕流沙、沈羽，西至三危之國，石城金室，飲氣之民，不死之野，少皞、蓐收之所司者，萬二千里。
> 北方之極，自九澤窮夏晦之極，北至令正之谷，有凍寒積冰、雪雹霜霰、漂潤群水之野，顓頊、玄冥之所司者，萬二千里。

東方之極以碣石山爲起點，經過朝鮮、大人之國，以日出的地方爲終點。高誘注："碣石在遼西界海水西畔。朝鮮，樂浪之縣也。"《尚書·禹貢》在冀州之下記有碣石的地名，大概在今河北省樂亭縣南的海邊。[8] 榑木即榑桑，也即扶木，也就是神話中的扶桑，在東方太陽昇起的地方。《淮南子·地形》："凡海外三十六國。……自東南至東北方有大人國、君子國。" 青土，清人王引之認爲應該作"青丘"。《山海經·海外東經》："青邱國在朝陽北。"

與《淮南子》"五位"之四至接近的是《尚書大傳》：

東方之極：自碣石東至日出榑木之野，帝太皥神句芒司之。
南方之極：自北戶南至炎風之野，帝炎帝神祝融司之。
中央之極：自昆侖中至太室之野，帝黃帝神后土司之。
西方之極：自流沙西至三危之野，帝少皥神蓐收司之。
北方之極：自丁令北至積雪之野，帝顓頊神玄冥司之。[9]

如果《尚書大傳》真是伏生學派的著作，當然就包括漢武帝時的儒生。從《淮南子》一書來看，可能漢武帝時代的人的地理觀念，東方最遠的地方就是朝鮮，再往東就是太陽從海中昇起。[10] 對于好大喜功的漢武帝來說，如果能征服最遠的東方，那將是多麼值得誇耀！

無獨有偶，此前受到冷落的儒生正在尋找靠山，《公羊》學的復仇理論正好鼓勵漢國向匈奴開戰，因爲匈奴曾經圍困漢高祖劉邦，羞辱呂后。《史記》卷一百十《匈奴傳》載：

8　顧頡剛、劉起釪《尚書校釋譯論》第二冊，中華書局，2005年版，第550頁。

9　據皮錫瑞《尚書大傳疏證》卷四，光緒丙申師伏堂本。

10　拙作《東亞鳥夷文化傳統》，2015年慶尚大學"人間·文化·疏通"學術研討會論文，收入《人文學的傳統與現代——以人間·文化·疏通爲中心》，韓國太學社出版，2015年。

漢既誅大宛，威震外國。天子意欲遂困胡，乃下詔曰："高皇帝遺
朕平城之憂，高后時單于書絕悖逆。昔齊襄公複九世之讎，≪春
秋≫大之。"是歲太初四年也。

≪集解≫引≪公羊傳≫曰："九世猶可以複讎乎？ 曰雖百世可也。"
太初四年相當于公元前101年。 漢武帝罷黜百家，獨尊儒術，首先尊
的是公羊學，因爲它具有現實意義。

但是朝鮮與漢國沒有世仇，漢國如何解釋漢國侵略朝鮮呢？

如果按照孟子的理論，如果朝鮮出現獨夫民賊，那麼漢國攻打朝
鮮就不是侵略，而是解放朝鮮，救民于水火。令儒生失望的是，朝鮮
并沒有這樣的暴君。

不僅如此，≪漢書·地理志≫記載：

> 玄菟、樂浪，武帝時置。……殷道衰，箕子去之朝鮮，教其民呂
> （以）禮儀、田、蠶、織作。樂浪朝鮮民犯禁八條：相殺，呂當時
> 償殺。相傷，呂穀償。相盜者，男沒入爲其家奴，女子爲婢；欲自
> 贖者，人五十萬；雖免爲民，俗猶羞之，嫁取（娶）無所讎：是呂
> 其民終不相盜，無門戶之閉。婦人貞信，不淫辟（僻）。其田民飲
> 食呂籩、豆。……可貴哉，仁賢之化也！

原來朝鮮民風淳樸至極，連強盜都沒有！解放朝鮮的借口就不存
在了。

剩下就祇有一個辦法，就是將朝鮮優良的民風說成是受了朝鮮西
部鄰邦的影響。 我看箕子王朝鮮的說法，可能就在漢武帝元封三年
（公元前108年）滅朝鮮、置玄菟郡之後。

待機而動的儒家此時傍上了好大喜功的漢武帝，把周朝(主要是西
周)宣傳為"郁郁乎文哉"的太平盛世，把秦朝宣傳為"暴秦"，因此漢

朝应該抛弃秦朝，继承周朝的礼乐事业。既然承周，周武王已經封了箕子到朝鮮，現在漢國攻打朝鮮，就好像是收復失地，不存在侵不侵略了，甚至是解放朝鮮了。

《漢書·地理志》記載了各郡的風俗習慣，把朝鮮世代相傳的優良民風無恥地歸結爲"仁賢之化"，完全是一副大漢國主義的嘴臉。幸好漢國貪官和奸商利用朝鮮人民夜不閉戶的習慣趁火打劫的事實，還不打自招地保存在《漢書·地理志》：

> 郡（玄菟、樂浪）初取吏于遼東，吏見民無閉臧（藏），及賈人往者，夜則爲盜，俗稍益薄，今于犯禁寖（浸）多，至六十餘條。

朝鮮本來犯禁祇有八條，自從漢武帝入侵之後，貪官和奸商朋比爲奸，利用朝鮮人民夜不閉戶的優良習慣，晚上就肆意偷盜，于是風俗大壞，不得不嚴刑峻法，在短短的一段時間裏，法律竟添至六十餘條，增加八倍之多。這是漢武帝迫害朝鮮人民的真憑實據。顧頡剛先生認爲，在這實際損害朝鮮人民利益的事實上，要挽回漢人的顏面，那祇有美化箕子的一法，因爲可以借來替自己的統治的醜惡行爲塗脂抹粉。[11] 朝鮮的淳樸民風正是遭漢國人入侵破壞的。這是野蠻征服文明的典型事例。再說，箕子是商國貴族，是被周族征服的對象，絕對不是周族或者華夏的"仁賢"，而是世讎。

箕子的"仁賢之化"神話還在繼續上演，不斷上演。在班固三百多年後，南朝的宋國范曄作《後漢書·東夷傳》，這樣寫道："昔武王封箕子于朝鮮。……其後四十餘世，至朝鮮侯準，自稱王。"這是確指朝鮮王準姓"箕"，是箕子的"四十餘世"孫，他先是"侯"而後來自稱"王"。

---

11 《顧頡剛全集·顧頡剛古史論文集》卷十（下），第757頁。

其實在任何古籍裏，都没有說準以"箕"爲姓氏的。自從范曄此說，然後才有"箕氏朝鮮"的實定，連朝鮮人也上了中國人的當。加上古代人的交通有限，朝鮮最鄰近的祇有中國這樣一個大國，真以爲中國就是高等文明。這種心態可以與藏族、蒙古族的起源傳說得到啓示。

五、與藏族、蒙古族的起源傳說比較

藏學文獻中有一種特殊的"伏藏"文獻，所謂"伏藏"文獻，指的是一些僧侣考慮到時機未到不宜宣示，或者鑒于佛教曾經遭到迫害的歷史，故意將經書埋藏于山間、地下，以待後世發掘，這些由後人發掘出來的經文，叫做"伏藏"。藏曆第一繞迥鐵龍年(1040年，一說爲土兔年，1039年)，印度超岩寺首座阿底峽(982-1054)應阿里古格王拉喇嘛絳曲沃邀請，入藏傳播佛教，火狗年(1046)至木馬年(1054)駐錫聶塘(在今拉薩市西郊曲水縣)，受"拉薩瘋婆"的提示，在大昭寺的寶瓶柱頂端發掘出三峡書卷，史稱≪吐蕃贊普松贊干布傳——遺訓金鬘≫，又稱≪松贊干布遺教≫、≪大悲觀世音菩薩別記——遺訓净金≫。因爲是在寶瓶柱頂端發掘的，因此又稱爲≪柱間史≫、≪柱間遺訓≫。盧亞軍根據甘肅民族出版社1987年藏文鉛印本譯文漢文，題爲≪西藏的觀世音≫。書中記載，大悲觀世音看見北方雪域衆生自生自滅生活在地獄裏，爲了可憐他們照顧他們，就化身十一面千手千眼佛，將雪域地底下一百由旬處的餓鬼域，及其再下一百由旬處鐵箱般嚴實的無間地獄，用光芒罩住。此時的雪域還没有佛光普照，一片漆黑，没有人烟。于是觀世音弟子化身爲獼猴禪師，來到雪域吐蕃一個岩洞修行，遭到岩羅刹女的引誘，羅刹女以自殺相威脅，要和他結婚，獼猴禪師請示觀世音，得到觀世音的許可，與羅刹女結婚，生下一個孩子。孩子出生後不久，羅刹女饑不擇食，竟然要將孩子吃掉。彌猴禪師祇好將孩子背到孔雀林中，讓孩子與猴子生活在一起。轉眼間一年過去了，彌猴禪師來到孔雀林，想看看孩子怎麼樣了。哪知道這孩子與雌猴群交，生下四百多個子女，個個餓得奄奄一息。彌猴禪師向觀世音匯報，觀世音賞賜他五種種子：青稞、小麥、穀子、豌豆和小豆。彌猴禪師帶着種子回到吐蕃，種在吐蕃腹地。四百子孫看到莊稼成熟，樂壞了。他們數着穗子，可是千千萬萬的穗子怎麼也數不清，這個地方因此叫"雅隆赤塘"。孩子們吃飽了就盡情玩耍，因此這個地方又叫"雅隆澤當"。這些猴子後來分化爲董、東、色、穆四大部落，即雪域吐蕃最早的先民。[12]《西藏的觀世音》自稱其文本是松贊干布(卒于649年)留下的，這當然很可疑，但至少是11世紀的托古作品。從此成爲藏族族源的最權威也是最普遍的說法。拉薩以南的山南地區，首府就是澤當，位于乃東縣，本人去年曾去考察。它的西南是藏王墓群，位于瓊結縣，本人上個月曾去考察。雅隆即今雅礱河流域。雅礱河由南向北，流經澤當，匯入澤當北部不遠的雅魯藏布江。雅魯藏布江是吐蕃人的母親河。乃東縣最南端的雅拉香波在早期神話中是吐蕃的聖山，海拔6647米。

上述吐蕃人的祖先是彌猴的說法，成爲後世追溯藏族祖先最通行的思路。薩迦派索南堅贊(1312-1375)所著《西藏王統記》，又譯《王統世系明鑒》，成書于1388年，第七章講述藏族族源，就是沿襲《柱間遺訓》的說法，祇在細節上有差別。

在阿底峽入藏傳教250年後，在雪域本土夏麥(今日喀則市附近)地方，布敦·仁欽竹(1290-1364)出生，長大後成爲博學的佛學大師，著作多達二百餘種。以至後世誇讚某人博學，就說"猶如布敦大師轉

12　盧亞軍譯注《西藏的觀世音》，甘肅人民出版社，2001年版，第47-55頁。

世"。前面提到的索南堅贊就是他的學生。布敦大師在1322年完成的
《善逝教法史》享有盛名，又稱《布敦教法史》）。郭和卿先生譯爲漢
文時，采用的是《佛教史大寶藏論》的書名(民族出版社，1986年
版)。該書也說藏族族源及第一位藏王聶尺贊普均出自于印度，此說
對後世影響很大。如格魯派班欽索南查巴(1478-1554，一譯"索南礼
巴")著《新紅史》，全名《王統幻化之鑰——新紅史》，寫于1538年。
書中專門記載吐蕃王統一，就直接引用《布敦教法史》。松巴堪布·
益西班覺(1704-1788)的巨著《印藏漢蒙佛教史·如意寶樹》，簡稱
《如意寶樹史》，1748年完成于青海佑寧寺，認爲藏王的真正族姓
是印度三釋迦族之一的廣嚴城人。[13]

　　能征善戰的蒙古人征服了歐亞大陸，在精神上却接受了和平的藏
傳佛教，忽必烈封薩迦派八思巴(1235-1280)爲帝師。 八思巴《彰所
知論》就是爲忽必烈的太子真金(1243-1285)作的，由世界的形成講
到西蕃、 蒙古的王統，還沒有說他們是印度的後裔，但已經把成吉
思汗比作轉輪王。1604-1627年間成書的《諸汗源流黃金史綱》，作
者不詳，該書說有一個印度王子的小孩被扔到恒河裏，漂流到尼泊
爾和土番交界的地方，被一個土番老人撿到，長大後成爲土番國的
君主。 他的後裔孛兒帖赤那北渡騰吉思海，到達浙忒，娶豁埃馬闌
勒爲妻，是爲蒙古部落。此前成書于1240年的《蒙古秘史》一開頭衹
說"奉天命而生之孛兒帖赤那，其妻豁埃馬闌勒"，還沒將孛兒帖赤
那說成是印度王子的後裔，因爲《蒙古秘史》作者所處的時代，皇
帝是斡歌歹(即窩闊臺)，藏傳佛教還沒有傳入。而且孛兒帖赤那在蒙
古語的意思是蒼色的狼，豁埃馬闌勒是慘白色的鹿，歐亞草原普遍

13 蒲文成、才讓漢文譯本直接將書名定爲《松巴佛教史》，甘肅民族出版社，2013年
　　版，第162頁。

流行狼圖騰，這才是原始的起源傳說。

吐蕃人和蒙古人因爲崇奉佛教，愛屋及烏，乾脆認同自己的民族也來自佛教的故鄉——印度。古代朝鮮深受中國文化的影響，很容易相信中國的名人來到朝鮮，教化朝鮮。

此外，周武王封箕子于朝鮮還符合儒家存亡繼絕論。按《論語·堯曰》："興滅國，繼絕世，舉逸民，天下之民歸心焉。"也就是說，當消滅一個國家的時候，不能斬草除根。例如西周雖然滅了商國，還是讓紂的兒子武庚祿父以續殷祀，使管叔、蔡叔傅相之。武王崩，成王年少，周公旦代行政當國。管、蔡與武庚作亂，周公誅武庚，殺管叔，放蔡叔，乃命微子啓代殷後，奉其先祀，國于宋。武王還封神農之後於焦，黃帝之後於祝，帝堯之後於薊，帝舜之後於陳，大禹之後於杞。這是《史記》之《宋世家》和《周本紀》的記載。《禮記·樂記》說得更加詳細：

> 武王克殷，反商，未及下車而封黃帝之後于薊，封帝堯之後于祝，封帝舜之後于陳；下車而封夏後氏之後于杞，投殷之後于宋。

這裏露出一個大破綻，薊即燕，燕是召公的封國，怎麼可以拿來封給黃帝之後？儒家爲了寄托存亡繼絕的理想，罔顧事實，這樣的例子太多了。

논문요약

한 나라의 벽옹(辟雍)

이취(중국공자연구소)

진수는 〈삼국지〉의 〈삼소제기〉에서 벽옹에서 태뢰를 가지고 공자제사를 지냈다고 하였는데, 심약은 본인이 수정한 〈송서 · 예지〉에서 벽옹에서 공자를 위해 지내는 제사, 그 예식이 석전이라고 하였다. 여기서 알 수 있듯이, 공자제사를 치르는 사람이 누구든 그 장소는 모두 중앙의 위치한 벽옹에서 거행하였다. 진수와 심약의 기록은 바로 오늘날 공자의 묘에 대한 일반인식을 끄집어냈다. 역사 기록에서 공자제사를 진행할 때 처음으로 중앙에서 공자를 향해 제사예식을 올린 것은 위 제왕 정시2년부터 정시7년 사이로 나타난다. 하지만 벽옹은 한나라 때부터 이미 설치되어있었다. 만약 그 시작이 진수와 심약의 지휘 아래의 위 제왕시기에 진행된 것이라면, 한나라의 벽옹은 왜 공자제사를 지냈다는 기록이 없을까? 만약 한나라 시기 벽옹의 목적과 기능이 공자제사와 관계가 없다면, 유가를 복고하는 그 중요한 공간이 다시 한나라에 재현했을 때, 창의와 설치하는 목적·기능 및 의의는 어디에 있는 것인가?

본 논문의 연구는 바로 이런 사료와 질문을 중점으로 두기 위해, '한지벽옹'이라는 제목으로 시점을 위로는 성제시기 때 유향지의 제창으로 설치한 벽옹을 시작으로, 아래로는 신나라 때 벽옹을 설치한 시기 후, 동한전기에 여러 황제들이 동경과 낙양에 어떻게 다시 벽옹을 설치한 것인가에 집중하였다.

어느 시대든 황제가 나라를 잘 다스리려고 한다면 무조건 교화풍속에 집중을 해야 했다. 이것이 바로 '공자지언'이 성자의 말이 될 수 있는 관건이다. 한 시대의 황제는 반드시 교화의 근본을 정하여 벽옹에서 선서해야 하고, 중앙태학 및 지방학교에서 학제를 행하여야 한다. 그 주요사상이 바로 공자가 전하는 학문이며 그 업적이 선성의 지경에 이르러서 공자를 선사 혹은 선성으로 칭한 것이다. 공자의 묘를 세우고 제사하는 것도 모두 이 때문이다. 범엽은 역사의 변혁에서 공자제사를 잘 모시면 분명히 세세대대로 관직을 물려받을 수 있는데, 왕망이 이미 이 노선대로 행동하는 것을 통해 알아봤다고 하였다. 비록 왕망 때문에 천하가 흔들려 끊게 되었지만, 광무제로 바로 전승이 되어 공자사상을 배우고 조정에서 공자를 위해 묘를 세우며 같은 성씨가 아닌 황제가 중앙인 공자의 묘에서 배움을 위해 공자제사를 치르는데, 이 또한 다른 단계의 시작이라 하였다.

키워드: 한나라, 벽옹, 유학, 공자 대제전

목차:

각 부분 요약:

1. 전한 성제 시대 유향(劉向)의 벽옹 설치 제창

한 무제 시대부터 명당(明堂), 벽옹(辟雍), 영대(靈臺)는 삼옹궁(三雍宮), 또는 삼옹을 합칭한다. 반고(班固)의 기록에 따르면 벽옹의 설치는 성제가 유향의 의견에 따라서 실시하는 것으로 알 수 있다. 유향이 예악과 형법을 서로 비교하면서 예악은 교화의 직능이 있다고 말하였다. 그러나 유향과 성제가 모두 죽어서 삼옹의 설치를 완성하지 못하였다. 그러나 교화와 삼옹의 설치는 과연 나라의 중요한 일이다. 특히 중앙에서 삼옹을 설치하는 것은 나라의 교육에 대해서 미친 영향을 줄 수 있다.

2. 한서에 기록한 왕망(王莽) 개혁과 벽옹의 상황

왕망의 신나라에 이르러 삼옹의 설치가 실현되었다. 왕망은 고전에 의해서 개혁을 주장한 사람이며 당시 신하들 속에 이런 야망을 가진 사람도 많아서 명당, 벽옹과 영대의 설치는 나라의 큰 일로 되었다. 왕망은 또한 악경 박사를 설치하여 박사의 정액을 증가하였다. 은주 시대에 있었던 교화의 핵심인 벽옹은 왕망 시대에 이르러 다시 이 세상에 등장하였다. 원래 삼대에 있어서 벽옹의 직능은 의례, 흥학, 교육을 선전한 곳이었다. 왕망시대에 있는 벽옹이 이러한 직능을 다시 수행하기가 시작하였다.

3. 전자 교화(敎化)의 장소: 원시(元始)의 명당부터 후한의 벽옹까지

고고학의 발전에 따라서 왕망 시대의 삼옹 위치는 오늘날에 장안 시 남쪽에 있는 것으로 알 수 있다. 왕망의 주장에 보면 하늘을 제사한 곳은 수도의 남쪽에 있어야 한다. 하늘을 제사하면 조상의 명예로 실시해야 한다. 이르면 제사는 종묘의 의례가 아니고 야외의 의례로 진행해야 한다. 왕망이 경전에 의해서 서술하였다. 이에 따라 소위 원시고사(元始故事)의 기준이 형성되었다. 향후 나양에서 하늘과 땅의 제사는 바로 이 규칙에 의해 진행되었다. 그 후 광무제가 나라의 교육에 있어서 명당, 벽옹, 영대 또는 양서를 설치하였다. 양서는 태학이다.

4. 결론

벽옹은 나라의 중요한 교육기관이다. 왕은 이 곳에서 나라의 교육 정책을 선포한다. 공자는 왕의 친척도 아니지만 나라가 제상의 대상이 된다. 공자의 후배들도 제후의 대우를 받는다. 역대는 공자의 가묘와 그의 후배들에게 비슷한 대우를 준다. 이런 풍기는 왕망부터 시작하였는데 전한 말기의 혼란 때문에 단결하지 않고 광무제가 이런 풍속을 발전하였다. 그러나 한 나라 말기에 이르러 공자에 대한 제사, 후배에 대한 대우는 물론 형식과 목적이 모두 변해서 교육의 새로운 단계도 열린다.

10

漢之"辟雍"

李翠(中國孔子研究院)

〔摘要〕 陳壽于《三國志》〈三少帝紀〉中言於辟雍祭孔行太牢之禮，而沈約則於其所修《宋書·禮志》中言於辟雍祭孔所行之禮為釋奠。在兩者筆下，無論祭孔所行者為何，其地點都在中央的辟雍中舉行。陳壽與沈約所載，帶出的正是今日"孔廟史"上的一般認知：歷史上的祭孔首次在中央向孔子行祭典禮，即是始於魏齊王芳正始二年(241年)至正始七年(246年)間。然而，辟雍在漢代時便已經設置，如果在陳壽與沈約筆下的魏齊王芳年間是中央辟雍行祭孔典禮之始，則漢代的辟雍為何沒有祭孔典禮之事？如果在漢代時的辟雍其目的功能與祭孔典禮無關，則此一儒家復古之重要空間於漢代再現時，其倡議與

---

*　李翠，孔子研究院助理研究員。Padma8293@163.com。

設置之目的、功能及其意義何在？本文的研究與撰寫，便以此一思路與提問為聚焦重點所在，故以"漢之辟雍"為題，至於行文之上限，則自成帝時劉向之倡議設置辟雍為始，而止於兩漢間經歷王莽設置辟雍後，東漢前期諸帝如何於東京洛陽再設辟雍為本文撰寫之下限。

一、西漢成帝時劉向首倡議設置辟雍

自漢武帝時河間獻王仿古制以來，便有明堂、辟雍、靈臺同稱"三雍宮"、"三雍"，班固《漢書》〈景十三王傳〉載：

> 武帝時，獻王來朝，獻雅樂，對三雍宮及詔策所問三十餘事。其對推道術而言，得事之中，文約指明。

此處可見，在《漢書》中，最早出現"三雍宮"一詞為武帝時，由崇儒好古的河間獻王首先提出。可見班固必知何謂"三雍"，而此三個作為朝廷施政佈教的空間場所，已得到了當時時代所認知，認知此一組合稱為"三雍"。而辟雍則為三雍之一。

班固於《漢書》〈禮樂志〉中述云：

> 及王莽為宰衡，欲耀眾庶，遂興辟雍，因以篡位，海內畔之。世祖受命中興，撥亂反正，改定京師於中土。……乃營立明堂、辟雍。顯宗即位，躬行其禮，宗祀光武皇帝於明堂，養三老五更於辟雍，威儀既盛美矣。然德化未流洽者，禮樂未具，群下無所誦說，而庠序尚未設之故也。

首先，班固所記為"改定京師於中土"，"中土"者，洛陽也。其次，班固欲寫當代光武及明帝之營立及施用三雍，卻自王莽時代開始溯其源，證明班固認知光武帝所立的明堂及辟雍，其淵源自王莽之施為而來。同時，班固亦寫出明帝時的宗祀明堂與養老辟雍，道出明帝時君臣對此二空間的功能概念之認知。班固引以為憾的，則是學校之教化、禮樂之儀典的未臻！

因此，西漢平帝元始四年的元始故事，始自王莽上書奏起明堂、辟雍、靈臺，其所反映的重要訊息，便是在此之前，漢室於中央是尚無明堂、辟雍、靈臺之築的。在此之前，中央於教化傳學方面的重要象徵機構與建築，僅是漢武帝以來已起的太學而已。而王莽所以議立明堂、辟雍，雖曰"首成而居其創功"，然其實仍有其源可說，在班固的《漢書》之〈禮樂志〉中所載，便是成帝時劉向首先議立辟雍，其云：

> 宜興辟雍，設庠序，陳禮樂，隆雅頌之聲，盛揖讓之容，以風化天下。

此事雖因劉向與成帝皆亡故而寢，然辟雍之議立，終自劉向啟之。劉向奏言導入了儒化天下為治國主軸。同時，劉向也將兩種治國之法："禮樂"與"刑法"作出對比，將"教化"一詞給予禮樂，並成為禮樂的代稱詞，"夫教化比於刑法，刑法輕，是舍所重而急所輕也。教化所恃以為治也，刑法所以助治也。今廢所恃而獨立其所助，非所以致太平也。"正可以窺見班固《漢書》中將〈禮樂〉、〈刑法〉二志確立卻又分別為二志的淵源，此點"禮樂"與"刑法"二分的概念，乃是司馬遷《史記》中八《書》中所未有的；蓋司馬遷著書時方在黃老向儒家治國變化之際，也是"禮"與"樂"二分將合，但尚未明確合稱"禮樂"之時，也尚未將"制禮作樂"這一擬於聖人功業，冠於周公；而班固正與此一潮流相應，故對制禮作樂的儒化、德化、風化天下的治國理想及其實踐藍圖特為注重。要而言之，在班固筆下，漢代的辟雍倡議，成帝時的劉向實為首倡者。

《昭明文選》中所收班固〈兩都賦〉之〈東都賦〉云：

> 至乎永平之際，重熙而累洽。盛三雍之上儀，修袞龍之法服。鋪鴻
> 藻，信景鑠，揚世廟，正雅樂。人神之和允洽，群臣之序既肅。

又云：

> 于是薦三犧，效五牲，禮神祇，懷百靈，覲明堂，臨辟雍，揚緝熙，
> 宣皇風，登靈臺，考休徵。

又云：

> 建章乾泉，館御列仙；孰與靈臺明堂，統和天人。太液昆明，鳥獸
> 之囿，曷若辟雍海流，道德之富。

賦末所云，明顯是班固在比較兩漢兩京之各有特色，不必徒以西京
為懷古思盛的惟一之鄉，故曰“子徒習秦阿房之造天，不知京洛之有
制也。”然則京洛有制，制為何制？制在何處？何以可盛、可美而可與
西京較量？則班固所云“孰與靈臺明堂，統和天人”以及“曷若辟雍海
流，道德之富，實已道之矣！東京洛陽制之最為特色者，在於‘統和天
人’、‘海流而道德之遂富’也；前者所論在於天人之際的施政觀，後者
則特別彰顯出崇儒尊孔的德化流行，及於百姓。可以說，班固在〈東
都賦〉中的觀點，即是認為“三雍”乃洛陽之美制，足匹西京；是故〈東
都賦〉末，特書明堂、辟雍、靈臺、寶鼎、白雉的三雍二瑞之“五篇之
詩”。就東漢初年之施政空間而言，涉及“三雍”的三篇詩自是首要。而
“三雍”所以足能有美制抗西京之意義者，在於其反映了開國立教之

制的主軸，在於"統合天人，道德之富"；這顯然是一種"儒化"的觀點。

依班固所載，此事最後未能功成，以劉向與成帝二人均先後卒、崩之故也。然群臣定成帝之諡號，所以為"成"之故，班固即意在此事而即以為其諡字，顏師古注引孟康曰：

> 孟康曰：諡法曰"安民立政曰成"。帝欲立辟雍，未就而崩，群臣議諡，引為美，謂之成。

以議立辟雍此事為諡曰"成"，則可知劉向之所議立辟雍，在當時實為一大事。"大事"便在於安天下、致太平之道。當時僅止於立博士、太學以興教化，而以"禮樂"興教化、德業之行尚未足，"是故禮樂猶未興也"，而欲興禮樂以治天下，則於劉向而言，獨鍾於"辟雍"。

其實，在〈禮樂志〉的記載中，"及王莽為宰衡"一句的"及"字，以及"遂興辟雍"的"遂"字，皆已傳達出"前有所承"的觀點。〈禮樂志〉中記述了先於王莽之前成帝時的一次事件以及劉向的倡議：

> 至成帝時，犍為郡於水濱得古磬十六枚，議者以為禎祥，劉向因是說上："宜興辟雍，設庠序，陳禮樂，隆雅頌之聲，盛揖讓之容，以風化天下，如此而不治者，未之有也。"

班固的觀點中，成帝時劉向所倡議的興辟雍與以禮樂教化天下，實為關鍵，劉向所反映的正是漸以儒化為治國主軸，《漢書》〈匡衡傳〉載：

> 時，上（元帝）好儒術文辭，頗改宣帝之政。

隨著成帝時的再度重新大規模整理天下獻書，書籍所提供出的新知，促成了不同於舊有體制博士所固習的新動向，不惟劉向父子如此，王莽亦如此，而班固亦是如此看待西漢以來政教與風化、德化、儒化、教化以治天下的主軸觀。班固在〈禮樂志〉中言禮樂與辟雍的倡議與興立，顯然已經將王莽的興立辟雍單獨寫出，乃是與劉向議立辟雍屬於同一脈絡，可見〈禮樂志〉中有意地繼承劉向的言論，特以"辟雍"為重點。

"辟雍"在班固筆下，實與"禮樂"、"學校教化"有關；"禮樂"乃是儒家言先王德治天下的主軸，先王以德風化天下，則欲以此為興教之軸，必先有師，此點已在漢武帝時制度化，又在元帝儒化後形成儒風。然"興立教化"除了必須有師、有弟子外，還必須有"學"，此"學"不僅是指"學校庠序"，不僅指中央的太學與地方的庠序。如果僅是如此，班固何必於〈禮樂志〉中致其感慨以為"德化未行於天下"呢？班固於〈禮樂志〉中特別提出了劉向於成帝時的上疏"宜興辟雍，設庠序，陳禮樂，隆雅樂之聲，盛揖讓之容，以風化天下"便正是班固對劉向言論的繼承。

二、《漢書》中所述王莽主政時期的平帝元始改制與辟雍建置

《漢書》中，凡班固提及"辟雍"時，多與"明堂"一齊出現，如〈平帝紀〉載：

> （四年）夏，……加安漢公號曰"宰衡"。安漢公奏立明堂、辟雍。[1]

1　班固，《漢書》〈平帝紀〉，卷12，第357頁。

逮平帝元始五年時,〈平帝紀〉又載曰:

> 羲和、劉歆等四人使治明堂、辟雍,令漢與文王靈臺、周公作洛同
> 符。太僕、王惲等八人使行風俗,宣明德化,萬國齊同,皆封為
> 列侯。[2]

此時談到共有四個空間建制, 兩古兩今, 互相比擬, 故曰"同符"。
"兩今"為明堂、 辟雍, "兩古"為文王時代的靈臺與周公時期的洛陽。
是王莽為"安漢公"並加"宰衡"封號時即初奏立明堂與辟雍, 此時為元
始四年。一年後即成, 是以〈平帝紀〉中載以劉歆為首的四人皆因此有
功而封侯。可見王莽主政時期, 明堂與辟雍的規畫及建立, 皆由劉歆
負責, 因而劉歆以此受封紅休侯。《漢書》於〈楚元王傳〉〈劉歆本傳〉
中即記載了劉歆與王莽在初起時至安漢公時期倆人的親密關係, 顯
然此一時期的王莽莽與與劉歆二人乃是志同道合, 共同規畫並逐步
實踐儒者改革的太平藍圖。〈劉歆本傳〉中提及劉歆受封紅休侯時之功
業, 只在策劃明堂與辟雍, 並未提及靈臺。〈楚元王傳〉〈劉歆本傳〉云:

> 會哀帝崩,王莽持政,莽少與歆俱為黃門郎,重之,白太后。太后留
> 歆為右曹太中大夫,遷中壘校尉,羲和,京兆尹,使治明堂、辟雍,
> 封紅休侯。[3]

班固雖於〈平帝紀〉中寫王莽所奏立者僅為明堂與辟雍, 然於〈王莽
傳〉中卻又書為三者並奏起。〈王莽傳〉曰:

2　班固,《漢書》〈平帝紀〉,卷12,第359頁。
3　班固,《漢書》(點校本,北京:中華書局),卷36,楚元王傳,第1972頁。

（元始四年）是歲，莽奏起明堂、辟雍與靈臺。為學者築舍萬區，作市，常滿倉，制度甚盛。立樂經，益博士員，經各五人。[4]

由〈平帝紀〉與〈王莽傳〉所載，可以了解王莽及一群以復古為新政的改革者，乘當時之風潮而興立明堂、辟雍、靈臺，可見此三者在當時必為影響天下之大事；同時王莽新立樂經與博士、增立博士員額，則以這批經學博士的新思潮而實踐。因之，明堂、辟雍、靈臺與擴充太學及增訂博士員額等措施，必具某種象徵意義。由"文王靈臺、周公作洛同符"及周公的功業不斷"再現"於當代君臣之奏文中，甚至王莽封為安漢公的"安漢"二字要再加上"宰衡"看來，"周公"所象徵者，已被形塑為乃係一足為後世所法的聖人模範，是故孔子亦稱之道之，而周公的模範與千秋功業，既不在征東、亦非平定三監，而是從儒化的角度曰其"功業"，在於立下了儒化式的治天下之王道的準則，此即"制禮作樂"。故班固於《漢書》之〈郊祀志〉中載曰：

周公相成王，王道大洽，制禮作樂，天子曰明堂、辟雍，諸侯曰泮宮。郊祀后稷以祀天，宗祀文王以祀上帝。……天子祭天下名山大川，……諸侯祭其疆內名山大川，大夫祭門戶井竈中霤五祀，士庶人祖考而已。[5]

"制禮作樂"乃周公所制與周家德天下垂後世制度的根基與核心所在，不僅王莽要效而為之，漢家自成帝以下，迄於班固及其所在的東漢中興開國諸帝以下，凡朝廷所主導的教化以流行於天下，皆是以此認知為主軸，是當時的新潮，也是當時的新知識份子所共同嚮往的。

4　班固，《漢書》(點校本，北京：中華書局)，卷69上，王莽傳上，第4069頁。
5　班固，《漢書》(點校本，北京：中華書局)，卷25上，郊祀志上，第1193頁。

班固在〈郊祀志〉中所描繪的南北郊祭天、祭地、祭祖、配享等國家大典，其來源在述及周公時，卻是言周公所制禮作樂者的兩個建築空間者，乃是明堂與辟雍！元始四年時，群臣上書歌頌安漢公王莽之德，〈王莽傳〉載：

> 群臣奏言："昔周公奉繼體之嗣，據上公之尊，然猶七年制度乃定。夫明堂、辟雍墮廢千載，末能興，今安漢公起于第家，輔翼壁下，四年於茲，功德燦然。"[6]

在班固筆下，墮廢千載的明堂、辟雍之再現於當日，便係群臣之功德奏言，主旨聚焦在周公之比擬，靈臺在此，既歸屬於文王，便不再提起。此或許可解釋何以班固有時書為三者？有時又何以書為二者之故。

因之，班固於〈禮樂志〉中"辟雍"之筆，由劉向之議而未建，到平帝時代王莽的籌建，"辟雍"這一空間的屬性，與當時在禮樂、教化的復古動向下的改革思潮有關。於是，自武帝以來便有的"太學"便只是一實踐的場所而已，而不再是更高層次的重點；重點在於三代之制以及聖王之治所以制天下中，"辟雍"才是王者宣達其德化、禮樂、興學的所在，必有辟雍，方能象徵當朝主政者已經真正的開始落實這一主軸方向："禮樂教化於天下"；必有此象徵，太學中的落實與授受方有其根源與依據。所以，王莽不僅急於興建明堂，以效周公；更欲興建辟雍，以興教化。換言之，"辟雍"者，乃是帝王之家師行與宣達禮樂治理天下的最高空間所在處！因此，劉歆受封為紅休侯的功業，便是以明堂與辟雍兩個空間可以在"三雍"之外單獨提出。而所以能單

6　班固，《漢書》(點校本，北京：中華書局)，卷99上，王莽傳上，第4069頁。

獨地被提出之故，　　便是在〈平帝紀〉中群臣上奏歌頌王莽安漢公功業："明堂、辟雍墮廢千載，末能興"，指向的則是〈郊祀志〉中可比周公之故"周公相成王，王道大洽，制禮作樂，天子曰明堂、辟雍，諸侯曰泮宮。"於是制禮作樂之所在，天子曰"明堂"，諸侯曰"泮宮"，宣德化於天下之所在便是"辟雍"。但是，"天子"則應當如何宣德化、教化、儒化於天下呢？

三、天子宣教化之所：由元始故事的明堂到東漢前期的辟雍

目前，漢魏長安考古已能將長安城遺址勉強復原，並且也有了考古正式報告發表，包括當時的明堂可能的建築復原圖及三雍方位所在等。我們便可知，元始年間的王莽營築三雍，其位所乃在長安之南郊，則王莽所營立之明堂者亦是一種郊外屬性的明堂，其作用已在"郊祀"，是故此方面之記載在班固的正史編制體例中，是放入〈郊祀志〉的。既然王莽與劉歆所營建的明堂三雍係屬於郊祀類別，則有關《漢書》中所記載的王莽藉明堂以朝諸侯、於明堂舉行本當屬於城內宗廟中舉行的祫祭，便當視為王莽主政下的特殊性事件，在當時自有其鞏固自身權力的目的，同時也是因為營建之初便係將其與周公塑型結合在一起，因之，築於長安北郊的三雍，便不止是為漢廷謀事的復古之制再建而已，尚有周公與制禮作樂的結合、古代先聖先王之遺制復現於當日的當代嚮望，以及王莽被視為周公復現的安漢公與宰衡之比擬。

總之，無論是元始年間的三雍營於長安南郊，還是光武初年的三雍營於洛陽南郊，都在兩者之間已經形成了一種歷史的脈絡聯繫著兩者，稱之為"元始故事"。不僅南郊如此，北郊亦如此！漢代對於都城

南郊與北郊的祭天祀地之體制的形成，並非一開始便如此，仍然是起源自元、成帝以來儒化治國的一種新動向，在此動向中，一種自六藝經典而來的儒化治國之儒化的國家體制，群臣亟於渴望能從國家體制的立場來施行實踐，其中有關於京師的南郊與北郊之祭天地祀，尤其與治國的風調雨順、四時陰陽是否能調息息相關，在此種認知下，元成帝時諸儒臣已經開始自漢初以來的諸帝之廟、寢制度之不合古禮亦不合古制的宗廟制度開始，提出改制之議。"宗廟"制度實與"郊祀"制度為同一領域中的兩種祭祀之大事，一為血緣上的自身所出之始祖者，為"宗廟"制與"祫禘"制，此是祭祖尊宗之廟制；一為始祖始稱開其一代所源出其權力的"上帝"、"五方之帝"與諸天神地祇之祭祀，此即是"郊祀"之制。兩者皆為儒化朝廷的一代之制。是故，聖王必制祭天地，而制祭天地又必須於國都之郊，即古書所謂的"國郊"。祭天與祭地在方位上的配置，則為祭天在"國之南郊"，而祭地則在"國之北郊"，所謂"兆於南郊，所以定天位也；祭地於大折，在北郊，就陰位也。"此一動向歷經諸帝的長時期醞釀，終於愈趨於明確而明朗，遂於平帝元始五年，由王莽上書的奏言做出了定調，《漢書》〈郊祀志〉中載王莽奏言，曰：

> 平帝元始五年，大司馬王莽奏言："主者父事天，故爵稱天子。孔子曰'人之行莫大於孝，孝莫大於嚴父，嚴父莫大於祀天。'王者尊其考，欲以配天，緣考之意，欲尊祖，推而上之，遂及始祖。是以周公郊祀后稷以配天，宗祀文王以配上帝。……臣謹與太師孔光、長樂少府平晏、大司農左咸、中壘校尉劉歆、太中大夫朱陽、博士薛順、議郎國由等六十七人議，皆曰宜如建始時丞相衡等議，復長安南北郊如故。"

又以母以地配為言，曰：

> 祀天神，祭墬祇，祀四望，祭山川，享先妣先祖。……祀天則天文從，祭墬則墬理從。三光，天文也。山川，地理也。天地合祭，先祖配天，先妣配墬，其誼一也。

《三輔黃圖》中對此亦有詳盡之敘述，所異者在其繫王莽之上奏年在元始四年，載述云：

> 元始四年，宰衡莽奏曰：「帝王之義，莫大於承天，承天之序，莫重於郊祀。祭天於南，就陽位；祠地於北，主陰義。……」於是定郊祀，祀長安南北郊，罷甘泉、河東祀。

王莽所奏言之經典依據全在於一"孝"字，所引經典則在於《孝經》與《禮記》之孔子言。由人倫而言祭天地與祭考、祖與始祖所以合祭之義，甚善論理而符於儒化國典之意。蓋其所述，以居於天下而治國者所以稱天子，即緣其為天之子也，故須父以事天，此所以郊祀於國都之南，祭天也，祭天又須以始祖配之；此制實為郊祀之制而非宗廟之制。王莽此議，不啻是為長期以來的郊制之祭祀作出了論述上的定調，並引取儒家古經典而整合其論述之依據。是以終於後來可以成就元始五年之事件所議立者為一"元始故事"。元始故事在東漢初年形成了新的漢家傳統的定調，以儒家經典為據的走向，在洛陽形成了新的南北郊與祭天祀地的開國之典。

《後漢書》中所收之司馬彪〈祭祀志〉載南郊之營，文中已明確用了"元始故事"的成詞，曰：

建武元年，光武即位於鄗，為壇營於鄗之陽。祭告天地，采用元始中郊祭故事。[7]

(建武) 二年正月，初制郊兆於洛陽城南七里，采元始中故事。[8]

又言北郊之營，亦如之；皆采"元始故事"也。曰：

北郊在洛陽城北四里，為方壇四陛。……如元始中故事。[9]

光武帝於洛陽立明堂及辟雍後，旋即崩於中元二年之二月戊戌，故《後漢書》〈光武帝紀〉載曰：

(中元元年)十一月……是歲，初起明堂、辟雍、靈臺，及北郊兆域。

司馬彪《續漢志》〈祭祀志〉亦載此云：

是年，初營北郊，明堂、辟雍、靈臺，未用事。[10]

值得注意的是，范曄與司馬彪均書此三種建築群係設建在京師之"南郊"，故與"營北郊"對言。司馬彪筆下的"未用事"，指的是光武帝只營其空間建築而尚未施行其典禮。但是司馬彪對於光武帝封禪卻有詳細之記載，司馬彪於《續漢志》〈祭祀志〉中收錄了光武帝於建武

7　司馬彪，《續漢志》〈祭祀志〉中，收錄於范曄，《後漢書》(點校本，臺北：洪氏出版社)，志第8，第3157頁。

8　司馬彪，《續漢志》〈祭祀志〉中，收錄於范曄，《後漢書》(點校本，臺北：洪氏出版社)，志第8，第3159頁。

9　司馬彪，《續漢志》〈祭祀志〉中，收錄於范曄，《後漢書》(點校本，臺北：洪氏出版社)，志第8，第3181頁。

10　司馬彪，《續漢志》〈祭祀志〉中，收錄於范曄，《後漢書》(點校本，臺北：洪氏出版社)，志第8，第3177頁。

三十二年時封禪岱宗之刻石文字，記錄了此次封禪的實況，隨行與祭的從臣以及二王之後、孔子之後的助祭者身分。同時，也提到了治國上的四件大事，曰：

> 維建武三十有二年二月，皇帝東巡狩，至於岱宗，柴，望秩於山川，班於群神，遂覲東后。從臣太尉憙、行司徒事特進高密侯禹等。漢賓二王之後在位，孔子之後褒成侯，序在東后，蕃王十二，咸來助祭。……皇天睠顧皇帝，以匹庶受命中興，年二十八載興兵，以次誅討，十有餘年，罪人斯得。黎庶得居爾田，安爾宅。書同文，車同軌，人同倫。舟輿所通，人跡所至，靡不貢職。建明堂，立辟雍，起靈臺，設庠序。同律、度、量、衡。……11

可見在此東巡的石刻文字中，光武帝在東漢開國朝廷於教化上所特重的，乃是四件大事，即：明堂、辟雍、靈臺、庠序；"庠序"指光武帝所設立之"太學"。因而我們實可以根據光武帝所自陳述的這份文獻，提出疑問：究竟是四者還是三者？如在此石刻文獻的收錄中所記為四者，則何以在范曄《後漢書》之帝紀中所記，卻是太學先述而其他三者則為并言，以致成為三者的筆述？同時，在司馬彪筆下是否也是四者？太學因為已經用事，是以單獨而論，而其他三者則皆為未用事，故一并為言？筆者認為，在漢光武帝的文獻中雖然皆傳達了其所重視確為四者，但是太學的建築空間實與皇室無關，而明堂、辟雍、靈臺卻與皇帝本人的天地之繼、血緣上的始祖與祖先之祭，以及皇權的正統來源有關，並有其必須施行之典禮，是故此三者在空間與建築的功能上而言，是既與太學同其屬性但又有不同位階。我們也

11　司馬彪，《續漢志》，祭祀上，收錄於范曄，《後漢書》(點校本，臺北：洪氏出版社)，志第7，第3166頁。

確實看到了在主政者的視野中，明堂、辟雍與靈臺，實為一組的建築群；此點，早在西漢武帝之時即有一專名稱之，此即"三雍宮"之名，其後則多稱為"三雍"。

"三雍"一詞在東漢初年史家筆下又有出現另一專詞，此即"三朝之禮"。范曄《後漢書》〈孝明帝紀〉載：

> 冬十月，幸辟雍，初行養老禮。詔曰："光武皇帝三朝之禮，而未及臨饗。……[12]

李賢注，云：

> 三朝之禮，謂中元元年初起明堂、辟雍、靈臺也。[13]

在班固與范曄、司馬彪筆下，皆以明堂、辟雍、靈臺三者為"三雍"，李賢注范曄《後漢書》則以為又可稱"三朝之禮"。然而我們若細讀明帝此詔，當可發現明帝所道及的三朝之禮，乃是在明帝於辟雍行"養老禮"之後所下，若李賢注三朝之禮為三種空間：明堂、辟雍、靈臺，則何以在其詔中只提及在辟雍施行的兩種古禮：其一為"大射禮"，其二則為"養老禮"。此兩種古禮施行的場所皆在辟雍，可見所謂"三朝之禮"者，未必如李賢注所云為光武皇帝所營建的"南郊三雍"，而可能是指涉光武皇帝所未及施行的某種古禮，此古禮必須由皇帝親臨實踐方可。依明帝此詔看來，或者即是指"大射禮"、"尊事三老"、"兄事五更"三種於辟雍所施行之禮，謂之"三朝之禮"。若然，光武帝與明

---

12 范曄，《後漢書》(點校本，臺北：洪氏出版社)，卷2，顯宗孝明帝紀，第102頁。
13 李賢注，范曄，《後漢書》(點校本，臺北：洪氏出版社)，卷2，顯宗孝明帝紀，第103頁。

帝站在皇帝高度所度量出的三朝之禮，便是皆在"辟雍"所舉行的禮。

王莽居攝，　已開始利用明堂來實施周公朝見群臣的的居攝稱制之想法，"漢臣王莽"既萌居攝與自立之想，於是對經典中的復古解釋，便出現了變化。"周公居攝"是否便是其已踐天子之位，於"誥"書中自稱為"王若曰"，本來便是自古以來經學史上的將今文、古文聚訟不已之焦點。惟據〈王莽傳〉所記，王莽的營立明堂、辟雍，既曰復古、亦是再現當代的功業，便與王莽心中所思所想結合。王莽既欲居周公攝位而彷之，遂運用古書典籍的解釋，於明堂完成居攝改元踐阼天子之位的布局。是以王莽於居攝元年的兩件大事古禮，便是在明堂舉行"大射禮"與"養三老五更"，《漢書》〈王莽傳〉載云：

> 居攝元年正月，莽祀上帝於南郊，營春於東郊，行大射禮於明堂，養三老五更，成禮而去。[14]

王莽所營南郊係主祀"上帝"，祀"上帝"則以始祖配享，此點王莽時的西都長安禮制與東漢東都洛陽的禮制皆無差異，差異在於行大射禮與養三老五更禮古制的舉行地點。此一三朝之禮的古制在王莽時便已恢復用行，而且是"天子親行"的權力象徵。但王莽宣此親行三朝禮的地點，是在明堂，如此，則辟雍與明堂同現的意義與功能便未被彰顯。時至東漢時的明帝，顯然察覺到此，因而更改了此三朝之禮的地點所在，由元始故事中的名堂而移至於東漢君臣認為正確所在的"辟雍"。

另，大射禮係古代禮制，漢武帝時猶知其為古代聖王倡學明教之遺制，《漢書》〈吾丘壽王傳〉載漢武帝時公孫弘以盜賊滋蕃，欲以禁弓

14　班固，《漢書》(點校本，北京：中華書局)，卷99上，王莽傳上，第4082頁。

弩而防堵之，為時任光祿大夫侍中的吾丘壽王反對，本傳載吾丘壽
王之對言，曰：

> 臣聞古者作五兵，非以相害，以禁暴討邪也。……今陛下昭明德，建
> 太平，舉俊材，興學官。……然而盜賊猶有者，郡國二千石之罪，非
> 挾弓弩之過也。《禮》曰男子生，桑弧蓬矢以舉之，明示有事也。孔
> 子曰：「吾何執？執射乎？」大射之禮，自天子降及庶人，三代之道
> 也。《詩》云：「大侯既抗，弓矢斯張，射夫既同，獻爾發功。」言
> 貴中也。愚聞聖王合射與禮以明教矣，未聞弓矢之為禁也。……廢
> 先王之典，使學者不德習行其禮，大不便。書奏，上以難丞相弘。弘
> 絀服焉。15

可見武帝時已有大射禮即是聖王所遺之古教的觀點。「聞聖王合射
與禮以明教矣」，王莽時的元始故事則使我們進一步認清到劉歆主導
下的興治明堂與辟雍，以及王莽親行大射禮於明堂，必是對大射禮
有著重要的制禮作樂之認知古義使然。案、郊天時有大射之禮，其典
出於《大戴禮記》之〈朝事〉篇，云：

> 與之大射，以考其習禮樂，而觀其德行，與之圖事，以觀其能。儐而
> 禮之，三饗三食三宴，以與之習立禮樂。16

故天子祭天於南郊，郊而後行大射之禮，自大射而觀其禮樂中度，
有德有能者，禮之。故鄭玄曰：「大射者，為祭祀射。王將有郊廟之事，
以射擇諸侯及群臣與邦國所貢之士可以與祭者。　射者可以觀德行，
其容體比於禮，其節比於樂，而中多者，得與於祭。」17 則大射之禮，似

15　班固，《漢書》(點校本，北京：中華書局)，卷64上，吾丘壽王傳，第2796頁。
16　王聘珍，《大戴禮記解詁》(臺北：文史哲出版社，1986年)，卷12，第231頁。

又不僅止於一種禮賢之象徵意義，而係一種於古代俱有實際上選人擇才的考試詮典，鄭玄所云"為祭祀射"者，反映的正是大射的重要性。據鄭注之文，"以射擇諸侯、群臣、邦國所貢之士可以與祭者"，可知大射舉行的時間點是在舉行郊祀祭天典禮之前，先以射自諸侯邦國士與群臣中擇與祭者，所擇之標準在射中鵠的多者；後來國家典制逐漸由初期的武事而趨於文德，國家之擇人選能方式與標準亦有變化，大射之禮遂在歷史的變遷中逐漸失"射"字的當時現實本義，惟存其古代傳統曾經重要的象徵義，於是"射"事的禮樂化便被保存在儒家的文獻傳統當中，繼續被尊重為重要的古禮；對《大戴禮記》而言，則"大射"不僅是一重要的禮樂教化之古禮，同時也被該《記》者視為是與郊天禮並行的一套古代選人選才選能的選舉之典。

　　大射禮之外，王莽時代於長安與明帝時代於洛陽，尚於大射禮的同時，舉行了養三老、五更的養老之禮。養老禮也是儒家古典中與治國有關的一項重要典禮，目的在向天下宣示人倫中的敬老之義。儒家所謂"孝"者，其必與"悌"並舉，則養老禮便是在此延伸下宣達出以孝以悌為主軸的治國理念。王莽時代雖特重周公的強調，是故王莽及其儒臣班底側重的重點之一便在於恢復周公時代的制禮作樂，以及周公輔政。周公輔政的象徵在明堂，尤其在朝諸侯此點上。《漢書》〈平帝紀〉特載平帝祫祭於明堂之事：

　　五年春正月，祫祭明堂。[18]

　　平帝歿後，王莽選擇了孺子嬰作為繼位者，安漢公的王莽遂也發生

17　鄭玄注，賈公彥疏，《周禮注疏》(上海：上海古籍出版社)，卷23，第577頁。
18　班固，《漢書》(點校本，北京：中華書局)，卷12，平帝紀，第356–359頁。

了大志之變，開始進入意欲更進一步居攝稱帝的萌志與企圖，明堂的作用以及周公的形塑也發生了經學解釋上的另一突出要點，此即周公居攝時期係於明堂施政以及朝會諸侯。明堂的作用，已轉向與王莽居攝企圖結合；在王莽及其班底眼中，明堂的作用乃係周公朝見諸侯群臣的所在。《漢書》〈王莽傳〉載云：

> 十二月平帝崩，大赦天下。[19]
> 是月，群臣奏言："……周公權而居攝，則周道成，王室安；不居攝，則恐周墜失天命。……《禮記》〈明堂記〉曰：'周公朝諸侯於明堂，天子負斧依南面而立。'謂'周公踐天子位，六年朝諸侯，制禮作樂，而天下大服'也。……由是言之，周公始攝則居天子之位，非乃六年而踐阼也。……"太后詔曰："可。"
> 明年，改元曰居攝。[20]

可見在儒化以治天下致天平理想實踐上，王莽所特重者為"明堂"，與東漢初年君臣所重者在"辟雍"不同。此處引文的〈明堂記〉，王莽本傳云其出於《禮記》。另，今本戴聖《禮記》中，有〈明堂位〉篇，其所記與群臣奏言〈明堂記〉同，當即出自此篇。今本《禮記》〈明堂位〉云：

> 昔者周公朝諸侯于明堂之位，天子負斧，依南鄉而立。[21]

鄭玄注云：

> 周公攝王位，以明堂之禮儀朝諸侯也，不於宗廟，辟王也。[22]

---

19 班固，《漢書》(點校本，北京：中華書局)，卷99上，王莽傳上，第4078頁。
20 班固，《漢書》(點校本，北京：中華書局)，卷99上，王莽傳上，第4080頁。
21 鄭玄注、孔穎達正義，禮記注疏(阮元十三經注疏附校勘記本，臺北：藝文印書館)，卷31，明堂位，第575頁。

鄭玄的注解已在東漢末年之時，西漢末年的王莽及群臣當然不可能見到鄭注，因此，至東漢末年時鄭玄猶據此篇以為"周公攝王位"，可見儒家典籍中本有"周公居攝而稱王"的歷史看法，未因王莽之敗而改也。則此句"朝諸侯"之義，正是周公居攝可以南面、可以代行王者之權，而周公選擇的位所，是在郊外的"明堂"；既非路寢正殿，也非宗廟，鄭玄云"辟王也"，正以時王為成王，宗廟與路寢以大會諸侯乃成王之位；故周公朝會諸侯以宣示自己"攝位"行使王權的地點與典禮，是在南郊的明堂。〈明堂位〉又云：

> 明堂也者，明諸侯之尊卑也。23

鄭玄注曰：

> 朝於此，所以正儀辨等也。24

依此，明堂之"明"字，此篇〈記〉文與鄭注皆以明為"彰明"之義。《禮記》又云：

> ……是以周公相武王以伐紂，武王崩，成王幼弱，周公踐天子之位以治天下，六年朝諸侯於明堂，制禮作樂頒度量，而天下大服。25

---

22 鄭玄注、孔穎達正義，禮記注疏(阮元十三經注疏附校勘記本，臺北：藝文印書館)，卷31，明堂位，第575頁。
23 鄭玄注、孔穎達正義，禮記注疏(阮元十三經注疏附校勘記本，臺北：藝文印書館)，卷31，明堂位，第576頁。
24 鄭玄注、孔穎達正義，禮記注疏(阮元十三經注疏附校勘記本，臺北：藝文印書館)，卷31，明堂位，第576頁。
25 鄭玄注、孔穎達正義，禮記注疏(阮元十三經注疏附校勘記本，臺北：藝文印書館)，卷31，明堂位，第57頁。

在本篇中，已經可以見到儒家典籍中為周公所作出的歷史形塑，乃是傾向於制禮作樂以及輔年幼成王而治天下。"明堂"在其間的功能顯然可見，也是周公"朝"諸侯以立一己權假位所的表徵之處。而周公於居攝期間所欲成就的治天下措施，則〈記〉文所舉出者有二：其一為制禮作樂，其二為頒度量。

至東漢時期，明帝已為帝之位所，實無須再強調周公的"居攝"功業。是故，"明堂"對於明帝而言，其功能及意義也必然與西漢王莽時有所不同。這不僅是兩朝儒臣對於儒家經典的選擇性認知與解釋的不同，其實也涉及到歷史背景與實境的差異與變遷。然而迄於東漢明帝時，何以改在辟雍舉行大射禮的變化，我們仍然須要做出理解甚至解釋，為何是辟雍而不是靈臺、不是太學？因此，東漢初期君臣必定亦是依於六藝典籍而尋其據與其古源，"辟雍"遂取代明堂，成為東漢君臣認知下的古代聖王宣示教化所在。

至於辟雍與太學的差異，筆者認為辟雍是帝王的舞臺，而太學則是博士與學子的實踐地點。帝王親自宣示教化與學之主軸，太學中所教所習所學者則據此而制定。事實上，東漢初年對於天子宣儒化儒教儒學為施政主軸的所在，並非沒有期他認知，如朱浮便已為當在"太學"，根據朱浮上書所言：

> 夫太學者，禮義之宮，教化所由興也。陛下尊敬先聖，垂意古典，宮室未飾，干戈未休，而先建太學，進立橫舍，比日車駕親臨觀饗，將以弘時雍之化，顯勉進之功也。尋博士之官，為天下宗師，使孔聖之言傳而不絕。[26]

---

26 范曄撰，李賢注，王先謙集解：《後漢書集解》，卷33，第5頁。

建武七年(31年)光武帝於太學"觀饗"，朱浮將興建"太學"之舉，解讀為舉行"尊敬先聖"與舉行饗禮的"禮義之宮"，以此作為教化天下的空間。此說與漢宣帝以降舉行饗、射之禮于"曲臺"不同，[27] 更與光武帝興立"三雍"時對辟雍的特殊認知不同。　從史書所載光武帝興築三雍及後來明帝實施三朝之禮的內容看來，　朱浮的認知顯然是在辟雍定位上所陳的不同意見，據《後漢書》所載，光武帝興建三雍主要係委儒臣曹充、張純與桓榮，亦因此而定調，而曹充的規畫雖仿自元始故事，但如果從後來明帝所實行的諸禮看來，在王莽時期的行大射、養老禮於明堂的地點選擇，　在東漢初年的君臣定調中，　是改為辟雍的；而此點實可視為非更改不可的一個聚焦之所在：王莽仿周公而選擇明堂，東漢光武帝與明帝均為正式之天子，祭祀祖先與臨朝治政，均有正式之所，無須再假明堂，因之對於示天下以禮義、教化施政主軸的所在，遂轉至辟雍。范曄於《後漢書》〈張純列傳〉載云：

> 時南單于及烏桓來降，邊境無事，百姓新去兵革，歲仍有年，家給人足。純以聖王之建辟雍，所以崇尊禮義，既富而教者也。乃案七經讖、明堂圖、孝武太山明堂制度，及平帝時議，欲具奏之。未及上，會博士桓榮上言宜立辟雍、明堂，章下三公、太常，而純議同榮，帝乃許之。[28]

在《後漢書》〈曹褒傳〉中，范曄筆下則敘寫了光武帝封禪之後，曹褒之父曹充受光武帝之詔命，議立七郊、三雍、大射、養老等禮儀事之始末，其文曰：

27　《漢書·王尊列傳》言漢成帝："正月行幸曲臺，臨饗罷衛士，……衡知行臨，百官共職，萬眾會聚。"班固撰，顏師古注，王先謙補注：《漢書補注》，卷76，第23頁。

28　范曄，《後漢書》(點校本，臺北：洪氏出版社)，卷35，張曹鄭列傳，第1196頁。

曹褒，字叔通，魯國薛人也。父充，持慶氏禮，建武中為博士，從巡狩岱宗，定封禪禮；還，受詔議立七郊、三雍、大射、養老禮儀。[29]

可見范曄筆下雖曰光武"初起"而明帝"初行"，然由〈曹充傳〉以觀，則知光武帝時，實亦已留意於此三雍空間內的禮儀之實行制定也，所命所倚者即是時為作為禮家慶氏學傳人的曹充。光武崩後明帝繼立，明帝也是仍然延續著光武帝於中興一代之初起的走向，繼續以明堂作為宗祀之所。由曹充傳看來，明帝時之制定三朝之禮，亦是倚仗於曹充的；是故永平二年正月時，明帝即"宗祀光武皇帝於明堂"，"禮畢，登靈臺。"此處值得注意者，"三雍"所以各自定位者為何？三雍乃指光武帝開始所建構的三個建築空間：明堂、靈臺、辟雍。"明堂"性質與功能位階，在當時的認知，據《後漢書》〈孝明帝紀〉所載，乃是行"宗祠"的所在，而實則為"配天"，"五方位"之"五帝"，亦由"五行"方位觀而來的"五方上帝"。是故〈孝明帝紀〉載：

二年春正月辛未，宗祀光武皇帝於明堂，帝及公卿列侯始服冠冕、衣裳、玉佩、絇屨以行事。禮畢，登靈臺。使尚書令持節詔驃騎將軍、三公曰："今令月吉時，宗祀光武皇帝於明堂，以配五帝。"[30]

〈孝明帝紀〉雖曰"宗祀光武皇帝於明堂"，並不表示"明堂"即是作為"祖先之廟"，雖可以宗祠以祭先帝或是先祖，然皆為配享，如果是在太廟中祭祀光武帝的話，則光武可以為之"主"，然後有配享，此即昭、穆，然友漢一代實未聞明堂中有"昭穆制"，其緣故便在於明堂中行宗祠之祭，主要還是在祭天，祭"五方"之"上帝"，祭天而以祖先配享，是

---

29 范曄，《後漢書》(點校本，臺北：洪氏出版社)，卷35，張曹鄭列傳，第1201頁。
30 范曄，《後漢書》(點校本，臺北：洪氏出版社)，卷2，顯宗孝明帝紀，第100頁。

故必定無昭無穆；故〈孝明帝紀〉中遂言"宗祠光武皇帝於明堂，以配五帝"即是此義。是故明堂實非太廟也，光武帝於一代之開國時立"三雍"，本為治天下而定基石，太廟則為天子之家廟，兩者意義大不相同。是故於明堂行宗祠之典禮，其本義實在祭天，祭祖則為以其能配天也；而配天行祭則惟天子能有此天命。 靈臺之典禮則與明堂之禮合一而行，故〈孝明帝紀〉方載"禮畢，登靈臺"，又載"使尚書令持節詔驃騎將軍，三公曰：'今令月吉時，宗祀光武皇帝於明堂，以配五帝。'"，則登靈臺似有告天之義。

又同年三月時，明帝"臨辟雍，初行大射禮"，范曄筆下的"初行大射禮"，乃表示了光武帝雖設立辟雍，然實未有機會充份將辟雍的功能做出發揮；此處行大射禮以一"初"字特書之， 已經表達了在東漢諸帝君臣心目中的"辟雍"， 對於漢之中興大業必有其重要功能與意義；李賢注引《漢官儀》曰：

> "明堂四面起土作澤，上作橋，澤中無水。明堂去平城門二里所，天子出，從平城門，先歷明堂，乃至郊祀。" 又曰："辟雍去明堂三百步，車駕臨辟雍，從北門入。三月、九月，皆於中行鄉射禮。辟雍以水周其外，以節觀者。諸侯曰泮宮。東、西、南有水，北無，下天子也。" [31]

據應劭《漢官儀》所錄，則辟雍亦可行"鄉射禮"，行禮之時則在三月、九月，正是《禮記》中所載古昔天子、貴族"入學"之時節，故"釋奠禮"以祭先師亦稱春、秋二祭；或曰四時而祭，而春、夏、秋、冬學子入學所學皆有不同。

由明帝時的親行大射禮，便已透露了漢初二帝乃是將"辟雍"視為國

---

31 范曄，《後漢書》(點校本，臺北：洪氏出版社)，卷1下，光武帝紀，第84頁。

家宣示重大政策的所在，而此政策，並非諸卿諸中央之國家事務，而是一代初興的國家政策之宣示處。因此，不論是"大射禮"或是七個月後(冬十月)明帝在辟雍特別隆重舉行以表達宣示之意的"養老禮"，皆已反映"辟雍"是一個東漢朝廷君臣心中視為"宣教化於天下百姓"的最高場所。是故既以辟雍以倡教化天下之所，又以辟雍為王者以孝悌宣政令之所。故《後漢書》〈孝明帝紀〉載曰：

> 冬十月，幸辟雍，初行養老禮。詔曰："光武皇帝三朝之禮，而未及臨饗。眇眇小子，屬當聖業。間暮春吉辰，初行大射；令月元日，復踐辟雍，尊事三老，兄事五更。安車輭輪，供綏執綏。……升歌鹿鳴，下管新宮，八佾具脩，萬舞於庭……三老李躬，年耆學明；五更桓榮，授朕尚書。……其賜榮爵關內侯，食邑五千戶。三老、五更皆以二千石祿養終厥身。其賜天下三老酒人一石，肉四十斤。有司其存耄耋，恤幼孤，惠鰥寡，稱朕意焉。" [32]

范曄於此〈紀〉中，下筆曰"初行"者有二：養老禮與大射禮，而皆在"辟雍"。在《禮記》中，天子視學，"祭先師禮"僅以有司行之，而"養老禮"則天子必親行，蓋以此而宣示天子教化天下，所重者其惟在養天下之"孝事"：尊事三老、兄事五更也；而萬民咸得終養。故"養老禮"所宣揚者，乃是朝廷尤重之大事也，故必親行之。司馬彪《續漢書》〈祭祀志〉亦載此事云：

> 明帝永平二年三月，上始帥群臣供養三老、五更于辟雍，行大射之禮。郡縣道行鄉飲酒于學校，皆祀聖師周公、孔子，牲以犬。於是七郊禮樂三雍之義備矣。 [33]

---

32 范曄，《後漢書》(點校本，臺北：洪氏出版社)，卷2，顯宗孝明帝紀，第102-103頁。

"七郊"，李賢注，云"五帝及天地為七郊"。[34] 司馬彪筆下所述的"皆祀聖師周公、孔子"一句，頗致爭端，關鍵在"皆"字指郡、縣、道並祀故曰"皆"，或並指中央之太學而曰"皆"？如孔子後裔孔繼汾即曰："此國學、郡、縣祀孔子之始。"[35] 便將此句並中央太學為解，如此，則漢明帝顯然便是第一位在中央太學中以禮行祭周公、孔子者。若如此，則應是接在行大射禮於中央辟雍之下為文以言，故祀周孔之典必當是在"辟雍"為之，蓋合養老、大射皆於辟雍並行典禮；然如是則豈有以"牲以犬"之禮行薄禮之祭，殊為"不倫"。是故，依筆者之意，不僅范曄在其書中無有此事之筆，即便司馬彪亦非此意。司馬彪所言者，中央之典禮只限於辟雍，並無祀周、孔之典；祀周公與孔子以聖師之禮，只限於地方三級之學校，故"牲以犬"；地方只有學校而無辟雍，是故帝王親行大射與養老禮以宣教，地方則在學校中以周公孔子為"聖師"以行"學禮"，至於地方學校之祀究竟其禮儀如何，司馬彪所言不詳，只云"牲以禮"，可見尚未有以古典中的"釋奠禮"之恢復之事！更何況，依筆者所持的一個基本觀念，兩漢之時代，帝王以"異姓"之故，絕無可能在中央立廟以祀孔子之事，古書上的於"中央之學"行"釋奠禮"以祭祀先聖、先師，乃是因彼等皆為同一血緣故；因之兩漢帝王只能親自魯地孔氏家廟中祀孔以為之崇孔與尊孔，至於中央皇室，則僅有明堂以祀宗繼祖法天而已；辟雍則已俱如上述，皆無"祀孔"與"祀周公"之禮與理也。是故，袁宏《後漢紀》述此事時，則乾脆將"祀聖師周公、孔子"一句刪除不錄，其於〈孝明皇帝紀〉云：

---

33 劉昭注、司馬彪，《續漢志》〈禮儀志〉上，收於范曄，《後漢書》(點校本，臺北：洪氏出版社)，志卷4，禮儀上，第3108頁。

34 范曄，《後漢書》(點校本，臺北：洪氏出版社)，卷35，張曹鄭列傳，第1201頁，李賢注。

35 龐鍾璐，《文廟祀典考》(臺北：中國禮樂學會，1977年4月)，第211頁。

三月，上初禮于學，臨辟雍，行大射禮，使天下郡國行鄉飲酒禮于
學校。[36]

因此，孔繼汾所云失之遠矣！

而由司馬彪《續志》所載此事，可知在司馬彪筆下，明帝的"初行養老禮"，其實即是載於《禮記》〈文王世子〉篇中的"於學中祀先聖、先師之釋奠禮"與"天子視學後親行養老禮"的擇其"養老禮"而行，其古義如儀再現於明帝之時，其場合即在"辟雍"，故於明帝曰"初行"。司馬彪兩事並載，然其一為"養老禮"行於中央以宣達帝王親自與祭之敬老尊閭與倡孝於教化之意；另一為"祀聖師禮"行於地方之各級學校中；然在范曄筆下，則顯然明帝的"初行養老禮"才是范曄眼中的大事，故《後漢書》中之〈紀〉、〈傳〉皆未見地方學校行"祀聖師禮"之記載與書文。由此亦可知明帝時中央實無"祀周公孔子"以"聖師禮"之事。漢帝起辟雍，范史則書曰"初起"；行養老與大射，范史則書曰"初行"；此乃范曄特筆。明帝之所以"初行"，仍在於皇帝之親行以宣敬老孝道於天下，若司馬彪所記果為明帝於中央之行"祀聖師禮"，則亦是"初行"，范曄筆下豈有不書之理！又，司馬彪所載諸學校之祀周公、孔子，猶僅以"祀聖師禮"為稱，稱"聖師"者，蓋彷《禮》之《記》所云"始立學"必祭"先聖、先師"也；然此禮於古書曰"釋奠"，司馬彪之文則並未以"釋奠"稱名，但稱"祀聖師禮"而已。因此，明帝時出現於地方諸學中的"祀聖師禮"，既以"聖師"為稱，所祀之"主"又為"周公、孔子"，則自漢武帝以來的興學校尊儒術之舉措，正式在明帝時出現了古書中的"學中之祭"，所祭者則為"周孔"，其名義則為"聖師"；嗣後學校中無論中央地方之主繼以周公、孔子為聖與師者，實自此始。

36　袁宏，《後漢紀》(張烈點校本，北京：中華書局)，〈孝明皇帝紀〉，卷9，第167頁。

"辟雍"在明帝時乃是一舉行養老禮的場所, 根據劉昭注司馬彪≪續漢志≫〈祭祀〉即引≪白虎通≫以明此意, 曰：

> ≪白虎通≫曰："辟雍, 所以行禮樂, 宣德化也。 辟者, 象璧圓, 以法天也。 雍者, 壅之以水, 象教化流行也。 辟之為言積也, 積天下之道德；雍之為言壅也, 壅天下之義則；故謂辟雍也。" [37]

因此, 由帝之親行大射禮與養老禮於辟雍, 皆可知"辟雍"實為漢室宣達國家教化主軸之所在, 有辟雍之帝親行禮以宣示, 方有太學或學校中博士之師與弟子之生間的授受之學。顯然在此, "太學"與"辟雍"是分開的, 而且有其不同的層級屬性, 兩者雖各有所司, 然而"太學"作為國家體系內的建制機構, 其主官為"太常", 則其層級屬性便當在以帝王親自躬行為主的"辟雍"之下；帝王躬行之為大事, 故親行的"學"在於"大射禮", 以宣示教化為其象徵主軸所在。由此而下, 帝王所親自躬行以宣教者, 便在政府中置有"司", 此司即是"太常", 故博士官隸屬於太常, 博士官傳學、國子功臣弟子等弟子受學者等所在則皆於"太學"行事。則"太學"中之"學"事, 其意義上及禮儀上, 帝王的親自躬行給天下臣民看的"養老禮"便大於僅供太學、地方學學子看的"祀聖師禮"了。因之, 據≪漢書≫與≪後漢書≫, 不論是前漢、後漢, 博士之官皆隸屬於"太常", 因之光武帝與明帝至山東孔府行祀孔時, 皆非親往, 所派出之使臣多半是"太常"來主祭孔子。≪白虎通≫中亦詳載了"辟雍"與"太學"在漢章帝時的認知, 其認知顯示了章帝之時漢家對中央太學的稱名, 便是"辟雍"。≪白虎通≫云：

---

37 劉昭注引≪白虎通≫文, 見司馬彪≪續漢志≫, 收錄於范曄≪後漢書≫(點校本, 臺北：洪氏出版社), 志第8, 第3178頁。

小學，經藝之宮。 大學者，辟雍鄉射之宮。

此是以大、小相為之詞而言"大學"。朱子釋≪禮記≫〈大學〉篇即從
此義，故以此篇明義為"大人之學"；而鄭玄釋其篇名義則以為"大"當
為"泰"，是以"大學"為"太學"之義，是故陳立≪白虎通疏證≫亦引鄭玄
之言，云：

≪大雅疏≫引鄭駁≪異義≫云："玄之聞也：〈王制〉：'大學在
郊，天子曰辟雍，諸侯曰泮宮。天子將出征，受命于祖，受成于
學。'"然則大學即辟雍也。

以此可見，自王莽以來迄於明帝時，實有一個主軸在其間。自前漢
武帝始立太學、設博士官及博士第子以來，其學習場合皆在"太學"，
而負責"學"之大事的主官，便是"太常"；不僅博士、推薦之博士弟子
等皆由太常主管，而其場所"太學"也同時隸屬於"太常"。至王莽主政
後，則開始注意到"明堂"，不論是宗廟祀祖、發令論政、還是行大射
禮、養老禮都是在"明堂"舉行；但同時王莽時代又擴充了太學學舍，
更重要的是同時興立起修明堂、辟雍、靈臺，并應有個三分定位的初
步區分，認為皇帝在施政大方針上的宣示之場合；但王莽時顯然未
能及此，僅是興起三者而已。光武帝時，既興太學，又修起明堂、辟
雍、靈臺，其作為乃延續了王莽以來儒者思維的走向，但也止於興立
三者，尚未及於落實到此三者的各自定位屬性與所將何為性上。逮
於明帝，我們才清楚地看到，"三朝之禮"中最重要的其實仍在於"明
堂"與"辟雍"。明帝以明堂為行祭以祀祖先之所，不論是"常祭"、"祫
祭"、"祭天以祖配"的郊祀等禮，其功能都是由"明堂"來承擔；而辟
雍，則以明帝在此特為親自躬行的"大射禮"、"養老禮"等，皆是屬性

"教化"之宣示，　由是可知，　明帝時本意確實欲將"太學"併入於"辟雍"；在《禮記》中無論是〈文王世子〉篇、〈王制〉篇等皆將"大射"、"養老"、"釋奠"、"天子視學"等視為同一屬性之事，即聖王欲治天下必自教化為始，故養老以崇天下以孝養、繼祭禮先聖先師以崇此學。因此，除了"靈臺"之外，"三朝之禮"在明帝時確已將兩個最重要的象徵之所"明堂"與"辟雍"作出了區隔與定位。然而後幾因尊光武之故而未毀太學，則太學的保留與辟雍的功能便須有其區別。一方面保留了前漢武帝以來太學、博士皆隸屬於太常的制度，一方面凡是後漢之帝欲行教化、勵儒學時，便至辟雍躬行大射、養老之禮以宣示之。

　顯然，明帝以來的"太學"與"辟雍"雖兩存之卻又是分開的，而且是有層極屬性的，　兩者各有所司；"太學"仍作為一個國家體制內的教育機構，其主官為"太常"，其層級屬性在以帝王親自躬行為主的"辟雍"之下；帝王躬行之為大事，故親行的"學"在於"大射禮"，以宣示教化為其象徵主軸所在；由此而下，帝王所親自躬行以宣教者，便在政府中宜置有司以為專行機構，此一有司即是"太常"，故博士官隸屬於太常，博士官傳學、弟子受學，皆於"太學"行事。則"太學"中之"學"事，其意義上及禮儀上，　帝王的親自躬行給天下臣民看的"養老禮"便大於僅供太學、地方學學子看的"祀聖師禮"了。因之，據《漢書》與《後漢書》，不論是前漢、後漢，博士之官皆隸屬於"太常"，因之光武帝與明帝至山東孔府行祀孔時，皆非親往，所派出之使臣若論其職掌，則當為"太常"，由太常主祭孔子；據載，光武帝時所派為"大司空"，明帝時則為"太常"。　惟章帝時方有親至孔府行祭之事！可見無論是太學、辟雍，皆是中央君臣在共同的認知之下，以"孔子所傳之學"為核心的"興學"之舉。然或稱"太學"、或稱"辟雍"，皆同可稱其學為"國學"也，此時之"國學"已是以"孔子"為中心的興學立校之國家級舉措。但在此興學舉措中，我們並未見到"祀孔"典禮的孔聖廟制出現在中央的"國學"之中。

四、結論

關於後漢時的封爵孔子與封侯孔子後人，范曄在《後漢書》的〈儒林列傳〉中，其實已對此事做了總結。范曄認為在崇祀孔子方面，乃以前漢時期的平帝為一轉折，彼時掌權的王莽以平帝之詔以封爵孔子為"褒成宣尼公"，又封孔子後為"褒成侯"，意欲世世不絕以奉孔子祀，其言云：

> 初，平帝時王莽秉政，乃封孔子後孔均為"褒成侯"，追四諡孔子為"褒成宣尼"。及莽敗，失國。建武十三年，世祖復封均子志為褒成侯。志卒，子損嗣。永元四年，徙封"褒亭侯"。損卒，子曜嗣。曜卒，子完嗣。世世相傳，至獻帝初，國絕。[38]

但這乃是從封孔子後裔為"褒成侯"來奉祀孔子的角度為其言說，此言說之性質殆為一種血緣性的觀點，置於以非血緣性的"儒林傳"中而言之，殊為不倫。王莽摒血統性的"殷後之崇"路線而改以孔子自身的德業而尊孔子，故號為"褒成宣尼"，並得與周公並稱，與古昔聖王並列於"聖人殿堂"之林，最終的根本目的並不在於血緣性的意含，而係在於孔子所傳授之學乃是"先王之業"、"聖王之業"，任何一個時代的帝王如果想要常治久安，惟有自教化風俗著手，而此正是"孔子之言"得以稱"孔聖之言"的關鍵。

因之，一個時代的帝王必須確立教化之根本大軸，宣示於辟雍，行

---

38 范曄，《後漢書》(點校本，臺北：洪氏出版社)，卷79上，儒林列傳上，第2563頁。

學制於中央太學及地方學校，其間之主軸即是孔子所傳之學，而微孔子則先王聖之業絕，故孔子既是先師也是先聖。王莽之所以欲從孔子自身的功業德業來封爵崇祀者，其根本原因即在此，在於將西漢初年以來董仲舒之上書獨尊儒術與漢武帝之專以六藝五經為立博士傳授之學者，表彰出來，另外在"非血緣性"的宗祀殿堂中，用帝王封爵的方式來表彰孔子之德業；孔子之後得以受封為"褒成侯"者亦以此故，領受國家的食邑以奉祀孔子家廟者亦以此故，是故褒成侯得以世襲而不絕。范曄已經看到了在歷史的沿革中，此一路線實由王莽開啟之，雖因莽末天下大亂而斷，但卻立即被光武帝所詔續之，故曰："至獻帝初，國絕。"意味著自三國時代起，崇祀孔子之事，無論是自興學立教方面而言、還是自血緣性上孔裔祀孔而言、朝廷開始為孔子建廟正式開出國家的非同姓帝王在中央之孔廟中為了"學"之大事而祭孔以禮，都已是另一階段的來臨。